本研究得到全国文化名家暨"四个一批"
人才工程项目资助

思想的力量 | The Power of Thoughts

On the Modernity of Marx's Philosophy
马克思哲学的当代性研究

贺 来 | 著

中央编译出版社
Central Compilation & Translation Press

图书在版编目（CIP）数据

马克思哲学的当代性研究 / 贺来著. —北京：中央编译出版社，2021.10

ISBN 978-7-5117-3981-0

Ⅰ. ①马… Ⅱ. ①贺… Ⅲ. ①马克思主义哲学－研究 Ⅳ. ①B0-0

中国版本图书馆 CIP 数据核字（2021）第 138620 号

马克思哲学的当代性研究

责任编辑　杜永明
责任印制　刘　慧
出版发行　中央编译出版社
地　　址　北京西城区车公庄大街乙 5 号鸿儒大厦 B 座（100044）
电　　话　（010）52612345（总编室）　　（010）52612339（编辑室）
　　　　　　（010）52612311（营销部）　　（010）52612315（新技术部）
传　　真　（010）66515838
经　　销　全国新华书店
印　　刷　北京时捷印刷有限公司
开　　本　710 毫米×1000 毫米　1/16
字　　数　291 千字
印　　张　18.75
版　　次　2021 年 10 月第 1 版
印　　次　2021 年 10 月第 1 次印刷
定　　价　68.00 元

新浪微博：@中央编译出版社　　　微　信：中央编译出版社(ID: cctphome)
淘宝店铺：中央编译出版社直销店(http://shop108367160.taobao.com)　（010）52612322

本社常年法律顾问：北京市吴栾赵阎律师事务所律师　　闫军　梁勤
凡有印装质量问题，本社负责调换，电话：（010）52612317

前　言

改革开放以来，随着中国社会的发展和现实生活的巨大变化，马克思主义哲学研究各领域取得了重大进展。在讨论的诸多问题中，马克思哲学及其当代性是其中引起广泛讨论的议题之一。尤其在 21 世纪之初，对马克思哲学及其当代性的探讨，吸引了众多学者的关注和参与，对于推动马克思主义哲学研究的观念变革和当代性，产生了积极的推动作用。

我也曾撰文参与了 21 世纪之初那场关于马克思哲学当代性的讨论。在后来的理论研究和思考中，它始终构成我关注的基本问题之一，并试图从不同的角度深入切入对这一问题的思考。

这部书即是围绕这一主题所形成的主要成果之一。本书分别从马克思哲学观、人的自我理解理论、辩证法理论、实践观点、社会观、价值观以及马克思哲学的中国形态的探索等具体而重要的理论问题入手，探讨了在这些问题上马克思哲学所实现的哲学变革，所彰显的现代哲学意蕴以及对于推动当代哲学发展所具有的重大理论意义。在探讨中，我们没有采取面面俱到的方式，而是从我们认为具有根本性和关键性的切入点出发，从一些具有重要意义的侧面，揭示马克思哲学对这些问题的理解方式、解释原则和所揭示的理论意蕴对于今天进一步推进马克思哲学的当代发展所具有的价值和作用。

在"马克思哲学的哲学观及其当代性"这一章中，我们主要从马克思所实现的"理论与实践关系的颠倒"这一重要理论转换出发，探讨这一转换对哲学的自我理解所带来的深刻影响，由于这一变化，有一种观点认为马克思持"反哲学"或"非哲学"的理论主张，本章对这种观点进行了批判性的反思，探讨和阐明了"理论与实践关系颠倒"之后马克思为哲学所开辟的新型哲学存在形态，并以此为基础，具体揭示了马克思在哲学观上所实现的哲学从"特殊知识领域"到"特殊人类活动"的深刻转变及其当代哲学意义。

在"马克思哲学人的自我理解理论及其当代性"这一章中，我们主要从马克思在回答"人的普遍本质"这一重大问题上所实现的解释原则的根本变革，探讨了马克思哲学视野中人的形象从"现成存在者"到"生成性存在"的转换。以此为基础，本章进一步探讨了马克思哲学对人的自我理解的上述理论变革所彰显的自由精神及其所带来的"主体性"观念的当代转换。

在"马克思哲学的辩证法理论及其当代性"这一章，我们主要从马克思所实现的辩证法从"理论理性"的形态到"实践理性"的形态的转变这一切入点，把辩证法置于当代哲学和当代社会生活的语境中，集中探讨了马克思哲学的辩证法对于回应和解决"个人视角的有限性"与社会生活中"他人视角的无限性"这一重大矛盾所具有的重要当代意义，进一步把马克思哲学的辩证法理论置于当代哲学消解和重构哲学本体论这一问题域中，探讨了马克思哲学在哲学史上所实现的本体论与辩证法的双重转换，所重构的新型"辩证本体论"的丰富理论内涵。在本章最后，探讨了面对当代哲学中"哲学终结"的挑战，马克思哲学的辩证法所彰显的哲学维度对于捍卫哲学的独特精神品格和思想维度所具有的特殊的意义和价值。

在"马克思哲学的社会观及其当代性"这一章，我们主要对马克思哲学的社会观置于当代哲学和现实语境，对其具有当代重大意义的理论内涵进行了探讨。首先，我们探讨了马克思的社会观对于回答"何为终极实在"这一哲学史上的重大课题所具有的重大意义，分析和揭示了马克思的社会观为回应这一课题所开辟的重要理论视域。接着，我们围绕着马克思"人的本质是社会关系的总和"这一重要论述，探讨了其在种种流俗理解遮蔽背后所蕴含的重要哲学意蕴。最后，我们对马克思的"类"这一与"社会"概念密切相关的概念，探讨了其重要哲学内涵并着重阐发了其对于"人类命运共同体"的构建所具有的重要理论和现实意义。

在"马克思哲学的实践观点及其当代性"这一章，我们从三个既相对独立同时又内在相关的方面，探讨了马克思哲学的实践观点所具有的重要理论意义。第一，我们对实践观点在马克思的"新唯物主义"的奠基中所具有的特殊意义进行了探讨。第二，我们对实践观点所具有的特殊的认识论意义进行了探讨。第三，我们对实践观点所具有的价值论意义，尤其它在终结"价值绝对主义"上所具有的重要理论意义进行了探讨。通过这三个方面的探讨，形成一个"理论切面"，较系统地展示了马克思哲学的实践观点在唯物论、认识论和价值论的奠基上所具有的当代理论意义。

在"马克思哲学的价值观及其当代性"这一章，我们集中探讨了马克思哲学所蕴含的人文价值关怀对于回答困惑当代哲学和当代社会的价值挑战上所具有的重要当代意义。马克思对现代性的批判，内在地包含着关于现代社会价值规范基础的批判和重构的系统思考，这一思想成果对于当代社会具有重要的启示价值。马克思对于人与人的社会关系的深入反思和创造性思考，对于当代社会重建"社会团结"，在一个全球化时代人类实现"共同生活在一起"的价值目标，提供了重要的思想资源，同时也为处理不同价值观之间的关系，处理"价值观间性"，奠定了深刻的理论基础。

在"马克思哲学与当代中国哲学形态的建构"这一章，我们运用马克思哲学的基本观点，集中探讨了当代中国哲学形态如何可能、何以可能等前提性问题，并较为深入地探讨了当代中国形态的建构与中国新型现代性的建构之间的内在关系。

我以上对马克思哲学及其当代性的探讨肯定是不够全面的。我们只是捕捉马克思哲学中带有全局性和根本性的一些重大理论问题，通过对它们较为深入的探讨，以期促进对马克思主义哲学及其当代性的思考和研究。在今后的研究中，我将不断地推进对相关问题更为系统和更为深入的探讨。

目 录
CONTENTS

第一章 马克思哲学的哲学观及其当代性 …………………………… 1
  第一节 理论与实践关系的颠倒与马克思哲学观变革的根本契机……… 1
  第二节 "非哲学"的非难与马克思理论体系中哲学维度的辩护 …… 14
  第三节 "哲学实践"与马克思理论体系中哲学维度的特殊表现
       方式 …………………………………………………………… 20
  第四节 从特殊的"知识类型"到特殊的"人类活动":马克思
       哲学观的重大变革 …………………………………………… 26

第二章 马克思哲学人的自我理解理论及其当代性 …………………… 45
  第一节 人的"普遍本质"理解的变革性理解 ……………………… 45
  第二节 从"现成性"到"生成性":马克思哲学视野中人的形象
       的转换 ………………………………………………………… 59
  第三节 马克思哲学人的自我理解观念的变革与主体性观念的变革 … 72

第三章 马克思哲学的辩证法理论及其当代性 ………………………… 86
  第一节 马克思辩证法的实践理性转向 ……………………………… 86
  第二节 马克思辩证法理论的本体论变革意蕴 ……………………… 98
  第三节 马克思哲学的辩证法理论与马克思理论体系的哲学维度 …… 114

第四章　马克思哲学的社会观及其当代性 129
第一节　"终极实在观"的创造性转换与马克思的社会概念 129
第二节　"人的本质是一切社会关系的总和"的哲学意蕴 142
第三节　马克思哲学的"类"概念与"人类命运共同体" 154

第五章　马克思哲学的实践观点及其当代性 168
第一节　马克思哲学的实践观点及其唯物论基础 168
第二节　马克思哲学实践观点的认识论意蕴 180
第三节　马克思哲学的实践观点与价值独断主义的终结 193

第六章　马克思哲学的价值观及其当代性 207
第一节　马克思哲学的现代性批判与现代社会价值规范基础的反省与重建 207
第二节　马克思哲学与"个体化时代"的社会团结 219
第三节　"关系性价值观":"价值观间"的价值自觉 233

第七章　马克思哲学与当代中国哲学形态的探索 249
第一节　构建当代中国哲学形态的基本前提 249
第二节　现代性的反省与新型现代性的建构：建构当代中国哲学形态的基本主题 265

索引 277

第一章 马克思哲学的哲学观及其当代性

哲学观是哲学的自我理解，以集中凝练的方式体现着一种哲学形态最内在的理论精髓，凝结着它对人与现实世界的理解。因此，对马克思哲学的哲学观及其当代性进行深入思考，无论对于深入理解马克思哲学的理论精神，还是对于推动哲学的自我发展，都具有十分特殊的意义。

马克思哲学的哲学观包含着十分丰富的内容，我们在此不拟对其进行面面俱到的考察，而只是着眼于我们所理解的马克思哲学观中与当代哲学发展有着最深刻关联的部分和方面，进行专门的阐发。

第一节 理论与实践关系的颠倒与马克思哲学观变革的根本契机

一、理论与实践关系的颠倒：马克思所实现的重大哲学革命

按照哈贝马斯的说法，理论与实践关系的颠倒是当代哲学"后形而上学"转向中的重大主题。如果深入哲学发展史，可以发现，这种颠倒不是偶然的现象，而是有着深刻的思想根源与理论必然性。前述内容，无论是对传统形而上

学的反省,还是对哲学批判本性和哲学当代合法性的重新阐发等,都已经内在地蕴含和体现着理论与实践的颠倒以及这种颠倒对于哲学的存在所带来的根本性变化。传统的理论哲学范式由于其内在的深层缺陷与矛盾,要求其超越自身,向实践哲学范式转换,实现理论与实践关系的颠倒。这种颠倒必然使哲学的存在形态发生深刻的转换。在本章,我们将从当代哲学,尤其马克思哲学所推动和实现的理论与实践关系的颠倒这一视角,来对哲学的当代合理存在形态进行探讨。

众所周知,在哲学史上,康德曾第一次系统地论证了"实践理性"相对于"理论理性"的优先地位。在充分肯定康德的重大贡献的同时,我们也不难看到,康德是从道德实践出发理解"实践概念"的,并从道德实践出发,把"无条件总体"理解为"宇宙总体"、"上帝存在"与"灵魂不朽"。从马克思哲学与现当代许多实践哲学家的观点来看,虽然康德把"无条件的总体"即"宇宙总体"、"上帝存在"与"灵魂不朽"理解为实践理性的设定,而不是把它们像以往哲学那样理解为理论理性予以捕捉的对象,但他对实践与"无条件总体"的理解仍然是狭隘与片面的。这种狭隘与片面性表明,康德虽然强调实践理性优先于理论理性,但并没有真正能够实现从理论哲学向实践哲学的转向。康德虽然包含十分丰富的实践哲学思想,但仍很难说他是一个完全意义上的实践哲学家。康德的不足需要通过对实践的重新阐释予以克服与超越。

在哲学史上,马克思是第一个自觉地把"生活实践"扩展和丰富为具有"总体性"意义的范畴的哲学家。在马克思看来,实践在根本上是人的一种本源性的存在与活动方式:从人与世界的关系角度看,实践活动作为人对象性的感性活动,体现和构成了人与世界本体性的原初关系,拥有着优先于人与世界的抽象认知关系的基础性地位;从"世界"之为"世界"的角度看,实践作为人"本源性"的生命存在和活动方式,构成了人生存于其中的本源性的现实生活世界的"奥秘"和深层根据;从"人的存在"角度看,实践作为人"本源性"的生命存在和活动方式,意指它是人所"特有"的生存方式,它表明人是世间唯一感性的、对象性的存在物,人之存在就在于人的"生存"与"生活",人是感性地和实践性地确证和展现自身的存在过程的,这是人的生命存在区别于动物最本源性的分界点，因而也构成了人之为人的"奥秘"和深层根据。因此，在马克思这里，生活实践不只具有道德实践的涵义，而是一个蕴含着人、人的世界和人与世界关系的，统摄"人生在世"全部生存关系的具有"生存论本体论"意义的范畴，只有从这种实践观出发，才能超越理论哲学，转向实践哲学。

从人与世界关系看，人与世界之间是一种实践的关系，这意味着，二者并非如传统哲学设想的那样，是一种主客二元分立然后再通过认知的途径来寻求统一的关系，而是一种在生存实践中本源性的否定性统一关系。这既体现在人与自然关系方面，也体现在人与人的关系方面。首先，感性实践活动是一种人与自然相互规定、相互作用、相互转化的活动，它既是造成主观性与客观性相互对立、发展其间矛盾性的一种分化世界的活动，又是消除主观性和客观性各自的片面性、使二者达到更高统一性的活动，它是既体现着自然的本原作用又体现着人的能动作用的活动，它既使自然从属于人，又使人从属于自然，既使人向自然生成，又使自然向人生成，人与世界就在这种感性实践活动中最为本源地关联在一起，并在这种活动中，使人与世界结合为一种动态的否定性的统一关系。与此内在相关，人与自然的否定性统一关系只有通过与他人的"共在"才能得以实现，"自然界的人的本质只有对社会的人来说才是存在：因为只有在社会中，自然界对人说来才是人与人联系的纽带，才是他为别人的存在和别人为他的存在；只有在社会中，自然界才是人自己的人的存在的基础。只有在社会中，人的自然存在对他说来才是他的人的存在，而自然界对他说来才成为人。因此，社会是人同自然界的完成了的本质的统一，是自然界的真正复活，是人的实现了的自然主义和自然界的实现了的人道主义"①。可见，实践活动是一种把人、自然、他人三者否定性地联为一体的活动，它使人既处于与自然的一体性的统一关系之中，又处于与他人一体性的统一关系之中，三者"三位一体"，共同组建成人"在世"的生存论结构。

从"世界"之为"世界"的角度看，实践作为人"本源性"的生命存在和活动方式，它构成了人生存于其中的本源性的现实生活世界的"奥秘"

---

① 《马克思恩格斯全集》第42卷，人民出版社1979年版，第121页。

和深层根据。按照马克思的观点，"世界"之为"世界"，不在于它是一个知性把握的现成对象和"存在者总体"，而是因为它与人的生存实践活动的内在关联："世界"是人的生存实践活动的内在环节，是在人的生存实践活动中"缘发构成"的"生活世界"，由于人的存在与活动的实践本性，"世界"的存在形态也发生了质的变化，它已不再是人产生之前的洪荒宇宙，而是通过人的活动所参与创造而成的、已经"二次生成"的世界。人来源于自然，就此而言，人属于世界，但是，人的实践活动通过把人的生命力量对象化，把自然界转化为自己的"无机身体"，把自然关系变换为"属人关系"，从而使整个世界"活化"起来而拥有了生命的光辉，在此意义上，世界又是属于人的。实践活动把"人属于世界"和"世界属于人"这两个方面内在地统一在一起，并由此而生成人的"现实生活世界"，正如马克思所说的："这种活动、这种连续不断的感性劳动和创造、这种生产，正是整个现存的感性世界的基础。"① 因此，实践活动是一种赋予世界以生命意义的生命活动，它构成了这个有生气、有活力、有意义的世界的最终根据和奥秘所在。

从"人的存在"角度看，实践作为人本源性的存在和活动方式，意指它是人所"特有"的生存方式，实践活动是人区别于动物最本源性的分界点，因而也构成了人之为人的"奥秘"和深层根据。对此，马克思明确指出："人是什么样的，这同他们的生产是一致的——既和他们生产什么一致，又和他们怎样生产一致"②，"生产生活就是类生活。这是产生生命的生活。一个种的全部特性、种的类特性就在于生命活动的性质，而人的类特性恰恰就是自由的、自觉的活动"③；他还说："可以根据意识、宗教或随便别的什么来区别人和动物。一当人们开始生产自己的生活资料的时候（这一步是由他们的肉体组织所决定的），人本身就开始把自己和动物区别开来。"④ 所有这些论述，都表达着一个共同的旨趣，那就是只有人的特殊的"生存"本性和"生命活动的性

---

① 《马克思恩格斯选集》第 1 卷，人民出版社 1995 年版，第 77 页。
② 《马克思恩格斯选集》第 1 卷，人民出版社 1995 年版，第 68 页。
③ 《马克思恩格斯选集》第 1 卷，人民出版社 1995 年版，第 67 页。
④ 《马克思恩格斯全集》第 3 卷，人民出版社 1968 年版，第 24 页。

质"，即实践活动本性，才是区别人与动物的根本尺度，人是什么，是与他的生产相一致的，人的生命活动的性质是"自由自觉的活动"，他能"生产他所必需的生活资料"，这一点是动物这样一种"现成存在者"所不具备的，因而也就最深刻地构成了"人猿相揖别"的本源分界。

马克思对实践活动的上述理解大大扩展了康德实践范畴的内涵，它克服了康德哲学所存在的思辨哲学残余，在根本上转变了哲学史上把理论绝对化、神圣化的思想传统，为克服理论哲学的内在困境提供了坚实的基础。

马克思实践观点意味着，在理论理性与实践理性、理论与实践的关系中，前者具有有限性与非根源性，后者构成了前者的本源性的尘世根基和现实基础，与前者相比，它是无限的、整体性的、大全性的，对于前者具有奠基性作用。因此，任何有限的理论都不能以这一"无限的总体"为对象，达到对它的终极的、彻底的把握。如果说在康德那里，这一"无限的总体"是"上帝"、"宇宙整体"与"灵魂不朽"等传统形而上学的对象，那么，在马克思这里，这一"无限的总体"就是"生活实践"。关于生活实践这一"无限的总体"，任何一种理论都不能获得一劳永逸的把握，如果企图从有限的理论出发，以"无限的总体"为认识对象，去实现对它的"总体性"规定，那么，就必然产生康德所批判的"先验幻象"和自相矛盾。

这就从根本上改变和颠倒了理论与实践的关系，从而也就克服和超越了理论哲学的内在困境。理论哲学思维范式的内在困境在于试图以一种理论的方式，在理论体系里超越"有限"并实现对"无限"的掌握，然而，任何理论体系本性上都是"有限"的，把理论体系神圣化、无限性与绝对化，然后从此出发去克服理论的有限性，去把握"无限"与"总体"，这是一种毫无希望与自相矛盾的幻觉。但是，从实践哲学出发，这一矛盾被转换为"有限"的理论与无限的"实践"之间的矛盾，这就彻底走出了理论理性的自我循环和自我缠绕，人们将不再以一种理论哲学的方式提出"有限"与"无限"等的矛盾，也不再以理论哲学的方式寻求对此矛盾的解决，而是从一个全新的地基，即生活实践的地基上重新理解"有限"与"无限"、"相对"与"绝对"、"非至上性"与"至上性"等一系列矛盾关系并寻求新的解决方式，这就在根本上改变了问题的提法与解决问题的思路与视域。正是在此意义上，马克思实现了对康德和黑格尔的两重扬弃。对康德的扬弃所指的是：马克思充分继承了康德对理论理性有限性的批判立场，深化了它关于实践理性优先于理论理性的思想取向，但与康德完全在消极和否定意义上来看待辩证法不同，马克思通过赋予实践概念以新的更为丰富的内涵，用实践活动这一"无限性总体"代替了康德的"上帝"、"灵魂不朽"和"世界整体"等"无限性总体"，从而使"有限"与"无限"、"相对"与"绝对"、"非至上性"与"至上性"等一系列矛盾关系获得了全新的内涵，寻求对这些具有全新内涵的矛盾关系的理解和解决，构成了辩证法的主题，辩证法由此获得了"肯定性"和"积极性"的意义。就此而言，马克思与康德对辩证法的否定态度不同，他并不是简单地把辩证法视为"幻象逻辑"，而是要求在一个新的地基上重新提出辩证法的主题与任务：辩证法的"幻象"是因为它局限于理论哲学的立场，超越这一立场，在生活实践的地基上，辩证法将获得其不可替代的重大问题意识因而具有其重要的理论合法性。对黑格尔的扬弃所指的是：马克思继承了黑格尔重建辩证法的基本信念，发挥了它对知性形而上学有限性与独断性的批判精神，但与此同时，马克思抛弃了黑格尔辩证法理论哲学的基本立场，批判性地分析了黑格尔由于其执着和迷恋于思辨的理论哲学的解释原则和思维方式而造成的内在缺陷和深层困境，明确提出了从思辨的观念世界和理论王国回到现实生活实践的观点，要求以生活实践为根据来重新阐释辩证法的思想内涵与存在形态，在马克思看来，黑格尔的"绝对精神"这一精神在自我否定、自我超越和自我回复中所达到的"无限总体性"不过是"形而上学地改装的、脱离了人的自然"和"形而上学地改了装的、脱离了自然的精神"[①]，因而这种"无限的总体性"是抽象、独断和无根的，马克思用"生活实践"这一现实的"无限性总体"取代了"绝对精神"这一"逻辑化的总体"，哲学于是实现了从理论哲学向实践哲学范式的重大转换，在此意义上，马克思又实现了对黑格尔辩证法的克服与超越。

[①] 《马克思恩格斯全集》第40卷，人民出版社1982年版，第177页。

二、理论的"有限性"与实践生活的"无限性"：实践哲学视野中哲学的基本矛盾

随着"生活实践"取代"宇宙总体"、"灵魂不朽"与"上帝存在"成为"无条件的总体"，哲学所要解决的基本矛盾或者说所要解决的基本问题发生了根本性的转换。

在理论哲学范式中，哲学所要处理的基本矛盾或基本问题在根本上就是知性概念规定的有限性与绝对精神实体的"无限性"之间的矛盾。在黑格尔看来，辩证法的对象就是"自由、精神与上帝"①，是"大全"，如"灵魂、世界、上帝，它们本身属于理性的理念，属于具体共相的思维范围的对象"②，那么，对于这种特殊的对象，究竟如何才能把握？知性形而上学试图用有限的、孤立的思维规定认识"大全"和"真理"，认为"思维的规定即事物的基本规定，并且根据这个前提，坚持思想可以认识一切存在，因而凡是思维所想的，本身就是被认识了的"③，其主要特点是"在于以抽象的有限的知性规定去把握理性的对象，并将抽象的同一性认作最高原则"④。黑格尔同意康德的判断：这种有限的知性思维是无法把握形而上学对象的，它们不适宜于表达无限的形而上学的实体等具有"无限丰富内容"的观念，而且是"决不足以穷尽其含义的"，因此，与康德的结论一样，如果按照有限知性规定的本性来把握无限的形而上学实体，其结果必然陷入抽象对立、自相矛盾的独断论：知性规定都把自身坚执为最后的规定，把它视为固定的真理，结果必然导致非此即彼的知性对立与外在冲突。在此意义上，"有限"的知性思想规定与"无限"的形而上学实体之间存在着一种深层的矛盾。如何解决这一矛盾，意味着回答超越知性形而上学和克服有限的理智知性思维的辩证法何以可能的问题，因而

---

① ［德］黑格尔：《小逻辑》，贺麟译，商务印书馆2009年版，第47页。
② ［德］黑格尔：《小逻辑》，贺麟译，商务印书馆2009年版，第99页。
③ ［德］黑格尔：《小逻辑》，贺麟译，商务印书馆2009年版，第95页。
④ ［德］黑格尔：《小逻辑》，贺麟译，商务印书馆2009年版，第109页。

对于哲学具有头等重要的意义。

黑格尔对于这一矛盾的解决方式与康德根本不同。正像前面已经讨论过的，康德洞察到了这一矛盾，并把这种矛盾视为幻觉逻辑的表现。黑格尔对此评价道：康德"没有进一步达到对于理性矛盾有真正积极的意义的知识。理性矛盾的真正积极的意义，在于认识一切现实之物都包含着相反的规定于自身。因此认识甚或把握一个对象，正在于意识到这个对象作为相反的规定之具体的统一"，"康德为他的正题和反题所提出的证明，只能认作似是而非的证明"①。黑格尔与耶可比、谢林等直觉主义者也有着根本的差别，后者试图超越概念规定，达到对无限性"真理"和"实体"的直观，实现与无限的形而上学总体的无中介的直接统一。黑格尔认为这实质上也是抽象的同一性、抽象的普遍性，它抽掉了一切具体的思维规定与中介，因此，"有限"与"无限"的统一是一种空虚与混沌的统一。黑格尔所要做的是要超越知性形而上学以"有限"求"无限"的独断，超越康德批判哲学在此问题上的"主观主义"与"二元论"立场，超越直觉主义"夜间观牛，其牛皆黑"的空虚性与抽象性，来寻求对这一矛盾的解决。面对这一问题，黑格尔的思路有两个关键要点。第一，他通过赋予"理性"以自我创造的能动性与自由性，来寻求超越和否定"有限知性规定"，以生成和实现"无限"的精神的大全的途径，在他看来，"理性之能为无条件的，只有由于理性不是为外来的异己的内容所决定，而是自己决定的，因此，在它的内容中即是在它自己本身内"②，因此，理性既包含知性，同时又超越知性，既包括有限，同时又超越有限，因而它能实现"有限"与"无限"的内在统一。第二，黑格尔把绝对、大全、真理或"无限的总体"视为一个"具体的普遍性"和包含"差异"和"特殊性"的"具体的同一性"："关于理念或绝对的科学，本质上应是一个体系，因为真理作为具体的，它必定是在自身中展开其自身，而且必定是联系在一起和保持在一起的统一体，换言之，真理就是全体。全体的自由性，与各个环节的必然性，只有通过对各环节加以区别和规定才有可能"③，这一体系是一个既包括各特殊

---

① ［德］黑格尔：《小逻辑》，贺麟译，商务印书馆2009年版，第134页。
② ［德］黑格尔：《小逻辑》，贺麟译，商务印书馆2009年版，第142页。
③ ［德］黑格尔：《小逻辑》，贺麟译，商务印书馆2009年版，第56页。

环节同时又超越各环节把它们包含于自身之内的"大全",因而它是有限与无限的内在统一。很显然,黑格尔这种实现"有限"与"无限"统一的方式,实际上就是"辩证法"的方式,"有限"与"无限"实现统一的过程,就是辩证法内容的展开过程。在这里,"全体的自由性"即是"绝对"和"无限总体"的存在形态与本性,"环节的必然性"即是有限的知性规定,在理性的自我超越、自我否定和自我创造过程中,二者内在地实现了"辩证的和解"。

具体而言,这一矛盾的统一与和解过程包括三个基本环节或三个基本方面和阶段:第一,抽象的知性(理智)方面;第二,辩证的或否定的理性的方面;第三,思辨的或肯定的理性的方式。① 在第一阶段,知性坚持着固定的规定性和各规定性之间彼此的差别,把有限的知性规定视为至终究极的真理。在第二阶段,即辩证的阶段,这些有限的知性规定扬弃自身,向其反面过渡,从而实现了对自身的超越。在第三阶段,即思辨的阶段或肯定理性的阶段,它扬弃了前两个阶段的对立,自觉到了其中所包含的内在统一,达到了对"具体思想"的肯定,而"最具体的思想"无疑就是"绝对理念"或"绝对精神"。在黑格尔看来,经过这三个阶段或三个环节,有限的知性规定与无限的"具体思想"将克服外在的对立,实现内在沟通和统一。

如果把这一矛盾放到整个哲学史上,我们可以清楚地看到,辩证法所要解决的这一基本矛盾其实是贯穿于整个西方哲学史演变过程中的一个中心矛盾。传统形而上学的一个根本任务实质上就是要回答与解决这一矛盾,哈贝马斯的概括颇为中肯:"'一'和'多'一开始就是形而上学的主题"②。从柏拉图、亚里士多德、笛卡尔、斯宾若莎、莱布尼茨,到康德、费希特、谢林、黑格尔,都是在以一种不同的方式回应这一根本课题。在这一进程中,康德与黑格尔的地位颇为特殊。康德通过对形而上学的批判,揭示出了在理论理性的视域中二者不可克服的冲突以及二者统一的不可能性。黑格尔继承了康德的批判,但不接受其"消极的主张",而是试图通过"革新形而上学的同一性思想"③,把"普遍同一性概念真正付诸实现",为此,他把"'一'理解为绝对主体",

---

① [德] 黑格尔:《小逻辑》,贺麟译,商务印书馆2009年版,第172页。
② [德] 哈贝马斯:《后形而上学思想》,曹卫东、付德根译,译林出版社2001年版,第137页。
③ [德] 哈贝马斯:《后形而上学思想》,曹卫东、付德根译,译林出版社2001年版,第151页。

把精神的自我否定、自我超越的历史运动"当作是调和'一'和'多'、无限和有限的中介"①，从而以一种"辩证"的方式实现对这一矛盾的解决。在此意义上，黑格尔既是传统形而上学的继承者，同时又是传统形而上学的变革者，继承的是其不变的主题，即"有限知性规定"与"无限实体"、"一"与"多"如何实现内在统一，变革的是实现这种内在统一的方式，即从知性的方式转换为辩证的方式。

马克思哲学所要处理的同样是这一对核心的矛盾。但与黑格尔不同的是，马克思不是从理论哲学的范式出发理解这一矛盾的内涵和寻求对这一矛盾的解决之道，在他看来，"有限"与"无限"、"一"与"多"的矛盾不是理论哲学内部有限的知性环节与作为"绝对精神"这一无限实体之间的矛盾，而是理论观点的有限性与生活实践的无限性之间的矛盾。从马克思的观点看来，这才是"有限"与"无限"、"一"与"多"矛盾的真实内涵，这一内涵在理论哲学的范式中被深深地掩蔽起来，但以生活实践为基础，它挣脱了理论哲学范式的束缚并得以充分地显露出来。

在马克思看来，当康德与黑格尔批判知性形而上学的独断性与抽象性时，它们实质上揭示了一个真理，那就是一切"理论立场"与"理论视角"都是"有限"的，任何把自身绝对化与终极化的做法都必然陷入不可克服的自相矛盾和内在冲突。但理论立场和理论视角的有限性并不是相对于形而上学的实体和大全，而是相对于生活实践而言的。自古以来，哲学把寻求"无条件的总体性"作为目标，但在理论哲学的视域里，这一"无条件的总体性"是逻辑化、概念化的超感性实体。但在实践哲学范式里，超感性实体不过是无根的思辨幻象，生活实践才真正具有无限丰富与具体的"无条件的总体性"。因此，在实践哲学范式里，"有限"与"无限"、"一"与"多"的矛盾超越了理论哲学所固有的传统内涵，并转化为有限的理论视角与无限的生活实践之间的矛盾。

这种矛盾首先体现为理论的"片面性"与生活实践的"全面性"之间的矛盾。任何一种理论认识都是带着认识者的"视角"所进行的认识，或者说

---

① ［德］哈贝马斯：《后形而上学思想》，曹卫东、付德根译，译林出版社2001年版，第151页。

任何一种认识都是"有我"的认识，带着认识者的"视角"和"自我"，它总是不可避免地带有"主观性"并渗透着认识者的立场与观点。这种主观性，这种立场和观点，在最深层的根据上，植根并内在于生活实践，马克思曾这样论述道："人的思维是否具有客观的真理性，这不是一个理论的问题，而是一个实践的问题，人应该在实践中证明自己思维的真理性，即自己思维的现实性和力量，自己思维的此岸性"①，这即是说，理论不是生活实践之外以"上帝之眼"对于世界的"纯客观事实"的再现与掌握，而是植根于生活实践并对生活实践所提出的问题和挑战的回应，通过这种回应来推动生活实践的丰富与发展，是理论现实性和力量的来源与根据。另一方面，对于生活实践所提出的问题和挑战，不同的人们对它的意义的理解和解释是不尽相同的，因而其做出回应的角度与方式也是各不相同的，因此，以生活实践为根据，理论的"客观性"不是如理论哲学范式那种试图彻底摆脱人的旨趣、主观性和利害关系的对"事实"的直观，它并不排斥人的"主观性"，相反，它是以发挥人的主观性与能动性为前提的。在此意义上，面对生活实践，人们总是从各种不同视角出发对之进行"解释"与"透视"，相对于生活实践这一总体，它们不可避免地"偏于一隅"，因而具有"片面性"。对于理论所具有的这种性质，现当代许多哲学家已经从很多方面进行了阐发与论证。尼采明确否认存在那种脱离人的生命存在的对"自在之物"进行把握的"认识"，一切认识都体现着生命意志，是从主体出发的意义设置："什么可以单独成为认识？'阐述'，植入意义——不是'说明'。事实是没有的。我们这个见解历久而不衰"②，"实证主义者老是停留在'只有事实存在'的现象里。我要对它说，不！没有事实，只有解释！我们不能确定任何'自在的'事实，因为，作如此设想等于胡闹"③。无疑，尼采的这种观点完全是从权力意志这一形而上学立场出发得出的，它把认识的作用视为权力意志的工具，并以此为基础建立起了关于认识的"透视主义"观点，这与马克思有着重大的区别，但他对理论认识是关于"自在事实"的表象这种观点的解构，对于理论认识之"主观性"、"透视性"与

---

① 《马克思恩格斯选集》第1卷，人民出版社1995年版，第55页。
② [德] 尼采：《权力意志》，张念东等译，商务印书馆1991年版，第213页。
③ [德] 尼采：《权力意志》，张念东等译，商务印书馆1991年版，第683页。

"片面性"的自觉,是有着深刻的启示性的。韦伯的"理想类型"概念更为具体和系统地表达了理论认识所具有的这一性质,在他看来,理论概念与理论认识在根本上是一种"理想类型",它具有如下特点:首先,理想类型不是对"现实"的简单描画或摹写,它是"指关于行动者与行动要素之间的关系的分类和陈述,亦即根据或参照行动者心中的思想和行动取向所依据的一个或几个行为准则所作出的分类和陈述",它是这样形成的:"单方面地强调一个或几个观点,并将与这些单方面强调的观点相匹配的现象,亦即许多弥漫的、无联系的、或多或少存在和偶尔又不存在的个别现象,综合成为一个具有内在一致性的思维图像"①,这意味着,第一,理想类型是认识者从自己的价值取向出发所进行的理论综合和建构;第二,它是对认识对象某些部分、某些特性和某些方面的集中表达。这二者意味着,由于生活实践所具有的无限丰富性与异质性,任何理论认识和理论概念都不可能穷尽生活实践的内容,理论作为理想类型的性质和功能就在于通过片面强调和凸显其中的某些方面,把它提升到纯粹理论的层次和高度。所有这些,都从不同角度表明这样一点:相对于生活实践的无限性与丰富性,理论总是具有"片面性"。这就产生了一个重大的矛盾:"片面性"的理论如何把握"全面性"的生活实践?

与此内在相关,这种矛盾必然体现为理论的"同质性"或"同一性"与生活实践的"异质性"之间的矛盾。任何理论认识都必然是"同质性"和"同一性"的,这即是说,任何理论所提供的总是具有普遍性的知识,它在其体系内部必须遵循逻辑上的"同一律",保持思想的一贯性,为此目的,它必然要把现实生活的异质性成分予以祛除,把不符合理论一贯性需要的复杂和多样性因素悬置起来。恩格斯在批判黑格尔理论体系与其辩证方法之间的矛盾时,对于理论体系所具有的这一特点曾有过深刻的揭示:"黑格尔不得不去建立一个体系,而按照传统的要求,哲学体系是一定要以某种绝对真理来完成的。所以,黑格尔,特别是在《逻辑学》中,虽然如此强调这种永恒真理不过是逻辑的或历史的过程本身,但是他还是发现自己不得不给这个过程一个终点,因为他总得在某个地方结束他的体系。……这样一来,黑格尔体系的全部

---

① 参见[德]韦伯:《社会科学方法论》,杨富斌译,华夏出版社1999年版,第90—103页。

教条内容就被宣布为绝对真理,这同他那消除一切教条东西的辩证方法是矛盾的。"① 但与此不同,生活实践总是充满异质性和差异性,它是无限的差异性和异质性因素、力量和关系所构成的非逻辑的"总体性",因而无法被囊括于任何一种理论体系中,甚至可以说,作为一个非逻辑的"总体",它无法成为任何一种理论的对象。传统理论哲学的根本错误就在于试图以同一性和同质性的理论体系去实现对"无条件总体"一劳永逸的把握,结果导致了生活实践的抽象化与虚无化。超越理论哲学的立场,就是要自觉地意识到理论体系与生活实践的这种根本区别,自觉地意识到二者之间存在的重大矛盾并积极地寻求克服这种矛盾的妥当途径。

第三,这种矛盾必然体现为理论的"非历史性"与生活实践的"历史性"之间的矛盾。生活实践总是历史性的,它处于不断地自我创造和自我生成过程之中,正如狄尔泰所说的:生活的本性就是更多地生活,因此,生活实践是一条不断面向未来的"河流",它不会静止在某个固定的点上而停滞不前。但与此不同,任何理论体系都是"共时性"的,正像列宁所指出的:"如果不把不间断的东西割断,不使活生生的东西简单化、粗陋化,不加以划分,不使之僵化,那么我们就不能想象、表达、测量、描述运动。思想对运动的描述,总是粗陋化、僵化。不仅思想是这样,而且感觉也是这样;不仅对运动是这样,而且对任何概念也都是这样。"② 因此,相对于鲜活、流动的、创造性的生活实践,理论认识不可避免地具有"僵化"、"教条"的本性。这就必然产生了一个尖锐的问题:非历史性的、"僵化"和"教条"的理论如何把握历史性的、流动和鲜活的生活实践?很显然,这是一个具有根本性的矛盾。

第四,这种矛盾必然表现为理论的"封闭性"与"完备性"和生活实践的"开放性"与"关联性"之间的矛盾。从前面指出的理论体系所具有的那些特性实际上已经可以看出,任何理论都具有封闭性和完备性,这指的是它追求逻辑的融贯性和一致性,必然使得它把自身当作一个自足和充分的整体,并由此拒斥异质性与多样性因素的侵入,否则理论体系就会陷入自我悖谬与冲突。但与此根本不同,生活实践的一个特质恰恰就是向他者的开放性与他者的

---

① 《马克思恩格斯全集》第21卷,人民出版社1965年版,第309页。
② 《列宁全集》第55卷,人民出版社1990年版,第219页。

关联性,用海德格尔的说法,人的生存在世总是处于与他人、与他物的"因缘关系"之中,离开这种与他人、他物的"相对相关"性,生活实践就将成为空虚之物,因此,生活实践总是存在于与他人、与他物的关系网络之中,向他人开放,向世界开放,在这种开放中不断实现自我超越和自我生成,是实践活动的内在要求。这清楚地表明,在理论的封闭性和完备性与生活实践的开放性与关联性之间存在着重大的矛盾。

以上四个方面,实质上从各个不同侧面分析和展示了有限的理论视角与无限的生活实践之间的矛盾。这就是实践哲学范式内哲学所要面对、处理和解决的根本矛盾,它构成了实践哲学范式中哲学最为基本的问题意识和思想主题。

第二节 "非哲学"的非难与马克思理论体系中哲学维度的辩护

以上,我们通过对马克思哲学所实现的理论与实践关系的颠倒,推动哲学从理论哲学范式向实践哲学范式的转换进行了探讨。上述讨论为我们深入理解马克思哲学观的特殊性质准备了充分的基础。这一问题就是:在马克思的整个思想体系中,究竟是否有哲学的独立地位?或者说马克思理论是否具有独立的哲学维度?这似乎是一个不成问题的问题,但无论在西方哲学史家眼里,还是在马克思主义哲学史内部,这都曾是一个充满争议的问题。

对此问题的争论在马克思去世之后即已开始。第二国际的一些理论家认为,马克思主义已经实现了从"哲学"向"科学"的转变,马克思主义中最重要的东西是它为社会历史运动所提供一种普遍的、必然的"科学规律",它抛弃了一切"哲学幻想",克服了全部哲学的形式和内容,把对社会历史的研究变成了与"自然科学"一样的"历史科学",因此,"哲学"对马克思来说是一个贬义词,是与马克思的理论无关的"前科学"和"非科学"的累赘。例如梅林明确说道,"机械唯物主义在自然科学范围里是科学研究的原则,一如历史唯物主义在社会科学范围里一样"[1],在他看来,"历史唯物主义"就是

---

[1] [德]梅林:《保卫马克思》,吉洪译,人民出版社1982年版,第99页。

第一章 马克思哲学的哲学观及其当代性

马克思在社会领域里的"科学原则",就如同"机械唯物主义"是自然科学领域的科学原则一样。拉法格、考茨基、伯恩斯坦等人在不同场合把马克思主义概括为"经济唯物主义"、"经济决定论"或"经济社会学",他们都相信,"哲学"这个词对于马克思的理论来说是一个不相干的字眼,马克思的学说在根本上是一种社会历史理论因而并不包括"哲学的维度"。出于这种理解,他们中一些人为了"丰富"马克思的思想体系,主张从康德哲学、马赫主义中借用"哲学"的内容来补充马克思的理论体系。与此类似,在马克思主义阵营之外许多"资产阶级哲学史家"所撰写的哲学史著作中,马克思的哲学思想或者是不置一辞、完全被遗忘,或者只占据一个微不足道的位置,得不到应有的重视,正如柯尔施所说的,"对于资产阶级教授来说,马克思主义充其量不过是19世纪哲学史中一个相当不重要的分支,因而就把当作'黑格尔主义的余波'而不予考虑"①,他们认为从真正"哲学"的眼光出发,马克思的理论体系中没有或者很少有属于哲学的内容,马克思在根本上只是一个政治经济学理论和历史方面的学者。

在阅读马克思所留下的理论文本时,人们也会经常产生一个疑问:马克思的哲学究竟在哪里?在一般认为的马克思"成熟时期"的著作中,我们始终找不到以我们熟悉的哲学话语的形式表达出来的系统的哲学文本。除了《德意志意识形态》中在对青年黑格尔派的哲学幻想进行意识形态批判时相对较多地提及和涉及哲学,除了在《资本论》跋里,马克思声称是黑格尔的学生,并宣称要把辩证法颠倒过来,"以便发现神秘外壳中的合理内核"② 外,我们很少见到马克思专门的"哲学论述"。1858年在给恩格斯的信中,马克思表示"愿意用两三个印张把黑格尔所发现,但同时又加以神秘化的方法所存在的合理的东西阐述一番,使一般人都能够理解"③,十年之后,在给狄慈根的信中,马克思再次态度坚定地表示:"一旦我卸下经济负担,我就要写《辩证法》。辩证法的真正规律在黑格尔那里已经有了,自然是具有神秘的形式。必须把它

---

① [德] 柯尔施:《马克思主义和哲学》,王南湜等译,重庆出版社1989年版,第1页。
② 《马克思恩格斯全集》第23卷,人民出版社1972年版,第24页。
③ 《马克思恩格斯全集》第29卷,人民出版社1972年版,第250页。

们从这种形式中解放出来……"① 但是，马克思从来没有把这些承诺付诸实现，以一种人们所熟知的方式来表述自己的"哲学"，在马克思那里，人们找不到与康德、黑格尔、胡塞尔、海德格尔等可相比较的哲学话语系统。

如果把这一点与前述"资产阶级阵营"和"马克思主义阵营"内对马克思理论体系中哲学维度的质疑和否定联系起来，我们就可以认识到，"哲学"在马克思主义理论体系的地位、"马克思主义哲学"的合法性并非具有无须论证的自明性。我们今天仍然有必要进一步思考：在马克思的理论体系中，是否有哲学的独立地位？马克思理论的哲学维度究竟体现在何处？为什么按照"正统"的哲学史家们的眼光，马克思不能归入"合格"的哲学家之列？

在我们看来，马克思的理论体系中是包含着其特有的哲学维度的，但是，马克思变革了哲学的"理论存在样式"并创造了一种与以往哲学全然不同的哲学理论存在样式，它不再以传统哲学的话语方式、写作方式和工作方式来"生产"自身，并且通过这种理论存在样式的改变，带来了哲学的本性、对象、功能等方面的重大变化，正如阿尔都塞所指出的："马克思哲学存在着，但它却没有被当做哲学来生产。"② 如果不理解这种理论存在样式的重大变化，固守历史上形成的、人们已经习惯的哲学观来对它予以考量，那么，在马克思的理论体系中将找不到哲学的踪影，种种对马克思哲学存在地位的怀疑和否定，其根源正在于此。

因此，对马克思哲学特殊的理论存在样式进行深入探讨，是一个事关马克思哲学存在合法性的重大问题。我们认为，在此问题上，有两个最为重要的关节点值得我们高度重视。第一，马克思采取"非哲学"的态度对传统哲学的理论存在样式的摒弃；第二，马克思把哲学变成了一种干预和改造现实生活的手段，把哲学变成了实践活动的一部分，哲学因此而成为一种"哲学实践"。

这里"非哲学"所意味着的是，马克思要否定传统哲学的理论存在样式，宣告传统哲学的理论存在样式的佞妄和过时。传统哲学的理论存在样式，用马克思的话说，是以"解释世界"为根本特征的。所谓"解释世界"，在西方哲学史上，就是要回答"存在者"何以"存在"这一形而上学的本体论问题，

---

① 《马克思恩格斯全集》32卷，人民出版社1974年版，第535页。
② 汪民安等主编：《哲学与政治：阿尔都塞读本》，陈越编，吉林人民出版社2003年版，第225页。

这一问题在柏拉图那里体现为对"可知世界"的"绝对原理"即"理念世界"的寻求，在亚里士多德那里，则明确表述为认识"世间第一原理"①，在黑格尔那里，则是要获得关于"上帝"或"绝对"的概念性知识，获得这种终极存在的最高知识，也就意味着获得了关于世界的终极解释，在哲学史上，这种试图一劳永逸地捕获世界的终极知识从而实现对世界的终极解释的学科也因此被称为"神学"、"纯粹理论学科"、"第一哲学"，等等。抱着"解释世界"的这种野心，哲学理论的存在形态必然具有如下性质：（1）绝对性，哲学理论代表着任何时间、任何地方都适用的"普遍真理"，具有超越时空、"永恒在场"的性质。（2）神圣性，哲学是少数具备超人慧眼的人从事的事业，这些人超越世俗芸芸众生而与真理同在，因而具有超凡脱俗甚至神秘的性质。（3）至上性，哲学既是世界和人的生活实践的规定者，又是理论自我存在的规定者，它自足完备、毋需外求。这三者使得"强大的理论概念"构成了传统哲学的根本特点之一，它把"过沉思的生活，即理论生活方式当作拯救途径。理论生活方式居于古代生活方式之首，高于政治家、教育家和医生的实践生活方式。由于成为了一种示范性的生活方式，理论本身也深受感染；它替少数人打开了真理的大门，对大多数人而言，这扇门却一直是关闭的"②。因此，传统哲学是一种把自身神圣化、绝对化和至上化，自认具有最终话语权和自足解释力量的存在样式。

"非哲学"就是要向这种哲学的理论存在样式提出非难和挑战。在马克思看来，传统哲学的上述理论存在样式存在着双重的僭越，首先是对人的实践活动的僭越，二是"普遍性"话语权的意识形态僭越。"非哲学"就是要对这两重僭越进行批判和解构，并在这种批判和解构活动中，体现和凸显出一种全新的哲学意识、哲学精神和哲学的理论存在样式。

实践活动所具有的现实性是对传统哲学的理论存在样式的根本性反驳，它表明，任何哲学理论都有一个它无法涵盖和囊括并予以总体化的"异质"的"外部领域"，实践作为一种改造世界的活动，是一种"历史性"的在具体时间和空间情境中进行的"有条件"的活动，因此，关于实践活动的"真理"

---

① ［古希腊］亚里斯多德：《形而上学》，吴寿彭译，商务印书馆1959年版，第6页。
② ［德］哈贝马斯：《后形而上学思想》，曹卫东、付德根译，译林出版社2001年版，第31—32页。

总是具体的、历史性的"真理",而不可能是一个"统一的""整体性"的真理,人不能离开特定历史条件下的实践活动,以"全体实践活动"为对象,以一种理论的方式形成关于"实践活动总体"的真理,也就是说,"哲学"是无法为"实践"确立一个终极的、绝对的、统一的真理的,实践活动构成了"哲学真理"永远无法侵蚀和吞噬的边界。因此,相对于实践活动,任何理论的立场都是有限的,以往哲学试图用"理论"的方式来达到"整体性"的真理,这不过是一种思辨的幻想和无法实现的幻觉。在《关于费尔巴哈的提纲》第二条,马克思明确说道:"人的思维是否具有客观的真理性,这不是一个理论的问题,而是一个实践的问题。人应该在实践中证明自己思维的真理性,即自己思维的现实性与力量,关于思维——离开实践的思维——的现实性或非现实性的争论,是一个纯粹经院哲学的问题。"① 哲学试图用理性概念来获得关于世界的终极知识并以此来实现对整个世界的终极解释,试图用一个"理论的体系"来把"存在"的真理囊括其中,这正是一种"离开实践的思维",它完全建立在对实践活动遗忘的基础上因而也是建立在对"现实"的错误理解的基础上,它把"现实"当作理性、当作思维概念静观的对象,而不懂得"现实"应当当作"感性的人活动"、当作"实践"去理解。

因此,实践活动在根本上具有与"哲学"的理论存在样式不相容的本性,它证明了"哲学"那种神圣性、绝对性与至上性的理论存在样式的无根性与虚幻性,可以说,实践活动本身就具有"非哲学"的性质,正如维特根斯坦发现了日常语言及其语言游戏的"非本质主义"和"非哲学"本性、海德格尔发现了"无"与"时间性"的"非本质主义"和"非哲学"本性一样,马克思发现了"实践"的"非本质主义"与"非哲学"本性。在此意义上,"非哲学"就是要消除理论对于实践的僭妄,让人的生存实践"如其所是"那样获得其本源的、优先的地位。可以说,"非哲学"就是一场反对哲学理论遮蔽生存实践的斗争,一场消除哲学的理智迷乱从而捍卫生存实践优先地位的斗争。

那么,"哲学家"们为什么会脱离实践并把哲学理论视为绝对、神圣和至

---

① 《马克思恩格斯选集》第1卷,人民出版社1995年版,第55页。

上的存在？在"哲学"的这种理论存在样式后面隐含着什么？

马克思通过对哲学的意识形态批判回答了这一问题。通过这种意识形态批判，马克思揭露了"哲学"对自身理论存在样式期许中所包含的欺骗性和虚妄性。这是马克思运用意识形态批判所展开的"非哲学"向度。

在马克思看来，当"哲学家们"宣称哲学知识拥有解释世界的终极客观性和普遍性时，实际是"把特殊的东西说成是普遍的东西"，"再把普遍的东西说成是占统治地位的东西"①，因而骨子里所渗透和体现着的是充满压迫和控制性的权力意志。马克思在其历史唯物主义基本原理的经典表述中，把"哲学"与"政治"、"法律"、"宗教"等一道，都视为"意识形态的形式"，认为对于这些意识形态的形式，"必须从物质生活的矛盾中，从社会生产力和生产关系之间的现存冲突中去解释"。"哲学"本来是"哲学家"个人的创造物，但在"阶级社会"里，占据统治地位的阶级总是倾向于从这些不同的思想中"抽象出'一般思想'、观念等等，并把它们当作历史上占统治地位的东西，从而把所有这些个别的思想和概念说成是历史上发展着的一般概念的'自我规定'"，于是，人们在历史上就可以看到这样一种现象："占统治地位的将是越来越抽象的思想，即越来越具有普遍性形式的思想。因为每一个企图取代旧统治阶级的新阶级，为了达到自己的目的不得不把自己的利益说成是社会全体成员的共同利益，就是说，这在观念上的表达就是：赋予自己的思想以普遍性的形式，把它们描绘成唯一合乎理性的、有普遍意义的思想。"② 可见，当"哲学家"们自诩为世界"客观"的解释者时，实质上建立在对另外一些"特殊群体"及其话语权的控制和压制基础上，因而不过是"特殊"权力的合谋者和"特殊"秩序的捍卫和维护者。

在此意义上，"非哲学"就是要消解"普遍解释者"的虚妄和揭穿"哲学家"的假面具，其实质是对"哲学家"们僭用普遍者之名的抵制和解构。

通过上面的分析我们可以清楚地看出，"非哲学"是马克思十分鲜明和自觉的立场，它所直接针对的就是马克思所称的"哲学家们"对其理论存在样式的自我期许。马克思在其一系列著作中明确地表达了这一思想，例如在

---

① 《马克思恩格斯选集》第1卷，人民出版社1995年版，第101页。
② 《马克思恩格斯选集》第1卷，人民出版社1995年版，第100页。

《〈黑格尔法哲学批判〉导言》中,马克思第一次提出要"消灭哲学";在《关于费尔巴哈的提纲》最后一条,马克思指出:"哲学家们只是用不同的方式解释世界,而问题在于改变世界",马克思显然把自己排除在"哲学家们"之外;在《德意志意识形态》中,"哲学"被视为资产阶级意识形态的代名词因而必然随着现存秩序的灭亡而消失,在此,"哲学"与"哲学家"都完全在一个负面的意义上被使用;在《路德维希·费尔巴哈和德国古典哲学的终结》中,恩格斯同样明确说道:"哲学在黑格尔那里终结了"①。所有这些论述,都清楚地表明了马克思"非哲学"的基本态度。

现在的问题是,当马克思采取这种立场时,马克思是否完全取消了哲学,甚至彻底消解了哲学的维度?

我们的观点是:马克思"非哲学"的立场所宣告的是以往哲学那种特定的理论存在样式的终结而非哲学本身的终结。马克思终结了传统哲学的理论存在样式,并开创出一种哲学新的理论存在样式,那就是他把哲学变成了一种"哲学实践",哲学成为一种干涉、介入和变革现实生活的方式,成为实践活动的一个内在组成部分,成为内在于现实生活并改变现实生活的一种现实力量。

第三节 "哲学实践"与马克思理论体系中哲学维度的特殊表现方式

那么,作为"哲学实践"的理论存在样式具有什么特点?与以往哲学的理论存在样式相比,它究竟发生了什么重大转变?

哲学变成"哲学实践",意味着哲学虽然仍以"理论"的方式表现自己,但是这种理论的位置和目标、话语方式和言说方式等都发生了重大的变化:哲学理论不再到生活实践之外为现实生活实践提供基础和原则,相反,一种哲学理论之所以有价值,当且仅当它是在人们的生活实践中提出来的,当且仅当它

---

① 《马克思恩格斯全集》第21卷,人民出版社1965年版,第311页。

为生活实践所需要并在生活实践中证明了自身的力量；它的存在不是脱离生活实践，为"再现世界"提供"客观知识"，而是回答"怎样行动"，从而使"更好的生活如何可能"，因此，它不再按照"知识的逻辑"，而是按照"实践的逻辑"来存在；理论的目标不是作为静观者来对世界进行思辨和描述，而是作为实践活动的一部分，作为一种现实的思想力量来创造生活和世界；上述变化表现在话语方式和言说方式上，使得哲学不再以纯粹的思辨概念为工具来建构哲学体系，而是面向现实生活实践本身，在经济学、社会学、政治学、艺术、宗教等人文社会科学的结盟中，来寻求与现实生活实践的本性相适应的话语方式与言说方式。

这一切表明，当哲学成为一种"哲学实践"时，哲学已不是一种传统意义上的"学说"（即关于世界整体、存在本身的"解释之学"），而已成为一种"活动"（一种介入和改变现实世界的"活动"）。这种活动包括两个最基本的内容，一是对旧世界的"批判"和"揭露"，二是在"批判"和"揭露"的基础上生成关于"新世界"的想象。

"批判"和"揭露"活动是一种"解蔽"的活动，它要去除意识形态的障蔽，显示现存秩序的有限性与非完美性，从而使人们对自身的生存状态保持清醒的自我意识，它要透过一切志得意满和踌躇满志，暴露貌似合理与天经地义的东西后面所隐含的"另一面"。在此而言，"批判"与"揭露"总是针对人历史发展中具体的生存困境和生存矛盾而展开的，虽然"批判"和"揭露"的工作要以"理论"的形式表现出来，但这种理论不是为了以"发现"世界的"自在真理"为目标，而是以克服和变革现存状态为目的因而蕴含着一种颠覆现存在秩序的"人文解放"旨趣（在此，"解放"乃是一个动词，一个不断从奴役中挣脱出来的动态过程）。对此，马克思曾有过清楚的表述："批判并不是理性的激情，而是激情的理性。它不是解剖刀，而是武器。它的对象就是它的敌人，它不是要驳倒这个敌人，而是要消灭这个敌人，因为这种制度的精神已经被驳倒。这种制度本身并不是值得重视的对象，它是一种按照应当受到蔑视的程度而受到蔑视的存在物。批判没有必要表明自己对这一对象的态度，因为它已经清算了这一对象。批判已经不再是目的本身，而只是一种手段。它的主要情感是愤怒，主要工作是揭露。针对这个对象的批判是肉搏的批判；而在肉搏战中，敌人是否高尚，是否有趣，出身是否相称，这都无关重要，重要的是给敌人以打击。"① 可见，哲学的"批判"和"揭露"是一种要"消灭"、"清算"和"打击"旧世界的手段和武器，它带有强烈的实践意向和旨趣。

"批判"和"揭露"旧世界是为了"发现"新世界。马克思说道："我们的任务就是要揭露旧世界，并为建立一个新世界而积极工作"②，"新思潮的优点就恰恰在于我们不想教条式地预料未来，而只是希望在批判旧世界中发现新世界"③。哲学"发现"新世界，不是要寻求关于"新世界"的"客观知识"，而是要在批判和揭露旧世界的过程中，形成关于"新世界"的想象，并通过这种想象，推动人们在实践活动中去追求和创造一个与现存世界不一样的更为自由和美好的新世界。可见，哲学"发现"新世界，不是出于理论理性的"好奇"，而是具有鲜明的实践理性的动机和要求。

无论是对旧世界的揭露和批判，还是对新世界的想象和创造，都意味着哲学不再是"离开实践的思维"，而是与实践联为一体、以"实际地变革与反对现存事物"为归宿和鹄的的"实践之知"。与以往以"解释世界"为特点的哲学理论存在样式相比，它呈现出如下根本性区别。

首先，这种理论存在样式失去了"神圣性"而体现为"世俗性"的特征。"神圣性"来源于对"真理"的直观和一劳永逸的把握，理论于是成为人们超越有限性、直达无限的超感性实在从而实现自我拯救的途径。但是，作为"实践之知"，哲学不再"锲而不舍地追究终究的问题"，而是追求"此时此地什么是行得通的，什么是可能的以及什么是正确的"的实践智慧，哲学家自觉地放弃了"扮演很坏的预言家、报警人、说教者甚至很坏的智者这类角色"，如果说以往哲学家们相信"一切谜语的答案都在哲学家们的写字台里，愚昧的凡俗世界只需张开嘴来接受绝对科学的烤松鸡就得了"，那么，"现存哲学已经变为世俗的东西了，最确切的证明就是哲学意识本身，不但在表面上，而且骨子里都卷入了斗争的漩涡"，哲学家不再是君临一切，而成为改变

---

① 《马克思恩格斯全集》第1卷，人民出版社1995年版，第455页。
② 《马克思恩格斯全集》第1卷，人民出版社1995年版，第414页。
③ 《马克思恩格斯全集》第1卷，人民出版社1995年版，第416页。

现实状态的现实斗争的实际参与者和推动者。

其次,这种理论存在样式失去了"至上性"而体现为"历史性"的特征。理论的"至上性"来源于"真理在握"的话语权和优越感,但是,作为"实践之知",哲学自觉意识到以往哲学思维要求自己君临天下的野心是不切实际的幻想。实践活动总是历史性的,实践活动向理论所提出的课题总是存在于具体的、现实的"场域"和"生态"之中,这就使得哲学的"发问"不可能是超越时空的抽象之问,而总是一种"历史性"的"合乎时势"的"发问",正如福柯所言,"也许最确定无疑的哲学问题是此时此刻的问题,以及在这个非常时刻我们是谁的问题",这就决定了哲学不可能成为在任何时候、任何地方都适用的普遍知识,而只能与具体实践活动联系在一起,成为一种在历史性的实践中发挥作用并随着实践活动的发展必然被超越的历史性思想。

最后,这种理论存在样式失去了"绝对性"而成为体现为"有限性"的特征。哲学理论的"绝对性"来源于它所认识对象的"永恒在场"性及把握真理的普遍性。但是,作为"实践之知",哲学不可能以"实践总体"为对象,达到对处于历史运动中的"实践总体"一劳永逸的掌握从而获得关于实践的"总体性真理",哲学犹如一个需要充实内容的"容器",需要在对人们生存状态的历史性诠释和理解中获得其主题和内容,它只能在具体的实践活动条件下,从历史性视野出发,获得某种时代性的真理,因此,哲学的立场必然是有限的。

这种具有"世俗性"、"历史性"与"有限性"等特征的"理论",如果从传统哲学观的眼光来看,根本没有资格成为"哲学"。传统哲学理论存在样式所具有的那些特质,在这里都已不复存在。这就是我们在第一部分里所讨论的为什么马克思去世之后,人们围绕马克思的理论体系中究竟是否包含哲学而激烈争论的原因。然而,如果调整哲学观念,那么,问题即可迎刃而解:以往那种理所当然的哲学形态并非唯一、终极的哲学存在样式,哲学完全可以是"另外一种样子",马克思创造了新的哲学理论存在样式,把哲学从关于世界、关于"存在"的思辨理论转换为"哲学的实践",这不是"哲学的终结",而是哲学的转向和新的可能性。

阅读马克思的著作,我们看不到与康德、黑格尔等人的著作相似的话语方式和言语方式,看不到诸如"存在"、"本质"等范畴体系,看不到"认识论"、"本体论"、"伦理学"等领域区分,看不到以传统的哲学术语和研究领域建构而成的哲学体系,人们看到的只是经济分析、社会批判、历史研究等话语。这一现象经常使人困惑:马克思的哲学究竟存在何处?

为了消除这一困惑,人们最常用的方法是恢复传统的哲学话语,结合马克思著作中散见于各处的某些论述或只言片语,来建构一整套系统化的"马克思哲学原理",从而使马克思的哲学与康德、黑格尔的哲学一样,呈现为一个对"本体论"、"认识论"、"历史观"、"方法论"等都有面面俱到、系统阐释的理论体系,仿佛不如此,就不能证明哲学在马克思理论体系中的地位。几十年来上百种各种各样的"马克思主义哲学原理"的编写和出版即是这种观念最好的注脚。

如果从我们上面考察所得出的基本观点出发,就不难发现,上述这种观念正是不了解马克思在理论存在样式上所实现的变革所造成的。马克思改变了哲学的理论存在样式,这必然表现在哲学的话语方式和言说方式上面。正如海德格尔等当代哲学家所洞察到的那样,传统形而上学是与"形而上学的语言"内在联系在一起的,不克服形而上学的言说方式和话语方式,就不可能真正超越传统形而上学,马克思在改变以往哲学理论存在样式的时候,也同时改变了哲学的言语方式和话语方式并创造了一种新的哲学话语方式和言说方式。对此,马克思有着充分的自觉,在《德意志意识形态》中,马克思说道:"语言是思想的直接现实。正象哲学家把思维变成一种独立的力量那样,他们也一定要把语言变成某种独立的特殊王国。这就是哲学语言的秘密,在哲学语言里,思想通过词的形式具有自己本身的内容。从思想世界降到现实世界的问题,变成了从语言降到生活中的问题。"[①] 马克思把"哲学"变成"哲学实践",正是要让哲学从"思想世界"回到"现实世界"并因而实现"从语言降到生活"的变化。因此,马克思自觉地摒弃了用形而上学的话语方式和言话方式,用思辨哲学的概念来建构哲学体系,他所要做的是通过"意识形态批判"与"政治经济学批判"来实现来对人的历史性的生存状态的分析、描述和理解,来

---

① 《马克思恩格斯全集》第 3 卷,人民出版社 1960 年版,第 525 页。

完成对旧世界的"揭露"和"批判"以及对新世界的"发现","意识形态批判"与"政治经济学批判"成为了马克思哲学最主要的两种话语方式和言说方式,通过前者,消解"虚假意识"的统治而导致的现实生活的抽象化,祛除抽象观念对现实生活的遮蔽,推动对现实生活的变革;通过后者,揭示资本主义社会中资本逻辑的总体性统治所造成的"抽象对个人的统治",从而寻求超越"个人对偶然性和关系的统治,以之代替关系和偶然性对个人的统治"[①]的可能途径。在马克思看来,那种以纯粹思辨概念的方式来建构哲学体系的言说方式和话语方式是与实践活动的本性相违背的,因而必然被摒弃。

因此,当人们试图脱离马克思特有的话语方式和言说方式、使用被马克思称为"思辨哲学"的语言来证明马克思哲学的地位时,实际上正误解和违背了马克思哲学的精神。今天人们应该做的是继承和发扬"意识形态批判"与"政治经济学批判"的话语方式,通过对我们时代人们的生存状态与生存方式的自觉反省,来推动"反对现存秩序"的实践活动。

在近年国内马克思哲学研究中,另一个颇为热闹的话题是关于"哲学终结":马克思究竟是否与海德格尔、后现代主义诸公一样的"哲学终结论"?赞成者与否定者皆有之。赞同者认为,马克思在自己的著作中明确说过"消灭哲学"、"取消哲学"、"哲学应当受到谴责",并宣称"思辨终止的地方,在现实生活面前,正是描述人们实践活动和实际发展过程的真正的实证科学开始的地方"[②],"理论的对立本身的解决,只有通过实践方式,只有借助于人的实践力量,才是可能的;而哲学未能解决这个任务,正因为哲学把这仅仅看作理论的任务"[③],因此,在马克思那里,"哲学终结"了,取代哲学的是"真正的实证科学"和超越哲学的现实实践活动;反对者认为,马克思只是终结了传统哲学,而非终结了哲学本身,马克思建立了一整套系统的关于社会历史及其发展的哲学学说,用它取代了以往哲学思辨的、臆想的关于世界的图景,因此马克思并没有终结哲学,而是建立了一种新的哲学形态。

按照上文讨论所形成的基本立场,我们可以看到,无论"哲学终结"论

---

① 《马克思恩格斯全集》第3卷,人民出版社1960年版,第515页。
② 《马克思恩格斯选集》第1卷,人民出版社1995年版,第73页。
③ 《马克思恩格斯全集》第42卷,人民出版社1979年版,第127页。

者还是其反对者，都没有看到马克思对哲学理论存在样式方面所发生的重要变革。那些认为马克思终结了哲学的人，没有认识到马克思所终结的只是以往哲学的那种特有的理论存在样式并创造了新的理论存在样式，那些认为马克思建立了一整套哲学学说的观点同样没有认识到，马克思把哲学变成了"哲学实践"，变成了干预、参与和改变现实生活的手段和环节，因此，马克思哲学的深层旨趣并不是提供一种关于世界和历史的普适性学说，而是提供一种历史性的批判思想，以推动改变"现存状态"的实践活动。马克思改变了哲学史上长期占据统治地位的对"哲学"的本质主义理解，使哲学成为一个"复数"，一个随着现实生活和实践活动特点的变化而表现出不同内容和形式的"不定性"的存在。那种把马克思哲学理解为普适性学说的观点，实质上是把马克思哲学当成了传统哲学的一种替代品，因而缺乏对马克思哲学在理论存在样式上所实现变革的充分自觉。

第四节 从特殊的"知识类型"到特殊的"人类活动"：马克思哲学观的重大变革

一、特殊的"知识类型"与特殊的"人类活动"：理解哲学的两种路径

把哲学理解为内在于实践活动之中的"实践之思"，表明马克思实质上把哲学把握为一种以实践活动为基础的，内在于实践活动并推动实践活动发展和跃迁的反思和批判性活动。在这种理解中，一种哲学观的重大变革得以凸显。这一重大变革，我们可以概括为"从特殊的'知识类型'转向特殊的'人类活动'"。

哲学究竟代表着一种特殊的"知识类型"还是特殊的"人类活动"？这一问题看似简单，实际上代表着两种有着重大区别的哲学观。前者意味着：存在

着一个哲学所特有的认识对象和领域,通过对这一特有对象和领域的把握,哲学在本性上是一个有着固定的研究主题、有着标准的话语和概念方式的客观知识体系。后者则意味着,哲学并没有属于自己的特有认识对象和领域,哲学在本性上也不是一种客观知识体系,相反,哲学在根本上是一种历史性的活动,哲学虽然以概念语言表达自身,但这种表达的旨趣不是为了与某种实在的对象相对应和符合,而是把这种概念语言视为一种介入思想、语言和现实社会生活的活动,其目的是通过这种活动,实际地改变思想、语言和现实社会生活的面貌,哲学因而成为一种具有强烈实践旨趣的思想和语言活动。

把哲学理解为一种特殊的"知识类型",这种哲学观在哲学史上有着不同的表现形式,但有一点是它们共享的信念,那就是总有一个自给自足的永恒知识王国属于哲学,总有一些别的学科无法获得的特殊知识等待着哲学去发现和捕获。正是因为这一信念,"哲学知识"拥有统率其他具体学科知识的特殊地位,哲学也因此获得了超越于其他具体学科的"超级学科"的地位。

在哲学史上,这种哲学观最有代表性的表现形式无疑是传统形而上学这一哲学形态。构成传统形而上学最基本的前提的是一种"形而上学实在论"的观点:"根据这种观点,世界是由不依赖于心灵之对象的某种确定的总和构成的。对'世界的存在方式',只有一个真实的、全面的描述。真理不外乎在语词或思想符号与外部事物和事物集之间的某种符合关系"①,哲学的根本使命就是对"世界的存在方式"提供真实全面的描述,从而获得关于"实在"本身的终极解释和最高真理。亚里士多德曾把探究"存在之为存在"及"万物之所以存在"的最终理由和最终原因视为哲学的最高主题,并把以这一主题为探讨对象的"理论学术"称为第一哲学,即形而上学。它相信,在所有"存在者"中,必有一"最终实在",使得所有"存在者"获得最终根据,哲学的特殊任务就是通过对"终极实在"的探究,获得关于整个世界的终极原理和终极解释。可以说,对"终极实在"的形而上学追求,构成哲学自诞生起最为持久和深层的冲动。亚里士多德关于形而上学对象和任务的规定影响了漫长的哲学发展史,同时也逐渐积淀而成为一种根深蒂固的哲学观。

---

① [美] 普特南:《理性、真理与历史》,童世骏、李光程译,上海译文出版社2005年版,第55页。

近代哲学的"认识论转向"和当代哲学"语言学转向"是对上述传统形而上学的深刻反省,并因此实现了哲学史上的重大转向。但在哲学观上,它与前述传统形而上学有着内在的一致。区别仅在于,通过认识论和语言学转向,哲学不再把寻求非人类的终极实在作为哲学的根本任务,而是把实在置于与人的思维和语言的关系之中,去重新理解实在的意义,但是,它仍然相信,哲学是关于某种特殊问题的特殊类型的知识,这些问题只有哲学才能达到自觉并予以切实的解决,哲学通过关于这些特殊问题的独特处理和回答,占有和获得其他学科所不具有的"高级知识"。"认识论转向"所预设的前提是:具体科学面向世界,以获得关于"存在者"的知识为旨趣,只有哲学则以反思的姿态,追问一切具体知识得以可能的认识论前提和根据,这一前提和根据就是"思维与存在的统一","思维与存在的统一"是保障一切知识的客观性和普遍性得为可能的根据和基础,因此,论证"思维与存在的统一性",从而为知识的客观性和普遍性奠基,就成为哲学的中心任务,很清楚,这种哲学观虽然不再直接追问关于"实在"本身的知识,但是,它却把追求比具体知识更为"基本"、更具"前提"性的"意识"领域的知识作为自己的目标,如果说形而上学实在论试图寻求永恒不变的、普遍一般的关于"实在"本身的知识为鹄的,那么,"认识论"则把关注的重点从"实在"转向"意识",转而寻求关于人的"意识原理"的知识,其基本逻辑是这样:只有获得了关于人的意识和认识原理的知识,才能为获得关于存在的知识提供明证性的根据和基石。"语言学转向"所预设的前提则是:人的认识和意识由于其不可避免的"主观性"和"私人性",它也无法保证关于实在知识的客观性和普遍性,只有意识的意义表达和存储形式即语言才具有公共性和普遍性,因而,以语言作为基础和根据,认识和意识的内容才可获得客观性和自明性,与此相应,关于"实在"的知识也才得到了有效和可信的证明,因此,关于"实在"的知识必须转向关于"语言"的自觉,才能确立自身可靠的根据和基石。于是,通过逻辑分析,以一种符合真理本性的"正确"的语言去描述和把握"实在",便成为哲学的主要任务。

可见,无论是形而上学实在论,还是以认识论为中心的哲学和以语言为中心的哲学形态,虽然在反思层次和具体取向上有着诸多重大不同,但在哲学观上,却有着共同的追求和取向。首先,它们均把哲学视为区别于具体学科的某种特殊的知识类型,哲学有其固定的区别于其他学科的问题域,这一问题域或者是"存在",或者是人的"意识"和"语言",哲学之所以为哲学,就在于它能够获得关于这一特殊问题域的答案和认知。其次,由于把哲学视为某种特殊的知识类型,它们认为哲学在人类知识体系中具有基础性和终极性的地位和权威。在它看来,哲学作为一种特殊类型的知识,其合法性和重要性就在于它是最具有"自明性"、"本源性"和"根基性"的知识,是为所有具体的、局部的知识提供终极依据和辩护的"后设性"的"元知识",具体知识的客观性、普遍性和真理性只有通过哲学才能得到最后的保证,因此,哲学代表着在知识等级和体系中占据着制高点的最高知识。第三,由于哲学在知识体系中的至尊地位,哲学被确立和归结为一种"超级学科",正如罗蒂所指出的:"存在有(或者应当有)一门学科,它将给予我们希腊智者希望获得而未能获得的东西——不只是意见的总和,而且是知识,关于具有根本重要性的东西的知识。……我们需要哲学作为一门基本学科,这门学科为证明或批判生活方式和社会改造提供着基础;那些把自然科学当作合理性典范的知识分子,则偏爱一种为科学大厦加冕的'科学哲学'"①,哲学作为"基本学科",成为"永恒秩序"和"中性思想框架"的发现者和奠基者,因而在人类所有学科中拥有"立法者"的至高地位。

二、马克思实现了从"特殊知识领域"到"特殊人类活动"的哲学观转变

以上面的讨论为背景来观照马克思的哲学观,我们认为,马克思的哲学变革最为集中地表现为它宣告了统治了漫长哲学史上把哲学理解为"特殊知识领域"的"名词性"的哲学观的终结,把哲学理解为一种以人的现实的实践活动为根据的"在批判旧世界中发现新世界"的反思和批判性"活动",从而

---

① [美]罗蒂:《哲学与自然之镜》,李幼蒸译,商务印书馆2009年版,第8页。

彰显和弘扬了一种新型的哲学观,即把哲学理解为一种"特殊的人类活动"的"动词性"的哲学观。

马克思在自己的著作中多处对自己的哲学观进行了表述。在我看来,马克思的如下表述最为集中地表达出他的哲学观与传统哲学观之间的根本区别:"新思潮的优点就恰恰在于我们不想教条式地预料未来,而只是希望在批判旧世界中发现新世界。到目前为止,一切谜语的答案都在哲学家们的写字台里,愚昧的凡俗世界只需张开嘴来接受绝对科学的烤松鸡就得了。现在哲学已经变为世俗的东西了,最确切的证明就是哲学意识本身,不但表面上,而且骨子里都卷入了斗争的漩涡。如果我们的任务不是推断未来和宣布一些适合将来任何时候的一劳永逸的决定,那么我们便会更明确地知道,我们现在应该做些什么,我指的就是要对现存的一切进行无情的批判。"①

在这一段话,至少包含着如下几层主要意思:

(1) 哲学不是远离生活、高高在上的神圣之物,而是一种深植于现实生活的"世俗的东西";

(2) 哲学并不提供先验的教条,而是要在批判旧世界中发现新世界;

(3) 哲学的使命不是提供一劳永逸的知识和放之四海而皆准的原则,而是要对"现存一切进行无情的批判";

(4) 旧哲学观的根本错误表现在两个方面,一是把哲学视为提供终极知识的"绝对科学",二是哲学脱离现实生活和现实世界,从哲学原则出发来要求现实世界和现实生活,认为在哲学原则里包含了现实世界和现实生活的"一切谜语的答案"。

上面几层含义,归纳起来,最为核心之处就在于强调哲学并不提供终极知识和教条原则,而是代表着一种批判旧世界中发现新世界的反思和批判性"活动"。

哲学是一种"活动",一种"在批判旧世界中发现新世界"的反思和批判性"活动",而不是一种提供整个世界的终极解释和绝对原则的"科学",这就是马克思哲学观的精义之所在。它标志着马克思真正抛弃了以传统形而上学

---

① 《马克思恩格斯全集》第 1 卷,人民出版社 1956 年版,第 416 页。

为代表的名词性的哲学观,使哲学的合法性根据、哲学的主题、功能、思想旨趣等发生了具有根本意义的转换。它意味着:

(1) 在思想本性上,哲学不是一种绝对的"外在超越性",而已成为一种"内在的超越性"。"超越性"是哲学的本性,但按照传统哲学观,哲学再现着一个"本质性"的"自在自为的真理王国",它要为"凡俗"的现实世界和现实生活提供先验的原则和终极的解释,这种做法实质上是哲学家们把抽象的"哲学思维"确立为整个世界的本质和尺度,预先用抽象思维的尺度来裁割感性现实及其历史①,因而是一种"外在的超越性";而"在批判旧世界中发现新世界"则表明:哲学的"超越性"生发于对"旧世界的批判",在对"旧世界的批判"内源地彰显出一个超越性的"新世界",这"新世界"不是外在的教条式的强加,而是在批判活动中内在升华的产物,因而是一种"内在的超越性"。

(2) 在思想功能上,哲学不再寻求关于世界的终极解释和最终原则,而在于"解蔽"和"显现"。按照传统哲学观,哲学的功能是寻求"彼岸世界的真理"并以之来规范和要求"此岸世界",但"在批判旧世界中发现一个新世界"则表明,哲学的真正功能恰恰在于终结"彼岸世界的真理",并且在"彼岸世界的真理"消失之后,来确立"此岸世界的真理":"人的自我异化的神圣形象被揭穿以后,揭露非神圣形象中的自我异化,就成了为历史服务的哲学的迫切任务"②,"批判"意味着"解蔽","发现"意味着在"解蔽"的同时对"事物本身"的"显现","解蔽"的过程与"显现"的过程是同一个过程。

(3) 在思想旨趣上,哲学不再醉心于提供永恒的知识和最终的语汇,以成为一种最高等级的"科学",而在于"改造世界"。按照传统哲学观,哲学的根本旨趣在于成为"科学",甚至成为"科学的科学",但"在批判旧世界中发现一个新世界"则表明:哲学的真正旨趣并不在于"宣布一些一劳永逸的决定",并不试图以"不同的方式**解释**世界",而是要通过自身的反思和批判性活动来"**改变**世界"③,"对实践的唯物主义者即共产主义者来说,全部问

---

① 《马克思恩格斯全集》第 42 卷,人民出版社 1979 年版,第 161 页。
② 《马克思恩格斯选集》第 1 卷,人民出版社 1972 年版,第 2 页。
③ 《马克思恩格斯选集》第 1 卷,人民出版社 1972 年版,第 19 页。

题都在于使现存世界革命化，实际地反对并改变事物的现状"。①

（4）在思想的合法性根据上，哲学并非依靠纯粹理性而自足完备、毋须外求的存在物，其生命之根深植于不断变动、充满矛盾的现实生活之中。按照传统哲学观，哲学既是现实世界和现实生活的尺度，同时又是哲学理论自身的尺度，因此哲学的存在根据和思想合法性源于人的纯粹先验理性的建构力量，但"在批判旧世界中发现一个新世界"则表明：不是哲学优先于生活，而是生活优先于哲学，哲学的合法性来源于对现实生活的批判性反思并必须在现实生活中确证自己的现实力量，"不仅从内部即就其内容来说，而且从外部即就其表现来说，都要和自己时代的现实世界接触并相互作用"②，"人的思维是否具有客观的真理性，这并不是一个理论的问题，而是一个实践问题。人应该在实践中证明自己思维的真理性，即自己思维的现实性和力量，亦即自己思维的此岸性。关于离开实践的思维是否具有现实性的争论，是一个**纯粹经院哲学的问题**"③，因而哲学的合法性根据不在于彼岸抽象性的、先验的理性原则里面，而深植于此岸的、"尘世"的现实生活和现实世界之中，哲学理应成为内在于现实生活并推动现实生活发展的一种现实力量。

可见，由于把哲学理解为一种"在批判旧世界中发现新世界"的"活动"，哲学获得了一种全新的自我形象，无论是哲学的思想性质、思想主题和思想旨趣，还是哲学的思想合法性根据，都超越了传统形而上学哲学观的"名词"性而显现出鲜明的"动词"性，它使人们对哲学的理解从"名词的"眼光转向了"动词的"眼光，从"知识论"的、"理论哲学"的眼光转向了"实践理性"、"实践哲学"的眼光，彰显和恢复了哲学的"动词性"维度，这就是马克思在哲学观上的重大贡献。

把哲学理解为一种"在批判旧世界中发现新世界"的批判性"活动"，哲学因此而成为一个"动词"，这种全新的哲学观具有十分重大的现代哲学意义。

这种现代哲学意义主要表现在两个基本方面，在"解构"和"否定"的

---

① 《马克思恩格斯选集》第1卷，人民出版社1972年版，第48页。
② 《马克思恩格斯全集》第1卷，人民出版社1956年版，第121页。
③ 《马克思恩格斯全集》第1卷，人民出版社1956年版，第16页。

意义上，它宣告了传统形而上学以寻求绝对真理为关切、以奠定知识基础为己任的哲学观的终结，并从哲学观这一特殊的方向给传统形而上学以致命一击，从而为哲学从传统向现代的范式转换提供了高度的理论自觉；在"建设性"和"肯定性"的意义上，它为人们理解传统形而上学终结之后哲学的存在合法性提供了一条重要的启示。

正如前文所指出的，传统形而上学所坚持的是一种"名词性"的哲学观。这种名词性哲学观的基本特点就是企求寻求某种超历史的本质、定义和尺度，捕获整个世界的绝对真理和终极知识，以为整个文化和人的全部生活奠定一劳永逸的基础，因此，对于这种"名词性"哲学观来说，它最高的哲学理想就是成为"科学之王"，成为人类文化和现实生活的"立法者"。

正是受这种哲学观和哲学理想的驱动，传统形而上学的全部内容，包括其本体论、知识论、价值论等表现出一种强烈的客观主义和基础主义倾向，在本体论上，它所追求的是"终极存在"或者说"存在的最终基础"，运用知性逻辑，去捕获决定"现象世界"的"本质世界"，以达到对整个世界的"实体统一性"把握，这即构成人们常称之为"实体本体论"的传统形而上学的理论传统，在知识论上，它所追求的是知识的最高标准和基础，从这种标准和基础出发，人类的全部知识即可获得完全的透明性和合法性，在价值论上，它追求的是超历史的、放之四海而皆准的普遍价值法则和"阿基米德点"，从此出发，人和社会的一切行为都可获得先验的判决。

众所周知，整个现代哲学的兴起，是以"拒斥形而上学"为标志的，"后形而上学思想"是现代哲学的重大主题之一①，而"拒斥形而上学"，最直接的、首当其冲的就是拒斥"形而上学"的哲学观。在许多英美分析哲学家看来，传统形而上学的哲学观企图获致一种关于普遍性的、关于支配宇宙的最普遍原则的知识，实际上为哲学设定了一个虚幻而幼稚的目标，因为哲学根本不具备获取这种知识的手段和能力，因此它关于世界绝对的、最高知识的承诺，实际上只不过是思辨和想象的虚构物，是把"逻辑与诗搅混、理性的解释与比喻搅混、普遍性与类似性搅混"的结果，这种哲学充其量是"一首杰出的

---

① [德] 哈贝马斯：《后形而上学思想》，曹卫东、付德根译，译林出版社2001年版，第6页。

诗，充满着刺激我们的想像力的图景，但没有科学解释所具有的那种说明问题的力量"①，在此意义上，传统形而上学哲学观对哲学理想的自我悬设是毫无意义的。对于许多欧陆哲学家而言，传统形而上学哲学观把哲学定位于一种知识论性的纯粹理论学科，实际上遗忘和掩蔽了更为本源和基本的东西，那就是先于知识和逻辑并构成知识和逻辑基础的生活世界和生存实践活动，因此传统形而上学哲学观所悬设的知识论性质的哲学主题和哲学目标在实质上是"无根"的，还有一些欧陆哲学家们揭露传统形而上学哲学以捕获绝对真理和终极知识为己任的哲学观所具有的极权性和专制性，认为在这种哲学里所蕴含的本质主义的、绝对同一性的"元叙事"，必然导致差异性、多样性和具体性的丧失，因此在传统形而上学哲学观里，所蕴含着的是"总体性话语的压迫"（福柯）和"形而上学的暴力"（德里达）。

在这一点上，马克思与现代哲学的基本哲学意识是基本相一致的。恩格斯曾这样批判旧哲学："这样给哲学提出任务（即认为哲学可以获得关于自然和历史的绝对和终极的知识——引者注），无非就是要求一个哲学家完成那只有全人类在其前进的发展中才能完成的事情，那末全部以往所理解的哲学也就终结了"②，"就哲学是凌驾于其它一切科学之上的特殊科学来说，黑格尔体系是哲学的最后的最完善的形式。全部哲学都随着这个体系没落了"③，在这些论述里，恩格斯宣告了以追求绝对真理和终极知识为目标的旧哲学的终结，在此方面，马克思与恩格斯的态度是完全一致的，只要打开马克思的著作，就不难发现，马克思从来不热衷追求整个世界的终极解释和最高知识，从来没有在构造一个囊括整个世界绝对真理的思辨体系上下功夫，从来没有把发现永恒的自然规律和历史规律视为自己哲学的使命。

在此意义上，马克思"在批判旧世界中发现新世界"这一"动词性"哲学观的提出，实质上宣告了整个传统形而上学哲学观的终结，宣告了传统形而上学哲学观所悬设的哲学主题、哲学目标、哲学旨趣等的无效和非法，并以此为基础，宣告了全部形而上学的终结。

---

① ［德］赖欣巴哈：《科学哲学的兴起》，伯尼译，商务印书馆1991年版，第12页。
② 《马克思恩格斯选集》第4卷，人民出版社1972年版，第215页。
③ 《马克思恩格斯选集》第3卷，人民出版社1972年版，第63页。

但把哲学定位于"在批判旧世界中发现新世界"的"活动",又同时表明:放弃"科学之王"的地位,宣告传统形而上学哲学观的终结,并不等于哲学从此丧失了其存在合法性,哲学作为一种批判和反思性活动仍然具有其重大的合法性。就此而言,马克思"动词性"的哲学观又显示出与以"根除哲学"为旗帜的"非哲学"思潮不尽相同的思想立场。

首先,把哲学理解为"在批判旧世界中发现新世界"的批判和反思性"活动",指明了哲学在当今时代的合法的存在形态应该作为一种"活动"而不再作为一种思辨的知识体系而存在,它意味着,虽然作为一种永恒真理和绝对知识意义上的哲学的确已经无可挽回地走向了终结,但是作为一种"活动",作为一种批判和反思性"活动"的哲学仍将存在,通过这种批判性活动,促进人与社会的自我理解,推动"一种更美好的生活成为可能",在此方面哲学仍然具有不可代替的重大作用和不可取消的思想合法性。

从"活动"的角度来理解哲学在当代的合法性,是许多现代西方哲学家的一个共同倾向。维特根斯坦明确说道:"哲学不是一门学说,而是一项活动"①,维氏这种"活动论"哲学观影响了整个现代分析哲学,当然他所理解的"活动"主要是一种消除语言误用的"语言批判活动",但他从"活动"的角度来理解传统形而上学终结以后哲学的合法位置这一点,与马克思有相似之处;海德格尔也这样说:哲学的终结,意味着"思想"的开端,"思想"既不是"形而上学"也不是"科学",它的任务是"面向事情本身",以"克服那种作为人类之世界栖留的唯一尺度的技术—科学—工业之特性"②,很显然,"思想"所表现的已不是一种知识性的追求,而是一种去蔽和澄明性的活动,在此,海德格尔同样表现出以"动词性"哲学("思想")取代"名词性"哲学(这种哲学已经终结)的倾向。即使是激进的后现代主义者,当他们用"解构"来命名自己的哲学时,实质上已表明他们是从"活动"的角度来理解哲学的存在的。

---

① [奥地利] 路德维希·维特根斯坦:《逻辑哲学论》(4.112),贺绍甲译,商务印书馆1999年版,第48页。
② [德] 海德格尔:《哲学的终结和思想的任务》,参见 [德] 马丁·海德格尔:《面向思的事情》,陈小文、孙周兴译,商务印书馆1999年版,第73—75页。

马克思同样是从活动的角度来理解哲学的当代合法性,当然他理解的活动与上述现代西方哲学不尽相同。在马克思看来,人的现实生活和生存方式具有本体论上的优先地位,因此他所理解的主要是对社会生活和人的生存方式的批判活动。"在批判旧世界中发现新世界",意味着哲学的职能在于通过对现存一切进行批判性的分析,去除一切意识形态的障蔽,显示现存一切的有限性与非完美性,从而使人们对自身的生存状态保持清醒的自我意识,或者说使人保持"自知之明",它要求永远保持思维的怀疑能力,永不停止怀疑看似明晰与天经地义的东西,永不忘记被认为正确的东西可能还有"另一面",不使心灵的怀疑、创新、开拓精神昏睡,激励人们超越现存世界的限制,形成新的人与社会的观念,向未来保持一种自我超越的意向性,努力去追求一种别样的生活方式。如果失去了哲学的这种反思批判性活动,人类就可能或者沉睡于无人质疑的温床上睡大觉以至于在萎顿之中走向停滞和僵化。应承认,只要人和社会的存在发展仍然需要这样一种对自身进行观照的特殊维度,作为批判和反思性活动的哲学就具有不可取消的合法性。

把哲学理解为"在批判旧世界中发现新世界"的批判性活动,不仅指明了形而上学终结之后,哲学应作为一种批判性"活动"而存在,而且还指明了展开这种"活动"应采取的基本原则,那就是"在批判旧世界中发现新世界"。

"在批判中发现新世界"意味着,哲学的批判性活动不是"外在"的"发号施令",而是体现为经验性与超验性、内在性与超验性的内在统一。要"批判"旧世界并在此过程中"发现"新世界,就必然要求哲学采取一种"高于生活"的立场,即要求哲学必须超越现实生活,与现实生活之间保持必要的距离,在此意义上,哲学总是体现出一种超验的维度,但是,这种超越性又不是脱离现实生活的一种外在的强制性和规范性,它必须建立在对现实生活本质和真实旨趣的准确把握基础上,"批判"和"解蔽"活动离不开对"旧世界"内在矛盾的领悟和理解,即它必须深入现实生活,了解"蔽"之所在,否则,批判就会演变成一种唐诘诃德式的与幻影的搏斗(正是这一点,马克思体现出与他所批判的青年黑格尔派的重大不同),在此意义上,哲学又必须采取一种"内在"于现实生活的立场。可见,把哲学定位于"在批判旧世界中发现新世界"的批判和反思性"活动",哲学的存在是超验性与经验性、超越性与内在性的辩证统一。哲学自觉地置身于经验与超验性、内在与超越的张力之间,"但同时又能够把二者和谐有序地融合成一种存在形态与行动"①。

在这一点上,马克思的哲学观既区别于传统哲学,又与现代西方哲学中一些激进的思想家,如后现代哲学家们不同。如前所述,传统形而上学把哲学定位于对超越现象的"本质世界"的追寻,因此极为强调哲学的"超越性"和"超验性",但这种超验性和超越性是一种"外在的超越性",它强调的是从上到下的、对现实生活的外在要求和规范,带有浓厚的从原则出发的教条主义色彩;而现代西方哲学中一些思想家,深刻地看到传统形而上学"外在超越性"的理论弊病,但同时又走上了完全否弃"超越性"和一切"深层模式"的"平面化"道路,甚至不惜在"哲学"二字上打上叉,或者把哲学彻底文学化,来杜绝一切形而上学幽灵的登场,哲学因此从君临天下的君主,变成了无家可归的流浪儿。"在批判旧世界中发现新世界"的哲学观既吸取了现代哲学对传统哲学"外在性"的批判但同时又保留了其"超越性"维度从而使哲学呈现为"内在"的"超越性"的特殊立场。

更重要的是,把哲学理解为一种"在批判旧世界中发现新世界"的批判性"活动",哲学把自己真正定位为一种"自由的思想"。

按照黑格尔的说法,哲学在本性上就是"自由的思想",成为"自由的思想",这是哲学自古以来的理想。但是以往的哲学都做不到这一点,一个根本的原因就在于它把哲学的任务设定为一劳永逸地捕获世界的最终谜底和最终解释,把哲学当成一种神圣化和绝对化的存在,认为哲学理论本身就是完全自足的、完备的,永恒的。这种对哲学的理解实质上给哲学设定了一个"无限"的立场,为哲学提出了一个它根本不可能解决的课题,使哲学背上了一个它根本不能承担的重负。很显然,在此重负之下,哲学根本不可能成为一种自由的思想。

但是,马克思把哲学理解为一种"在批判旧世界中发现新世界"的批判性"活动",却把哲学从这一重负下解放出来,使哲学获得了真正的"自由"。

---

① [德] 古茨塔夫·勒内·豪克:《绝望与信心》,李永平译,中国社会科学出版社1992年版,第212页。

这是因为，把哲学规定为一种"在批判旧世界中发现新世界"的活动，意味着哲学根本没有事先就规定好了的先定的、永恒的课题，哲学只是一种针对十分具体的历史条件下人们的现实生存状态所展开一种自由的批判和反思性活动，这种批判和反思性活动的具体内容，所采取的形式哲学完全是历史性的，没有任何先验的力量来对它进行规定，在此意义上，哲学不再要求自己去追逐绝对的知识、去发现永恒的真理，它提供的不是上帝般的永恒的、超历史的立场，而总是一个有限的、历史性的立场。正是这种有限的、历史性的立场，内在地要求哲学必须自觉地向人的现实生活、向人类文化的一切领域保持开放，向未来保持开放，批判和反思性活动犹如一个需充实内容的容器，需要在这种开放中获得自己的现实内容。这即是说，在哲学作为一种批判和反思性活动这一点上，哲学是"定性的"，但在哲学的内容和形式上，哲学可以是无限丰富和多种多样的，因此哲学又是"不定性"的。很显然，这种"定性"与"不定性"的内在统一，清楚地表明了哲学所能发挥创造性的空间是无限广阔的，哲学从一切先定的束缚中解放出来，真正成为了一种"自由的思想"。

通过上面的论述可以看出，马克思把哲学理解为一个"动词"而非"名词"，为哲学在当代的合法性获得了一种有力的辩护：在当代语境中，哲学将不可能再作为系统化的、思辨性的关于终极知识的学说而存在，但它仍然可以作为自由的、批判性的活动而存在，这种批判性活动是人类"自由思想"的表征，只要人们没有放弃不断从"旧世界"走向"新世界"的希望，哲学这一特殊"活动"就有其不可抹杀的存在价值。

三、马克思所实现的哲学观的转变与当代哲学

如果把马克思所开启的哲学观的这一重大转换放到当代哲学发展的宏观背景中，我们可以发现，由马克思所开启的这一哲学观的变革，已日益成为当代哲学家们所不断推进的哲学自觉。这些哲学家把哲学作为一种特殊的活动，主要意指如下两重内涵：第一，哲学是一种特殊的"治疗性"活动；第二，哲

学是一种特殊的文化沟通和对话活动。虽然他们与马克思对哲学作为"特殊的人类活动"的具体理解不尽相同,但在改变传统名词性的把哲学理解为"特殊的知识领域"的哲学观方面,有着诸多共同的取向。

当代哲学把哲学视为一种特殊的"治疗性"活动,指向的是人的思想、语言和现实生活。按照这种哲学观,哲学的重要任务不是针对某些永恒的问题提供终极的答案,而是通过反思和批判人的思想、语言和现实生活,揭示和祛除遮蔽和扭曲其真实和自由存在的虚假和抽象观念和力量,并消解这种抽象观念和力量的虚幻性和抽象性,使人们不自觉的思想、语言和生活的"病症"在哲学的这种反思批判活动中获得充分的自觉意识,从而维护和捍卫思想和语言的真实性、具体性和自由性。

维特根斯坦在《逻辑哲学论》中这一划时代的著作中,这样表述他的哲学观:"哲学的目的是从逻辑上澄清思想。哲学不是一门学说,而是一项活动。……哲学的成果不是一些'哲学命题',而是命题的澄清。可以说,没有哲学,思想就会模糊不清,哲学应该让哲学清晰,并且为思想划定明确的界限。"[①] 从这一表述,可以清楚地看到,维特根斯坦明确拒斥把哲学当成一种由"命题"组成的知识性学说,而认为哲学是一种为思想划定界限而对语言进行澄清的活动。维特根斯坦虽然在语言观等诸多哲学观念上有重大的变化和转折,但在把哲学理解为一种对思想和语言的"治疗性活动"的哲学观上,却始终一贯,在他看来,"哲学是针对借助我们的语言来蛊惑我们的智性所做的斗争","哲学的成果是揭示出这样那样的十足的胡话,揭示我们的理解撞上了语言的界限撞出的肿块。这些肿块让我们认识到揭示工作的价值",这同样所强调的是哲学作为思想和语言治疗者而非特殊知识的捕获者的角色和功能,就如维氏所言"哲学家诊治一个问题;就像诊治一种疾病"。维特根斯坦的这种哲学观对当代哲学产生了重要影响,按照罗蒂的说法,维特根斯坦与杜威、海德格尔一道,实现了把哲学视为"治疗性活动"的哲学观转向:"他们三人都对把哲学视为准科学性质的学科持怀疑态度。他们每人的研究都与企图通过消解那样一类概念框架以改变思想环境的做法有关,在此类框架内,先前

[①] [奥地利] 路德维希·维特根斯坦:《逻辑哲学论》,贺绍甲译,商务印书馆2009年版,第48页。

的哲学家们设定着自以为有待解决的问题。他们希望改变哲学教授的自我形象,并希望哲学家把自己看作文化的批评家,而非看作明确问题的解答者。"①

而在另一些当代哲学看来,哲学不仅是一种针对思想和语言的"治疗性"活动,同时还应是一种思想和文化的沟通和对话性活动。以往哲学对终极性知识的追求,使哲学成为一种自足圆满的封闭体系,这使得哲学与人类文化的其他形式隔绝开来,使得哲学家成为高高在上的"立法者"和"拯救者"并与现实生活中的"他人"对立起来。消解哲学这一传统形象,就是要把哲学从"真理"的占有者转向真理的追求者、探索者和推动者,真理从来就不是"现成"的存在者,而是在对话和沟通中才能生成和显现,在此意义上,哲学理应放弃成为至尊的"独白者",而应该成为一种克服不同文化样式、不同人们之间的隔阂和对立的对话与沟通性活动。哈贝马斯用"交往理性"取代传统"意识哲学"的"独白理性",伽达默尔把其哲学诠释学称为"对话哲学",强调"科学意识的独白结构永远不可能使哲学思想达到它的目的。……哲学的语言总是经常地在同自己历史的对话中不断构成",布伯把推动"我"与"你"的对话与统一视为哲学最根本的使命;德勒兹虽然反对把哲学视为"沟通",但他强调:"哲学绝不是用来反思任何事物……谁也不需要通过哲学来进行反思",哲学思索"唯有经由外部,并于外部方能存在",这意味着"哲学致力于在不同领域之间将新的潜能聚集在一起,而从通常的动作方式上来看,这些领域倾向于彼此分离地进行评判并充满嫉妒地固步自封。哲学的目标不是事物本身,而是事物以潜在的方式居间、聚集,外在于它们自身通常的限制条件"②,通过概念的创造,哲学把自身的活动与其他领域的活动联接起来,在关联中共同解放彼此的潜能,在"共变"中实现各自的"解域",可见,德勒兹的哲学观中实质也包含了把哲学从"绝对知识"的固步自封中摆脱出来,在与其他学科的融合中发挥哲学的独特功能的思想旨趣。

马克思哲学和当代哲学在哲学观上所实现的这一深刻而重大的变化,并非简单的哲学姿态的变动,而是具有丰富和重大的哲学意义。它表明哲学在自我

---

① [美] 罗蒂:《哲学与自然之镜》,李幼蒸译,商务印书馆2009年版,第2页。
② [法] 德勒兹、加塔利:《资本主义与精神分裂(卷二):千高原》,姜宇辉译,上海书店出版社2010年版,"代序",第5页。

反省和批判中所实现的自我理解的变革与深化,代表着一系列哲学观念的重大转换,对于我们理解当代哲学及未来哲学发展具有十分重要的意义。

首先,它意味着哲学自觉地放弃了作为人类知识和现实生活的"立法者"和"奠基者"的虚幻地位,表现出其自觉回归于人现实的文化创造和社会生活的趋向和努力。

如前所述,当哲学把自身定位于一种特殊的"知识类型"时,它实际上把自身视为高居于人们各具体知识形态、文化样式和现实生活之上的"绝对真理"的化身。哲学就如同掌握绝对权力的"皇帝",君临天下,唯我独尊,这一切皆因为它自诩把握了关于"终极实在"的"特殊知识"。这等于把哲学摆到了一个思想、文化和生活的统率者和支配者的不切实际的位置,这既是哲学最大的"荣耀"和"成功",同时也是它的最大的"耻辱"和"失败",因为哲学因此如同康德所描述的那脱离了空气的鸽子那样,成为无所依托的"孤家寡人",它对"绝对知识"的迷恋最终只会使自身异化为强制性地规范和化约具体知识形态、多种文化样式和丰富的现实生活的抽象教条和僵化原则。超越作为特殊"知识类型"的哲学观,从"活动论"的角度理解哲学的本性和功能,一方面意味着它深刻地意识到以往哲学观的内在缺陷和困境,如维特根斯坦称之为"理智的迷乱"以及对现实的"语言游戏"和"生活形式"的背离与扭曲,伽达默尔称之为"反思的天真"、"概念的天真"和"断言的天真",和哈贝马斯称之为"意识哲学"的"独白理性",马克思称之为"醉醺醺的思辨",等等,都是从不同视角对传统哲学观的虚幻性和独断性的深入揭示和批判,另一方面,它表明了哲学自觉地放弃了哲学的这一虚幻的自我定位,转而要求哲学在承认人的具体知识、各种文化形式和现实生活的真实和独立存在的前提下,重新寻求哲学的合理存在方式并以一种合适哲学本性的方式发挥哲学的功能,维特根斯坦呼吁哲学"回到粗糙的地面上来",海德格尔、伽达默尔、哈贝马斯等哲学家试图把哲学回归人的现实的"生存"与"生活世界"的努力,马克思强调生活实践对于哲学所具有的基础性地位从而使哲学从"天国"回到"人间",等等,都表明了"活动论"的哲学观努力通过哲学的"重心下移",克服哲学的"神学化",实现哲学的"世俗化",在与具体知识领域、文化样式和现实生活的内在结合中,获得自身的存在合法性并发挥其特有的思想功能。

其次，它意味对于哲学如何发挥其特殊功能获得了新的重要的理论自觉。

如前所述，当哲学把自己的理论理想定位于获得关于"终极实在"的"特殊知识"时，它对自身的理论功能实际上已经同时设定，即哲学要通过对"终极知识"的捕获，充当为具体知识领域、文化样式和现实生活"奠基"和"立法"的角色，赵汀阳指出，它"试图获得精神世界的立法权"，希望成为"思想宪法"①，事实上，这种哲学不仅企图宰制思想和精神世界，而且还包括主宰人的全部生活的宏大抱负和雄心，正因为此，罗蒂把这种哲学观所希求所建立的文化秩序称为"哲学文化"，即以哲学为中心的文化。与此不同，"活动论"的哲学观则完全自觉地抛弃对哲学功能的这种专制和独断的立场和姿态，强调哲学不是居于具体知识领域、文化样式和现实生活的外在的抽象权威，而是内在于它们并维护和推动其走向丰富、自由和创造性的真实力量。

概括而言，"活动论"哲学观认为，发挥哲学功能的方式和途径主要有两种。第一，是对遮蔽和扭曲具体知识领域、文化样式和现实生活的抽象的形而上学幽灵的自觉抵御和消解。把哲学视为"思想和语言治疗性活动"的哲学家们认为抽象的形而上学幽灵是对思想和语言的粗暴干涉和扭曲，因而是思想和语言毫无意义的"赘疣"，哲学的重要任务之一就是揭示和消解这种形而上学幽灵给思想和语言所带来的困惑和扰乱，从而捍卫思想和语言"如其所是"的存在，正如维特根斯坦所说的："哲学不能干涉语言的实际用法；它最终只能描述语言的用法"，"它让一切保持现状"②，对于把哲学视为"对话、沟通和融合活动"的哲学家而言，哲学的重要功能就是对于抽象形而上学所建立的思想、文化与价值的强制性等级结构以及由此所造成的独断、对立和压迫进行自觉的反思和澄清，从而把思想、语言以及人从这种等级结构的"辖域"中解放出来；对于把哲学视为介入和改造现实生活的哲学家们而言，哲学的重要功能就在于自觉地拒斥形而上学的"怪影"对现实生活的意识形态遮蔽和扭曲，从而推动人们对自身真实的生存状况和社会历史现实获得深入的自我理

---

① 赵汀阳：《第一哲学的支点》，生活·读书·新知三联书店 2013 年版，第 8 页。
② [奥地利] 路德维希·维特根斯坦：《哲学研究》，汤潮、范光棣译，生活·读书·新知三联书店 1992 年版，第 69 页。

解。在此意义上,"活动论"哲学观十分自觉地把"去蔽"与"批判"而非对"绝对知识"的"发现"和"占有"视为哲学的重要功能。第二,对精神生活和现实生活的丰富、具体和自由本性的捍卫和推动。对"思想和语言的治疗"最终的目的是为了捍卫生活实践中"实际"的"语言游戏"的多样性和"生活形式"的丰富性,维特根斯坦十分深刻地表达了这一种观点:"矛盾的社会地位,或矛盾在社会生活中的地位,这就是哲学问题"[①],这里所谓"矛盾",所意指的正是不能被任何形而上学的逻辑所"平整"和"瓦解"的语言游戏和生活形式的丰富性与多样性;对抽象的形而上学所建构的思想、文化和价值的强制性等级结构的反思与澄清,是为了推动不同具体知识领域、文化样式和不同主体之间的开放与交融,是为了创造不同思想和文化视域之间的协同和团结,是为新的思想和文化可能性开创空间;对抽象的形而上学怪影的意识形态批判,是为了不断克服"抽象对人的统治",超越阻碍人的现实自由和幸福的种种束缚,因而具有鲜明的人文解放旨趣。

第三,"活动论"哲学观代替特殊"知识类型"的哲学观,结束了哲学拥有永恒主题和永恒真理的超历史话语权力的迷思和幻觉,并自觉地把哲学视为一种具有鲜明历史性的、情境性的思想性活动。这是哲学的自我解放,也为哲学作为人类文化的特殊向度所具有的合法性提供了最为坚实有效的根据。

按照"活动论"哲学观,以往哲学观的根本错误就在于后者把获取某种关于"终极实在"的"特殊知识"作为哲学的主要任务,这使得哲学成为一种超越历史的、无时间性的如同"神学"般的"超级学科"。哲学成为"超历史"的存在,意味着它推崇的是一种"外在论"的、"上帝"般的立场和眼光。与此不同,"活动论"的哲学观则自觉地把哲学置于历史性语境中,认为无论是哲学的主题、功能和存在方式等,都必须在一定的具体的历史语境中获得其现实的内容和形式,舍此哲学将如同无根之木、无源之水,把自己置于空虚的思辨中而无家可归。按照"活动论"的哲学观,哲学没有属于自己的永恒的"基本问题",相反,哲学的"问题意识"根植于对思想、语言和现实生活在具体的历史条件和情境中所面临的矛盾、困境和挑战的反思、批判、拷问

[①] [奥地利]路德维希·维特根斯坦:《哲学研究》,汤潮、范光棣译,生活·读书·新知三联书店 1992年版,第70页。

与洞察，用福柯的话说："一切哲学问题中最确定无疑的是现时代的问题，是此时此刻我们是什么的问题"①，哲学的"发问"不可能是超越时空的抽象之问，而总是一种"历史性"的"合乎时势"的"发问"，这就决定了哲学不可能成为在任何时候、任何地方都适用的普遍知识，而只能与具体实践活动联系在一起，成为一种在历史性的实践中发挥作用并随着实践活动的发展必然被超越的历史性思想。把哲学理解为对思想与语言的治疗性活动，这种治疗性活动不可能是超历史的、一劳永逸的，因为对思想和语言的控制和扭曲在不同历史条件和语境中将有不同的表现方式和内容，这使得这种"治疗活动"是一项没有终结的、必须在历史中不断重新开始和进行的活动；同样，当把哲学理解为推动思想文化的对话、交流和融合的活动，理解为实际地参与、介入和改造现实生活的活动时，在这种理解中，已经内在地蕴含了哲学的课题和任务不可摆脱的历史性，这是因为，扭曲和阻隔人们对话、交流和融合的抽象因素在不同历史条件下总是表现为不同的主导形式，束缚和限制人们在现实社会生活中自由和发展的异化力量在不同历史发展阶段也总是表现为不同的内容和特点，诸如权力、资本、技术、种种形式的意识形态等，都在不同历史语境中充当过这种抽象因素和异化力量，哲学作为一种特殊的反思、批判与超越活动，必须在对这种抽象因素与异化力量的历史性"发问"中，确立属于自己的时代性主题，正因为此，人们才把哲学称为"时代精神的精华"和"文明的活的灵魂"。真正的"时代精神的精华"和"文明的活的灵魂"必然是历史性与情境性的，把哲学视为以超历史、超情境的永恒问题为对象的"超级学科"，认为它对所有时代、所有地方都具有规范和约束力量，必将使哲学失去其作为"时代精神的精华"与"文明的活的灵魂"的思想力量，成为人类思想史上"不结果实的花朵"。

可见，超越特殊"知识类型"的哲学观，从"活动论"的角度理解哲学的主题和任务，真正实现了哲学与人的思想、文化和现实生活的内在结合和统一。它启示人们：只要人们仍在思想，人的文化创造仍在不竭前行，人的现实生活仍在不断追求自由和幸福，哲学就将永远不可缺席。

---

① 汪民安主编：《福柯读本》，北京大学出版社2010年版，第287页。

第二章　马克思哲学人的自我理解理论及其当代性

马克思哲学的哲学观与其人的自我理论有着密切的内在关联。在一定意义上，甚至可以说，哲学观是一种反思意识的形式，通过对人的自我理解所体现的哲学的自我意识。因此，讨论马克思哲学及其当代性，一个不可回避的重大课题是对马克思哲学人的自我理解理论及其当代性进行深入的探讨。马克思哲学人的自我理论学说包含着十分丰富的内容，对此我在其他一些著述中曾作过一些较为系统的探讨，在此不拟进行全方面的考察，而只是从几个具有根本性意义的角度出发，对马克思哲学的人的自我理解理论进行专门探讨。

第一节　人的"普遍本质"理解的变革性理解

一、如何理解人的"普遍本质"：马克思所确立的新的解释原则

"普遍性"是哲学的核心范畴之一。在《西方的智慧》中，罗素说，"当有人提出一个普遍性问题时，哲学就产生了"[1]，黑格尔在《哲学史讲演录》

---

[1] ［英］罗素：《西方的智慧》上，崔权醴译，文化艺术出版社1997年版，第6页。

中也同样说,"哲学以思想、普遍者为内容,而内容就是整个的存在"①。虽然理论立场和思想倾向截然对立,但他们共同地揭示了一个重要事实,那就是在哲学发展过程中,"普遍性"问题始终居于核心地位,而在围绕着"普遍性"所展开的复杂哲学争论中,"人的普遍本质"问题又占有特殊的地位。如何理解"人之为人"、人区别于其他存在者的"普遍本质",既关涉到人的自我认识,更从一个特殊的角度集中体现着对"普遍性"内涵的理解。

在本节,我们试图着重探讨马克思哲学关于人的"普遍本质"的思想,阐发马克思哲学在此问题上的独断立场。我们认为,在此问题上,马克思确立了一种区别于传统形而上学的理解方式,在一个新的思想视野中对人的"普遍本质"问题做出了全新阐释,并为"普遍性"的内涵开辟了富有启示的思想空间。

众所周知,"认识人自己"始终是哲学的最重大课题之一,而"认识人自己",一个根本性课题就是把握和理解人之为人的"普遍本质",即要寻求"人"这种特殊存在者的"本质规定"。对人的"普遍本质"的追问,是包括马克思哲学在内的整个哲学发展史的重大主题之一。

那么,如何理解并把握人的"普遍本质"?在哲学史上,占据主导地位的是这样一种解释原则,那就是认为认识人的"普遍本质",最为关键的是从人身上寻找与物不同的根本特质,一旦找到了这样的特质,也就获得了对人的"普遍本质"的认识。

具体而言,这种对人的"普遍本质"的理解方式遵循如下思维程序:首先,为了寻求人的"普遍本质",必须把人与其他物区别开来,寻求既能区别于它物而又为人共同具有的特殊属性;其次,要发现这一特殊属性,必须在人区别于它物的诸多属性中,寻求并确定对于人之为人具有"决定性"的属性;最后,把这种"决定性"的属性确立为人区别于他物、同时又为所有人共有的"普遍本质",从而实现对"本真的人"的把握。可见,这种思维程序实际上运用的是形式逻辑的"差异法"和"求同法",通过"求同"和"求异",获得人之区别于其他物的"种差",即可获得关于"人的本质"并给出关于人

---

① [德] 黑格尔:《哲学史讲演录》,第 1 卷,贺麟、王太庆、杨祖陶等译,生活·读书·新知三联书店 1956 年版,第 93 页。

的普遍定义。在哲学史上，这种对人的"普遍本质"的理解方式，最典型的表现就是把人规定为"理性"的动物，认为"理性"构成人之区别于动物、而为人所共有的"普遍本质"。对于这种思维程序，海德格尔曾这样概括：当传统哲学把人定义为"理性的动物"时，这里的"动物"的存在方式是在"现成存在和摆在那里这种意义上加以领会的"，"理性"是一种"比较高级的禀赋"①，这种"高级禀赋"是人区别于他物的、唯有人具有的特殊属性，因而构成人之为人的"普遍本质"。

可见，上述解释原则在理解人的"普遍本质"的时候，实质是把人的"普遍本质"把握为关于人的"普遍概念"。这是因为，在这里，寻求人的"普遍本质"，所要追问的是人之为人的"本质定义"，而获得关于人的"普遍概念"即构成这一"本质定义"的核心要素。作为人的"普遍概念"，它超越个别性和特殊性而具有最大的涵盖性，它超越历史性和时间性而具有"永恒的现时性"，它超越了感性和偶然性而具有理性的必然性，因而，获得关于人的"普遍概念"，也就等于获得对人的"普遍本质"的自觉认识。

与传统哲学把人的"普遍本质"归结为关于人的"普遍概念"有着根本不同，马克思是从人特有的生存方式和生命活动出发理解人的"普遍本质"的。在人的"普遍本质"问题上，马克思实现了从"概念性"原则向"活动性"原则的重大转换。

在马克思看来，人的"普遍本质"不是人区别于他物的某种抽象的概念性规定，毋宁说恰恰相反，超越一切抽象的概念性规定，通过实践活动，不断生成和创造自身存在，才是人的"普遍本质"的体现。对此，马克思明确说，"人是类存在物，不仅因为人在实践和理论上都把类——他自身的类以及其他物的类——当作自己的对象；而且因为——这只是同一种事物的另一种说法——人把自身当做现有的、有生命的类来对待，因为人把自身当做普遍的因而也是自由的存在物来对待"，"正是在改造对象世界的过程中，人才真正证明自己是类存在物"②。在《德意志意识形态》中，马克思说道："可以根据意识、宗教或者随便别的什么来区别人与动物。一当人开始生产自己的生活资

---

① ［德］海德格尔：《存在与时间》，陈嘉映、王庆节译，商务印书馆2017年版，第69页。
② 《马克思恩格斯文集》第1卷，人民出版社2009年版，第163页。

料,即迈出由他们的肉体组织所决定的这一步。有时候,人本身就开始把自己和动物区别开来"①,"个人怎么表现自己的生命,他们自己就是怎样。因此,他们自己是什么样的,这同他们的生产是一致的——既和他们生产什么一致,又和他们怎样生产一致"②。这些论述清楚地表明,人的"普遍本质"在于其"自由自觉的活动",在于其"改造对象世界的活动",在于其"生产自己的生活资料的活动",不局限于某种固定的现成的规定性的超越现成的"概念规定性"的创造性活动,就是人的"普遍本质"。因此,对于人的"普遍本质",不能采取"差异法"和"求同法"等方式,通过捕捉人的某种特殊规定来实现,而应把它理解为人的实践活动以及实践活动的展开过程中"自由自觉的人"的生存品性。把人作为"现成的对象",去追问其某种特殊属性,这种追问人的"普遍本质"的方式恰恰与人的"普遍本质"相违背。

转变对人的"普遍本质"的传统理解模式,关键在于转变对人的"普遍本质"中"普遍性"的内涵的理解。如前所述,传统哲学把"普遍性"理解为在人与物的区分中,摒除二者差异所获得的人的"共同"与"同一"的规定性。与此不同,在马克思看来,人的"普遍性"是人的实践活动展开过程中所呈现的人的生存特质,它不仅不是在与它物的区别和差异中所显示的某种共同属性,而正体现在实践活动所展开的人与自然、与他人的否定性统一关系之中,把人与他物区分和割裂开,抽象出为人所特有的而其他物所不具有的"本质规定",这种观念不懂得人特殊的存在方式正在于她能够突破人与物的抽象对立,克服人与物的二元区分,建立起人与物、人与人的能动的、否定性的统一关系。对此,马克思论述道:"在实践上,人的普遍性正表现在把整个自然界——首先作为人的直接的生活资料,其次作为人的生命活动的材料、对象和工具——变成人的无机的身体","无论是在人那里还是在动物那里,类生活从肉体方面说来就在于:人(和动物一样)靠无机界生活,而人比动物越有普遍性,人赖以生活的无机界的范围就越广阔"。这些论述都清楚地说明,人的"普遍性"意味着人在实践活动中向自然界、向他人的无限开放性,体现在人向自然、向他人的敞开并融合对象,与之结成内在的统一关系,正是

---

① 《马克思恩格斯文集》第1卷,人民出版社2009年版,第519页。
② 《马克思恩格斯文集》第1卷,人民出版社2009年版,第520页。

在这里，体现了人与动物的根本区别，在此意义上，人的"普遍性"不意味着人与物的区分性，而是在实践活动中所结成的与他物、与他人的更深层的统一关系，人的生命活动这一特点，才是人区别于动物的"普遍性"特质。

更重要的是，在实践活动所形成的人与人、人与自然的这种否定性统一不是"同质的统一"，而是"异质的统一"，因而人的"普遍性"不是无差别的、抹杀个性和特殊性的抽象同一性，不是把个性和差异性抽掉后所形成的抽象的概念共相，它不仅要涵容差别和对立，而且必须以多样化的个性作为自身的内在规定。这意味着，在人与他人的否定性统一关系中，人的"普遍性本质"不仅不否定个体生命的独立个性，相反，个体生命越是发挥独特的个性创造，人与人的统一所生成的社会力量就越是充实和丰满，对此，马克思说道："全面发展的个人——他们的社会关系作为他们自己的共同的关系，也是服从于他们自己的共同的控制的——不是自然的产物，而是历史的产物。要使这种个性成为可能，能力的发展就要达到一定的程度和全面性，这正是以建立在交换价值基础上的生产为前提的，这种生产才在产生出个人同自己和同别人的普遍异化的同时，也产生出个人关系和个人能力的普遍性和全面性"，这即是说，人的个性越为自由，人也就越具有"普遍性"和"全面性"；在人与自然的关系中，实践活动的能动性与对自然规律的尊重是统一的，只有尊重每一种自然物的存在规律，向不同种类的自然物开放，沟通不同种类的事物，人才能与自然建立不断深化的统一关系，对此，马克思说道："动物与自己的生命活动是直接同一的。动物不把自己同自己的生命活动区别开来。它就是自己的生命活动"，与之不同，"人懂得按照任何一个种的尺度来进行生产，并且懂得处处都把存在的尺度运用于对象"。正是人的这种既容涵个别性与差别性，同时又扬弃差异和对立，实现更高层面的统一的生命活动本性，才真正体现着人的"普遍性"。

从上述讨论可以清楚地看出，马克思哲学完全改变了传统哲学的解释原则，赋予了"普遍性"和人的"普遍本质"以全新的内涵：首先，它以人的"活动性"取代了以往哲学关于人的"普遍概念"，认为人的"普遍本质"不能被归结为"人的概念"，而是体现为人自由自觉的活动；第二，以人与他物、人与人的内在统一性和融通性取代以往哲学人与物的割裂性和对立，认为人的"普遍本质"不在于与他物的区分和隔离中求得人之为人的共同性,而体现为通过实践活动所形成的人与世界的否定性统一关系;第三,以人与人、人与他物包含个性和特殊性的否定性统一取代了忽略和抹杀个性和特殊性的抽象同一性,认为人的"普遍本质"不是对个性和差异性的畎平和克服之后所获得的抽象的概念普遍性,而是与世界的开放和融通性关系中融涵差异性和个性,并因此生成"自由个性",实现人自身的全面和自由的发展。这些充分表明,在人的"普遍本质"问题上,马克思哲学实现了解释原则的根本转换。

二、"人的普遍本质"的解释原则的转换与人的自我理解的思维逻辑的转换

从"概念性"原则转向"活动论"原则,这一围绕着人的"普遍本质"问题所实现的解释原则的转变,在深层所代表的是思维逻辑的转换。

对于人的"普遍本质"所持的"概念性"解释原则在深层所体现的是传统形而上学的知性思维逻辑,这是一种与物的存在方式相适应的思维逻辑。虽然它以追问和获取人不同于物的、仅为人拥有的"本质属性"作为目的,但由于它在根本上属于认识"物"的观点和方法,不管它如何区别人与物的不同,其结果都必然把人认识为一物。在此意义上,传统哲学对人的"普遍本质"的探求,实质上所体现的是一种把人"物化"的思维逻辑,正如舍勒指出的,它是把人当作"现成存在和摆在那里这种意义上加以领会的",是把"人的本质及其价值视为一种自然事实延伸",它在表面上把人看得很高,其实是人的贬值和人的价值的颠覆。运用这种思维逻辑来把握人的"普遍本质",其结果必然使人失去其独特的活生生的现实性质而沦为抽象的存在。

传统形而上学的知性思维逻辑是传统形而上学在长期发展中积淀而成的一种特定的思维方式。马克思指出,这种思维方式的特质在于它"任何地方都把理念当做主体,而把真正的现实的主体……变成了谓词"[①],"这种绝对方法

---

① 《马克思恩格斯全集》第1卷,人民出版社1956年版,第255页。

到底是什么呢？是运动的抽象。运动的抽象是什么呢？是抽象形态的运动。抽象形态的运动是什么呢？是运动的纯粹逻辑公式或者纯理性的运动"。① 这意味着，传统形而上学代表着一种把超感性的逻辑概念世界实体化并从它出发来理解和规定现实世界的一种思维方式，以逻辑概念世界为最终根据和统一性原理，它形成了一整套理解人与世界的基本原则：（1）绝对主义原则，超感性的逻辑概念世界作为终极实在、最高本体和"最后本质"，被视为理解人与世界的终极根据；（2）总体主义原则，超感性的逻辑概念世界作为单极的、同一性原理，是支配人们全部思想和生活的最高权威；（3）非历史的同一性原则，非时间、非语境的逻辑概念世界作为"永恒在场"的"存在"，构成历史中变动的人与世界的同一性的终极根据。

如果考察物的存在方式，可以发现，上述传统形而上学的知性思维逻辑与物的存在方式是完全相一致的。

概言之，物的存在方式具有这样一些基本特点：（1）封闭性。物的存在完全是由其物种决定，大自然已经为它规定好了一切。因此，物的存在具有"本质前定"的性质，正是这种本质前定的性质，决定了其存在的封闭性。（2）无矛盾性。物的存在与其物种规定具有直接同一性，马克思曾说："动物与其生命活动是直接同一的，动物不把自己同自己的生命活动区别开来，它就是这种生命活动。"①这种与生命活动的直接同一性，决定了其必然处于"无矛盾"状态。（3）孤立性。物种的规定性同时也决定了物与环境、与其他物种以及物种内各个体之间的隔绝。就与环境的关系而言，除了按照单一的物种尺度与环境进行物质和能量的交换，它不能与周围环境发生能动的关系；就同一个物种内个体之间关系而言，物种与个体的直接同一关系既把个体和个体分离开来，又使它们失去了个体的自主和差别；就与其他物种的关系而言，弱肉强食的自然规律支配着一切，根本不存在真正意义上的社会联系。所有这些都表明了物必然具有孤立性。

不难发现，传统形而上学知性思维逻辑所遵循的绝对主义、总体性和非历史的同一性原则与物所具有的"封闭性"、"孤立性"和"无矛盾性"等存在

---

① 《马克思恩格斯全集》第1卷，人民出版社1956年版，第142页。

特性是完全相适应的。存在方式决定思维方式，物的封闭性存在与"本质前定"的绝对主义思维原则，物的无矛盾性特性与"两极对立"的总体主义的思维原则、物的孤立性存在特性与"非此即彼"的非历史的同一性思维原则等之间，存在着完全匹配的关系。

然而，如果遵循上述传统形而上学的知性思维逻辑去理解人的"普遍本质"，就会陷入难以克服的深层困境。对人的"普遍本质"的自觉把握，需要超越传统形而上学的知性思维逻辑，寻求一种与人的生存品格和生存方式相适应的特殊思维逻辑。在马克思哲学看来，这种思维逻辑只能是辩证法。

如前所述，通过实践活动，生产自己的生活资料，创造自己的生活世界，构成了人与动物的根本分界点，它意味着人的生存本性发生了重大改变。这种改变，意味着人的存在具有了"辩证"的性质，其最重要的表现是：首先，人改变了物的封闭性而具有了自我超越和自我否定的生存本性。人摆脱了自然对生命的绝对控制和主宰，变成了"自我创生"、"自我规定"的"自由"存在。其次，人改变了物的无矛盾性而具有"自相矛盾"的多重性质，人的生命是一个由多重矛盾关系相互渗透、相互交错的复杂系统，自然性与超自然性、肉体与灵魂、感性与理性、历史性与超越性、有限性与无限性、自在与自为、自我与他我、本能与智慧、生与死……这些相互对立的两极性矛盾关系在人身上同在共存，并且两极相通，共同构成人生命的有机环节，人的生命不存在于任何一极，而存在于这些矛盾性环节的否定性统一之中。第三，人改变了物的孤立性而具有了与世界的能动相关性和融通性。实践活动使得人既处于与自然的普遍联系之中，又处于与他人的普遍的社会关系之中，就前者而言，自然是人的"无机身体"，是"人必须不断与之交往的人的身体"，就后者而言，人在对象化的活动中，总是超越个体的特殊性，成为一个普遍的、具有社会共同性的人，社会是人与自然进行交往的中介环节，"只有在社会中，人的自然的存在对他说来才是他的人的存在，而自然界对他说来才成为人。因此，社会是人同自然界的完成了的本质的统一，是自然界的真正复活，是人的实现了的自然主义和自然界的实现了的人本主义"，人与自然、人与人在实践活动中所形成的这种普遍联系表明，无论从源始意义还是发展的意义上来说，人都是与整个世界融为一体的，人与世界具有一种否定性的统一关系。

人的生存本性的这种改变,决定了对其"普遍本质"的把握,需要我们自觉地运用"发展的观点"和"普遍联系"的观点,需要我们采取"对立统一"和"否定之否定"的思想原则,而这种观点和思想原则,正是辩证法的核心内容。

在马克思之前,黑格尔的精神辩证法为超越传统形而上学的知性逻辑,实现对人独特的生存本性的辩证把握,做出了重要贡献,对此,马克思评价道,黑格尔的精神辩证法是以一种精神化的方式所表达出来的"人文逻辑"。正是在此意义上,马克思说道:"黑格尔的《现象学》及其最后成果——作为推动原则和创造原则的否定性的辩证法——的伟大之处首先在于黑格尔把人的自我产生看成一个过程,把对象化看作失去对象,看作外化和这种外化的扬弃;因而,他抓住了劳动的本质,把对象性的人,现实的因而是真正的人理解为他自己的劳动的结果"①,马克思的这一论述表明,对现实的人及其自我产生和发展的自觉理解,是黑格尔辩证法的深层主题和真实意义。但马克思同时指出,由于黑格尔的辩证法把劳动理解为"精神的劳动",因而"它只是为那种历史的运动找到抽象的、逻辑的、思辨的表达,这种历史还不是作为既定的主体的人的现实的历史,而只是人的产生的活动、人的发生的历史"②,马克思从现实的人的实践活动把握人的真正的"普遍本质",克服了黑格尔辩证法的抽象性,从而使辩证法真正成为了"现实的人及其历史发展的科学",辩证法由此真正成为了人的自我理解的思维逻辑。

对马克思哲学辩证法的具体探讨不是本节的主要任务,但从以上的讨论已经可以看出,马克思在人的"普遍本质"问题上所实现的解释原则的转变,是与他对传统形而上学知性思维逻辑的批判性反思和对辩证思维的自觉不可分割的内在关联在一起的。人作为以实践活动作为其生存方式的特殊存在者,其存在和发展摆脱了物的封闭性、无矛盾性和孤立性等存在特性,而具有了全新的生存品格和生存方式,这要求在追问和寻求其"普遍本质"时,必须超越传统形而上学的知性思维逻辑,采取与之相适应的辩证的思维逻辑,这是追问人的"普遍本质"的"特殊"之处。

---

① 《马克思恩格斯全集》第42卷,人民出版社1979年版,第163页。
② 《马克思恩格斯全集》第42卷,人民出版社1979年版,第159页。

三、马克思关于人的"普遍本质"的解释原则的重大哲学意义

马克思哲学对人的"普遍本质"的独创性理解,具有重大的哲学意义。

首先,它为回应"普遍性"这一哲学发展史上令人困惑同时也极为困难的课题开启了全新的理论视野。马克思深刻揭示了传统哲学在此问题上陷入困境的深刻根源,并为在一个全新的范式中重释"普遍性"的内涵开启了新的理路,它启示我们:只有把"普遍性"理解为现实的人及其生存实践活动的内在规定,才能为破解"普遍性"难题提供切实的方向。

如前所述,"普遍性"是哲学发展过程中的核心课题之一。以它为中心,形成了诸如"一般"与"个别"、"一"与"多"、"理性"与"经验"、"本质"与"现象"、"存在"与"存在者"等一系列相互对照的哲学范畴和"问题群",尤其在当代哲学中,一系列重大的理论争论,如形而上学与"后形而上学"、实在论与反实在论、绝对主义和相对主义等,都根源于对"普遍性"的哲学内涵的不同理解。在哲学史上,"普遍性"观念始终是与如何理解"存在"这一存在论的根本问题内在联系在一起的,海德格尔曾这样概括:"'存在'是'最普遍的'概念(存在是一切之中最普遍的)"①。本真的"存在"具有最大的"普遍性","最普遍的概念"即是"存在"本身,这是传统存在论最基本的信念。马克思通过对传统形而上学及其思维方式的深刻批判,揭示了无论是以黑格尔为代表的唯心主义还是费尔巴哈的旧唯物主义,它们对存在论及其"普遍性"的理解都是以对人现实的实践活动的遗忘为前提的,因而必然最终陷入抽象。

把"存在"的"普遍性"理解为抽象的"无人身的理念",使之成为现实生活之上的"独立王国",这是传统唯心主义在此问题上的最重大缺陷。黑格尔曾明确表示:哲学作为"对事物的思维的考察",其"反思作用总是去寻求

---

① [德]海德格尔:《存在与时间》,陈嘉映、王庆节译,商务印书馆2017年版,第3页。

那固定的、长住的、自身规定的、统摄特殊的普遍原则。这种普遍原则就是事物的本质和真理，不是感官所把握的"（小逻辑，第76页），虽然黑格尔强调"普遍性"不是知性形而上学的"抽象的普遍性"，而是包括特殊性和差异性的"具体的普遍性"，但其实质都是把"普遍性"视为"个别性"和"特殊性"之上的、作为精神和思想对象的"共相"和"理念"。在马克思看来，黑格尔实质是把"存在"的"普遍性"理解为"观念的内在想象活动"，体现着的是"主体"与"谓词"的颠倒。① 在这种颠倒中，"普遍性"的主体成为"无人身的理念"，而"普遍性"的真实主体，即现实的感性实践主体却被异化为"无人身的理念"的"客体"。在此意义上，马克思充分肯定费尔巴哈的功绩，认为费尔巴哈正确地阐释了黑格尔"普遍性"观念的真实出发点，即黑格尔"从实体的异化出发（在逻辑上就是从无限的东西、抽象的普遍的东西出发），从绝对的和不变的抽象出发，就是说，说得更通俗些，他从宗教和神学出发"②。

不同于黑格尔，费尔巴哈拒绝黑格尔的"普遍性的思辨概念"，试图把"普遍性"奠定在人的存在的基础上，他的"新哲学将连同作为人的基础的自然当作唯一的、普遍的、最高的对象——因而也将人本学连同自然学当作普遍的科学"③。但在马克思看来，费尔巴哈把人的"普遍本质"视为"单个人固有的抽象物"，理解为"一种内在的、无声的、把许多个人自然地联系起来的普遍性"，其根本错误在于他只是把人视为"感性的对象"而不是"感性的活动"，不懂得人"在其现实性上，是社会关系的总和"。这即是说，与黑格尔一样，费尔巴哈同样不理解现实的感性实践活动，他对人的普遍本质的理解依然是抽象的。

在此意义上，以费尔巴哈为代表的旧唯物主义和以黑格尔为代表的唯心主义的"普遍性"观念表现虽然有所不同，前者从客体的、直观的形式去理解"存在"及其"普遍性"，后者则以一种抽象和颠倒的方式去理解"存在"及其"普遍性"，但二者都不理解"现实的，感性的活动"，因而均错失了把

---

① ［德］海德格尔：《存在与时间》，陈嘉映、王庆节译，商务印书馆2017年版，第14页。
② 《马克思恩格斯全集》第3卷，人民出版社2002年版，第315页。
③ ［德］海德格尔：《存在与时间》，陈嘉映、王庆节译，商务印书馆2017年版，第184页。

"普遍性"把握为现实的、感性的实践活动及现实的人的生存品性。

如前所述,马克思在人的"普遍本质"问题上,实现了从"概念论"原则向"活动论"的根本变革,从这一基点出发,"存在"不再是人之外的"最普遍概念",而应"当作感性的人的活动,当做实践去理解"。与此内在联系在一起,"普遍性"不再是"概念的普遍性",而被把握为现实的人的"活动的普遍性","普遍性"成为人现实的实践活动的内在规定,体现为人的在实践活动所展开的人与世界的否定性统一关系,因此,实践活动构成了通达"普遍性"的深层基础和根据。离开实践活动的"普遍性"追问,必然把问题引向神秘主义和经院哲学的方向。可以说,马克思的这一思想完全改变了追问"普遍性"的方向,对于今天我们进一步深入思考这一问题具有重大的启发性。

同时,马克思围绕人的"普遍本质"问题所形成的独特理解方式和思维逻辑,对于如何把握"活生生"的现实的人的存在,呈现出鲜明的当代哲学意义。

追问人的"普遍本质",归根结底是要超越现象,把握人活生生的"本真存在"。哲学以人的"普遍本质"为根本目标,但并不意味着它必然能找到通向"活生生的"、"真实"和"具体"的人的存在道路,如前所述,对于"活泼泼的"人的存在来说,传统形而上学的知性思维逻辑是"僵死"的,用这种"僵死"的方式来把握"活生生"的人的存在,必然导致后者的抽象化。如何克服和超越传统形而上学思维方式和知性思维逻辑,拯救人的存在的"活泼泼"的性质,成为自黑格尔以来现当代哲学的重要主题之一。叔本华以"生存意志"取代逻辑理性来作为人的生命"本体",尼采以"权力意志"取代"概念的木乃伊"来作为人的生命的根底,狄尔泰以"精神科学"取代"自然科学",试图建立"人文科学的逻辑"来实现对"活生生"的人的把握。卡西尔强调,"我们没有任务义务去证明人的实体的统一性。人不再被看成是自存地存在着并且可以被它自身所认识的一种单纯的实体。他的统一性被看成是一种功能的统一性"①,这即是说,人的"普遍本质"不在于以"理性本

---

① [德]卡西尔:《人论》,甘阳译,上海译文出版社1985年版,第251页。

质"为核心的"实体的统一性",而在于其文化创造的"活动统一性";胡塞尔作为现象学的奠基者,在晚年提出了"生活世界"这一重要概念,"生活世界"是"一切实际生活的(其中也包括科学的思想生活),和作为源泉滋养技术意义形成的、前于科学的和外于科学的"世界①,因而是一个区别于"科学世界"的由"原初的直观"给予的"活生生"的世界,这才是具有奠基性意义的、本源性的"人的世界";海德格尔把人的存在规定为"生存",区别于其他存在者的"现成存在者"的存在,他试图通过对此在的生存论诠释,揭示人不能还原为逻辑化实体的活生生的"在世"存在方式,等等。所有这些哲学家都深刻地看到了传统知性形而上学思维方式与知性思维逻辑在把握人的存在上所不可避免的重大缺陷,希望寻求一种通达"活生生"的人的存在和人的世界的哲学把握方式。

置于现当代哲学发展的背景中,我们可以清楚地看到,马克思在人的"普遍本质"问题上所实现的解释原则和思维逻辑的转换,表明他是哲学史上最早深刻洞察并揭示传统哲学关于人的"普遍本质"的理解原则和思维逻辑的深刻困境的哲学家之一。他对人的"普遍本质"的把握,为克服人的抽象化,使人回归现实的"活生生"的存在开辟了重要的思想视野。这是人的自我理解的重大转换和跃迁。它表明,马克思哲学与现当代哲学有着广泛和深刻的相通之处和可对话空间,并显现出其鲜明的思想独创性。

与上述内在相关的是,马克思通过对人的"普遍本质"的理解,以一种反思的方式表达着"人生在世"的崭新精神意境,彰显着人与人、人与自然内在相通的一体化的价值诉求。

人生在世,人与自然、人与人构成其最基本的关系,在对这种关系的理解中,体现着人根本性的价值关怀。当传统哲学把人的"普遍本质"把握为关于人的"普遍概念"时,在人与人关系上,它要求抹杀不同个体之间的差异性和异质性,抽象出人区别于物的"共同"的"本质特征",以此为前提,必然包含着以抽象的同一性压制和抹杀真实个人的价值取向;在人与自然关系上,它对人的"普遍本质"的理解建立在人与物区别和隔绝的前提上,以此

---

① [德]胡塞尔:《欧洲科学危机和超验现象学》,张庆熊译,上海译文出版社1988年版,第70页。

为前提，必然在价值观上导致马克思所说的"人道主义"与"自然主义"的两极对立。人与人关系上的抽象同一性，人与自然关系上的抽象对立性，这是传统哲学在人的"普遍本质"理解中所包含的价值意蕴。

与此不同，马克思对人的"普遍本质"的生存实践论理解，所彰显的是人与世界之间历史的、具体的一体性统一关系。实践活动是集人的主动性与自然的本然性、合规律性与合目的性、物质与精神、过去与未来、个体与社会等种种两重矛盾于一身的活动，在实践活动中，人必须按照自然物的方式与之打交道，在此，自然界的本原性和基础性作用得到了体现，就此而言，实践活动具有"自然主义"的性质，同时，实践活动是人的有目的、有意识的创造性活动，在其中贯注着人的意志和目的，就此而言，实践活动又具有"人本主义"的性质。正是在实践活动对自然既肯定又否定、寓肯定于否定之中的双重性活动，人与自然不断形成否定性的统一关系。在此同时，生存实践活动也是在历史中不断创造人与人之间历史的、具体的统一，经历人的"依赖关系"到人的"独立关系"形态，走向"建立在个人全面发展和他们共同的社会生产能力成为他们的社会财富这一基础上的自由个性"形态，这一存在形态，马克思称为"自由人的联合体"，并指出，"这将是这样一个联合体，在那里，每个人的自由发展是一切人自由发展的条件"。在这种状态中，"人如何生产人——他自己和别人，直接体现在他的个性的对象如何是他自己为别人的存在，同时是这个别人的存在，而且也是这个别人为他的存在"，个人与他人、小我与大我、自我与他我、个人与社会，都实现了内在的统一。在此意义上，马克思对人的"普遍本质"的自觉理解，内在地指向人"以一种全面的方式，也就是说，作为一个完整的人，占有自己的全面的本质"的价值境界。

以上从相互关联的三个角度，扼要探讨和揭示了马克思哲学关于人的"普遍本质"的思想所彰显的当代哲学意义。事实上，不仅如此，由于理解人的"普遍本质"并因此实现人的自我认识，这是哲学自古以来最为重大的主题之一，因此，马克思围绕人的"普遍本质"所实现的理论范式转换，为反思哲学自身的性质和功能、深化哲学的自我理解提供了新的方向，这即是说，马克思对人的"普遍本质"的重新理解，必然带来哲学观的深刻变革，这一点，我们在第一章已经有所涉及并作了相关论述。

第二节 从"现成性"到"生成性":
马克思哲学视野中人的形象的转换

一、区别于物的"现成性"人的"生成性"

上述对人的"普遍本质"的解释原则的转换,实质上同时意味着在马克思哲学的视野中,人的形象发生了根本的改变。

如前所述,传统哲学的不同流派和哲学家们对于人和人的本性,有着多种多样的具体规定和描述,甚至可以说,每一个哲学家和哲学派别对于人和人的本性的具体看法都是不同和充满差异的。但是在这种不同和差异中,却又有着一种深层的一致性和共同性,那就是它们在理解人和人的本性时,表现出一种基本相同的理解方式和解释原则。正是这种深层一致的理解方式和解释原则,构成了整个传统形而上学在人的问题上的重大局限性。

传统哲学这种关于人的基本理解方式和解释原则,即是把人视为一种"现成"存在者的理解方式,它在把握人时,把人视为一种摆在眼前的、可以用理性的、概念的方式来予以静观的对象,认为认识人,最为重大的使命就是抛开种种关于人的"现象",去发现人之为人的最终"本质",只要透过"现象",用理性的方式把握到了这种"本质",就实现了对人的一劳永逸的把握。具体而言,这种理解方式可以分析为如下主要原则:

(1) 对象化原则。即把"人"当成一个外在的对象来予以知性的把握,它的基本提问方式是——"人是什么",与这种提问方式相适应,它必然把人当作为一个认识的对象,来进行逻辑的分析,以对"人是什么"的"什么"作出回答。

(2) 知性化原则。在把人作为一种外在对象来把握的同时,必然暗含着这种观念,即对人的把握最终可以归结为一种关于人的"知识",知性是达到人和人的本性的必然通道和途径。

（3）本质主义原则。运用知性方式所获得的关于人的知识，并不是表层的、现象的知识，而是"本质"的知识，运用知性逻辑方法，"去伪存真"，达到"人的本质"，即发现人区别于其他物的、只有人才具备的特征，是认识人的最高任务，在此意义上，对"人是什么"的回答便可归结为"人就是它的本质"。

这就是传统哲学在人的问题上所采取的基本解释原则和理解方式。在哲学史上看，无论是唯心论者，还是唯物论者，无论是把人理解为"理性"的存在者，还是"神性"的存在者，抑或"自然"的存在者，在深层所体现的都是上述基本的解释原则和理解方式。

把人当成"现成存在者"，运用知性逻辑的方式去把握人之为人的"本质"，按照海德格尔的观点，这种对人的理解方式实质上是把人当作"现成存在和摆在那里这种意义上加以领会的"，因而与理解物的方式并无本质差别，舍勒说得更清楚，这种理解方式实际上是把"人的本质及其价值视为一种自然事实的自然延伸"，它在表面上把人看得很高，其实是人的贬值和人的价值的颠覆。

这也就是说，传统哲学把人当成"现成存在者"，实质上就是一种把人物化的"物种思维方式"，即它在理解人时，在根本上坚持的就是一种认识物的思维模式，贯彻的就是一种把握物的思想逻辑，采取了一种与认识物毫无差异的理解方式和思想逻辑，不管它在口头上是否重视人，不管它把人抬得多高，其结果都是一样的，那就是把人等同于物，人被"物化"，就像人们带什么颜色的眼镜，所看到的对象就呈现什么颜色一样，运用与认识物无异的理解方式和思维逻辑，必然把一切物化，人也当然不能幸免，沦为完全物化的存在。

人们在认识"物"时，总是把物当成一种"现成存在者"，运用知性的方式来把握的。为了准确把握物，必须把一物同它物区别开来，使用求同法或求异法，寻找出一物区别于它物，且为这一物种所有个体共同具有的本质属性或特征，只要把握到了这一本质属性或特征，就把这一物与其他所有的物区别开来了，也就实现了对此物的真正认识。在此意义上，认识物的方式就是一种寻求与它物相区别的方式，就是一种寻求物种界限的方式，因而在根本上就是一种"形式逻辑"的方式,认识一物,就是寻求其所属物种的规定,然后从此规定出发,采取"属加种差"的方式,就可以给出此物的定义,达到对此物的"科学"把握。这种理解方式,即是我们所说的"物种思维方式"。

"物种思维方式"是与"物种存在方式"相适应的。物必须以适应于物的本性的方式予以把握,物种思维方式就是在认识物时适用于物的存在本性的一种思维方式。

具体而言,物的存在方式具有这样一些基本特点:

(1) 封闭性。物的存在性质完全是由它的物种所决定的,对于动物而言,它一来到世界上,就是一个"全",大自然已经为它的全部生活规定好了,它不可能超越自身成为一个"不是其所是"的存在。因此,动物的存在完全是由自然赋予的前定性质所规定的,具有"本质前定"的性质,而且,正是这种本质前定的性质,决定了其存在的封闭性。

(2) 无矛盾性。物的存在与其自然物种的规定完全一致,动物个体与它的种完全一致、动物个体生活与其物种生活也具有完全的一体性,因此,动物的生活总是处于一种"圆融"的统一状态,根本不存在自然性与超自然性、肉体与灵魂等内在的冲突和紧张,所以,正如马克思所说:"动物和自己的生命活动是直接同一的。动物不把自己同自己的生命活动区别开来。它就是自己的生命活动。"[1] 这种与生命活动的直接同一性,决定了动物的生活必然处于"无矛盾"的混沌状态,它的生活必然是一种单一而又单调的生活。

(3) 孤立性。物种的规定性同时也决定了它与环境、其他物种以及物种内各个体之间的隔绝。就与环境的关系而言,除了使用单一的尺度即物种的尺度与环境进行物质和能量的交换外,它不能越雷池一步与它物和周围环境发生能动的关系;就同一个物种内个体与个体之间的关系而言,物种与个体的直接同一关系既把个体和个体分离开来了,又使它们失去了个体的自主和差别;就与其他物种的关系而言,弱肉强食的自然规律支配着一切,根本不存在真正意义上的社会联系。这种存在状态,表明了动物的生活必然处于一种孤立状态。

物的存在方式内在地要求与之相适应的认识方式。把物当作摆在那里的

---

[1] 《马克思恩格斯文集》第1卷,人民出版社2009年版,第162页。

"现成存在者"，寻求一物区别于另一物的界限和"本质"，认为找到了这种界限和本质，就达到对物的本性的把握，这种认识方式与物所具有的"封闭性"、"孤立性"和"无矛盾性"等存在特性是完全相一致的。

如果我们把这种物种思维方式与前述的传统形而上学对人的理解方式和解释原则作一比较，就不难发现二者的深层一致性：二者共同地贯彻着"对象化"的原则，前者把物作为一种现成的"对象"，后者把人作为一种现成的"对象"，共同地体现着"知性化的原则"，前者认为知性是把握物最基本的手段，后者同样认为知性逻辑是通达人的存在的通道和途径，二者共同地执着于"本质主义"原则，前者认为物之为物，最根本的就是其区别于它物的"本质"，因此认识物，最重要的是获得关于物的本质性知识，后者同样认为人之为人，最根本的就是人这一物种区别于其他物种的"本质性"特征，因此认识人，最重要的是获得关于人的本质性知识。

具体而言，这种深层一致性，表现在认识"人"时，在思想方法上所遵循的完全相同的程序：

(1) 把人与它物区别开来，使用"求同法"和"求异法"，尽力找出能够区别于一切它物而又为所有的人共同具有的属性或特征，只要从特征上把人同它物区别开来，就算把握了人。

(2) 人身上存在有同物相区别的许多特征，而人之为人必定要有一个"决定性"的特征，由它构成人的本质特性、本质规定，所以，紧接着的便是要追求人之为人的永恒的本性或本质，以达到对人的终极的、绝对的把握。

(3) 人生而为人，按照素朴的想法，只要找出人所从出的本原或"本体"，即人的物种原型，就是把握到了"本真的人"。所以假定人有预成的前定本性，追寻人的本体、原型、隐秘本质，是自古以来人们常用的方法，找到了人的"原型"，就等于实现了对人的完全把握。

可见，这种对于人的解释原则和理解方式与把握物的思维方式在本质上没有什么根本的区别，二者遵循着本质一致的思维程序，在思想方法上具有完全的同一性。

以认识物的方式来理解人，其结果是显然的，那就是人被视为与物一样的"摆在那里的现成存在者"。运用这种观点和方法，必然不能把握具有"生存"

本性的人，必然会把人物化，而这，在根本上也就是人的失落和人的抽象化。正是在这里，传统形而上学也表现出了在人的自我认识上最为重大的缺陷。马克思清楚地意识到了这种缺陷，克服这种缺陷，改变对人的"现成性"理解，揭示人的"生存活动"本性，构成了马克思的重大理论贡献。

在马克思看来，人之为人，人之区别于其他一切存在者之处，恰恰在于它不是"现成的和摆在那里的"存在者，而在于它是一种不断超越"现成性"的、具有"生存"本性的特殊存在者，对人的自我理解，不在于去把握人之为人的某种现成的"本质性"知识，而在于领会到人所具有的"生存"本性。因此，必须从根本上改变传统哲学关于人的解释原则和理解方式，以一种符合人的本性的方式实现对人的把握。

人特殊的"生存"本性内在地要求一种与之相适应的理解方式，这就是哲学的发展史所提出的一个重大的理论课题。马克思的伟大之处就在于适应理论发展的内在要求，独创性地提供了一种与人特殊的生存本性相适应的解释原则和理解方式。

在《1844年经济学哲学手稿》中，马克思这样论述到："生产生活就是类生活。这是产生生命的生活。一个种的整体特性、种的类特性就在于生命活动的性质，而自由的有意识的活动恰恰就是人的类特性"①；在《德意志意识形态》中，马克思更进一步地说道："可以根据意识、宗教或随便别的什么来区别人和动物。一当人们开始生产自己的生活资料的时候，这一步是由他们的肉体组织所决定的，人本身就开始把自己和动物区别开来"②；"个人怎样表现自己的生活，他们自己就怎样，因此，他们是什么样的，这同他们的生产是一致的——既和他们生产什么一致，又和他们怎样生产一致"③。

从这些关于人的集中论述中，我们可以清楚地看到马克思区别于传统哲学的把握人的解释原则和理解方式。

通过这些论述，我们可以总结出马克思对于人的理解呈现出这样一些基本视域：

---

① 马克思：《1844年经济学哲学手稿》，人民出版社2000年版，第57页。
② 《马克思恩格斯选集》第1卷，人民出版社1995年版，第67页。
③ 《马克思恩格斯文集》第1卷，人民出版社2009年版，第162页。

（1）马克思把人的类本性归结为"自由自觉的活动"，这意味着马克思完全是从"生存活动"的角度而不是从"现成存在者"的角度来理解人的"本性"的，不仅如此，马克思还用"自由自觉"来规定人的这种"活动性"，更进一步强调了人区别于"现成存在者"的生存特性，"自由自觉性"表明：人是一种通过实践活动不断否定和生成自身的超越性存在，"可能性"而非"现成性"构成了人独特的存在本性；

（2）马克思认为人区别于物的地方不在于人具有某种人所独具而动物不具备的"本质属性"，而在于人的整个存在方式与之已有了根本的区别，即人是一种以"生产活动"为存在方式的特殊存在者，是这种存在方式，而不是某种现成的先验本质，构成了人与物相区分的分界；

（3）马克思认为对于人，不能运用知性逻辑和对象化的知识论态度来予以把握，人是什么样的，完全是与它如何"表现"自己的生活联系在一起，完全是与它的"生产"一致的，因此，人不是一种摆在眼前的作为认知对象的现成存在者，而是在生存活动中显现和展开自身的一种历史性的特殊存在者。

这一切，标志着一种对人的不同于传统哲学的全新解释原则和理解方式，即"生存实践活动"解释原则和理解方式的诞生，它从根本上扭转了人的自我理解的眼光，实现了人的理解方式的根本变革。

概括而言，"生存实践活动"的理解方式在如下几方面表现出与传统哲学理解方式的根本区别：

（1）以"生存活动"取代传统哲学的"知性化"和"对象化"原则，它不再把人当成一个知识性的现成对象，而是把人当成一种自我"表现"和自我"生成"的过程，或者说，在此人不再是一个"什么"，而已成为"怎样"和"如何"；

（2）以"可能性"和"自由性"取代传统哲学的"本质主义"原则，它不再把人当成一种由先验本质规定的现成存在者，而是把人视为一种不断自我否定的超越性存在者，或者说，在此人不再是一个"名词"，而已成为一个"动词"；

（3）以"历史性"取代传统哲学的"非历史"和"现时性"原则，它不再把人当成一种"永恒现时"的在场者，而是把人视为一种由未来支配的、由"不在场"引导的筹划者，或者说，在此人不再是一个"现在时"，而已成为一个"将来时"。

按照上述这种崭新的解释原则和理解方式，人的"生存"本性的特殊之处在于，它是一种永远无法予以"对象化"的、永远在超出自身的存在者，是一种永远"是其所不是"，"不是其所是"的可能性存在，它永远在面向未来的历史性中不断地生成自身，不断地"成为其所是"同时又不断地"否定其所是"，构成了人特有的存在方式。因而，它永远不能作为一个静观的"对象"，以知性的方式对它实现一劳永逸的把握。倘若企图把它"对象化"，以一种知性的方式来对它进行强制的规定，那么就必然抹杀人所特有的生存本性，把人等同于与物无异的"现成存在者"。

具体而言，根据这种新的理解方式，人的"生存性"将与物的"现成性"呈现出如下根本的差异：

（1）人的"生存性"意味着一种自身否定性，而物的"现成性"则是一种抽象的同一性和肯定性。不断否定和超出自身，在生存筹划活动中面向未来敞开自我超越的空间，这是"生存"所具的特性，与此相反，"已完成性"是物的"现成性"的特质，物封闭于自身的固有规定而只能维持抽象的自我同一性。

（2）人的"生存性"意味着一种面向未来的"可能性"，而物的"现成性"则是一种"永恒现时"的"必然性"。对于人的生存来说，可能性总是高于其现实性，在自我否定中不断生成新的可能性，是人的存在的特性，与此相反，物则由必然的因果法则所规定，必然性而非可能性构成了其存在特性。

（3）人的"生存性"意味着一种由未来时间观所引导的"历史性"，而物的"现成性"则意味着一种由"现在时间观"所规定的"非历史性"。对于人而言，未来的时间向度具有决定性的地位，过去和现在都是在由未来的规定中获得其意义，正是在面向未来的生成中，人才获得了其"历史性"，与此相反，物的"现成性"表明"现在"这一时间向度对它具有根本性的支配地位，未来由"现在"所支配和控制，"现在时间"具有永恒的不可超越性，因而它在本性上就是"非历史"的。

（4）人的"生存性"意味着人的存在不能由某种固有的、先验的本质所规定，而物的"现成性"恰恰意味着它的存在即是固有的、先验的本质所规定的。人的存在显现在其面向未来的生存活动的历史性展开之中，人的存在就是其生成和展开，离开这种生成和展开性活动，就谈不上"人的存在"，与此相反，"物的存在"即是其"本质"，先验的本质构成了其固有的界限和尺度，因而对于它来说是根本谈不上"生成"和"展开"的。

（5）人的"生存性"意味着，对于人的存在，不能从"是什么"的意义，而必须从"如何"的意义上来理解，而物的"现成性"恰恰只有从"是什么"的意义上得到规定。"是什么"的提问所表明的是一种形而上学的对象性思维方式和知性逻辑的态度，它种思维方式和态度对于物这种的现成存在者是完全适应的，而"如何"的提问所表明的是一种生存实践论的思维方式，它与在生存实践活动中显现和展开自身的人的生存性存在是相适应的。

可见，从生存实践活动的解释原则出发，"生存性"的人呈现出与"现成性"的物完全不同的形象和面貌。这是一种真正符合人的真实本性的形象和面貌。在此意义上，可以说，正是这种新的解释原则的确立，把人从传统哲学物种思维方式的吞噬中得以拯救出来，使人真正以一种符合自身本性的方式实现了自我把握，人终于从物化的符咒中实现了自我解放，获得了真正独立的地位。

从"现成性"的人转换成"生存性"的人，这种基本解释原则的改变表明马克思完全是站在一个与传统哲学根本不同的哲学范式之内来实现对人的自我理解的。这是一种真正意义上的现代哲学范式，从哲学史来看，这种范式的转换是由许多具有变革精神的现代哲学家合力促成的，马克思、基尔凯郭尔、叔本华、尼采、海德格尔、雅斯贝尔斯等人是这一种范式的重要代表人物，而其中，马克思是这一范式的最早的杰出的奠基者和开创者之一。

二、人的"生成性"与人的自由

马克思在根本上改变了关于人的基本解释原则和理解方式，人不再是一个如物一样的"现成存在者",而已成为禀赋"生存"本性的特殊存在者。按照马克思的观点,人的这种生存本性最集中地体现在人的"自由"本性上面,或者说,通过人的"自由"本性,人区别于"现成存在者"的生存特性最为集中地凸显出来。

在马克思之前,黑格尔曾指出,"精神的本质在于它的存在就是它的活动",这其实已经以一种抽象的方式包含了这样的意蕴:"自由是精神的唯一真理",马克思把黑格尔以"精神"(绝对精神)为根基和载体的辩证法重置于生存实践活动的基础上,强调"一个种的全部特性、种的类特性就在于生命活动的特性,而人的类特性恰恰就是自由自觉的活动"①,从而使对"自由生命"的眷注,获得一个坚实的生存论本体性基础。

"自由"可以说是人们耳熟能详的一个概念。无论是我们的哲学教科书,还是人们的言谈中,"自由"都被视为一个其意自明的概念被使用。然而,仔细反省,我们可以发现,在人们以为天经地义的理解中,其实恰恰存在着惊人的误解。而且更具讽刺意义的是:人们怀着理解"自由"的目的为开端,结果这种对"自由"的理解却恰恰使人陷入了"不自由"的境地。

在种种对"自由"概念的流俗理解中,最为流行的一个见解是:自由是对必然的认识。"自由不在于幻想中摆脱自然规律而独立,而在于认识这些规律,从而能够有计划地使自然规律为一定的目的服务。这无论对外部自然界的规律,或对支配人本身的肉体存在和精神存在的规律来说,都是一样的。……因此,意志自由只是借助于对事物的认识来作出决定的那种能力。因此,自由在于根据对自然界的必然性的认识来支配我们自己和外部自然界;因此它必然是历史发展的产物。最初的、从动物界分离出来的人,在一切本质方面是和动物本身一样不自由的;但是文化的每一个进步,都是迈向自由的一步",在此,"自由"被理解为一个纯粹的知识论概念,一个与知识相关而非与人的生命活动相关的概念。

对于这种理解,国内已有学者敏锐地指出:这种自由观"在现实生活中必定会受到严峻的挑战。第一,如果自由可以被还原为单纯的认识论问题,那

---

① 马克思:《1844年经济学哲学手稿》,人民出版社2000年版,第57页。

么拥有丰富专业知识的自然科学家、工程师、社会学家、医生、心理学家等必定是世界上最自由的人。第二，如果作为必然性的自然界发展的规律与社会存在发展的规律之间不存在根本性的差异，那么自然与社会的根本区别又从什么地方表现出来呢；为什么康德要把自然与自由、理论理性与实践理性严格区分开来呢？第三，如果人类文化越发展越自由的话，那么又如何理解当代人在科学技术高度发展的情况下所陷入的异化困境限呢"[1]。这说明，把"自由"理解为一个纯粹的知识论概念，其结果必然逻辑地使"自由"陷入自我悖论："自由"自己杀死了自己，"自由"恰恰导致"不自由"。

要真正理解自由的真谛，关键在于确立其真实的生存论根基。在马克思看来，这种根基只能存在于人独特的生存实践活动之中，"自由"在本性上应当是一个生存论概念，而不是一个知识论概念。

当马克思用"自由自觉"来规定人的生存活动之时，实际上已是从生存论的高度来对"自由"作出阐释，它立足于"自由自觉的活动"，"自由"将包括如下几重根本意蕴：（1）"自由"意味着人的生命的"自性"，即人的生命不是由人的生命之外的某种原因所决定，而它自己就是自己的原因和理由，通过生存实践活动，摆脱外在的异在之物的束缚，以自己规定和主宰自己，这一点构成了"自由"的第一重规定；（2）"自由"意味着一种对生命的"自信"，即相信通过自身创造性的生存实践活动，可以发挥生命的固有潜能，实现生命的自我价值；（3）"自由"意味着生命的"自足"，即通过生存实践活动，在对象化的活动中"自己二元化自己，自己乖离自己"，同时又自己"发现自己"、自己"回复自己"、自己"确证自己"，"离家"的路与"回家"的路是同一条路，在"对象"那里即是在"自己的家"里；（4）"自由"意味着生命价值的"自我确认"，即人通过自己的生存实践活动，在为世界创造价值的同时也创造着自我的价值，并知道自己是价值的源泉和创造者，自己是自身价值的安身立命的根基。

人的生命的"自性"、"自信"、"自足"和"自我确认"，这是人的生存实践活动的本性，因而也就是"自由"本性。很显然，这种理解与从知识论

---

[1] 俞吾金：《自由概念两题议》，载《开放时代》2000年7月号。

的角度作出的理解是有根本区别的。在这里，不是人的知识构成自由的根据，恰恰相反，知识论意义上的"自由"只有奠基于人的生存实践论意义的"自由"之上，才真正成为可能。

从对"自由"的上述理解出发，我们就可以清楚地看到：人的这种"自由"本性，正集中地体现了人的"生存性"与物的"现成性"之间的根本分界：人的生命是"自性"的，而现成之物是"他性"的；人的生命是"自信"的，而现成之物是"他信"的；人的生命是"自足"的，现成之物是"依赖"性的；人的生命是"自我确认"的，而现成之物是需要"被确认"的。如果说对于物而言，物种固有的单一的尺度先天地规定了它的全部存在，在此意义上物是彻底的"必然性"存在的话，那么对于人这个特有的"物种"来说，其特殊性正在于通过实践活动突破先天的"物种"尺度，去不断地生成和创造新的尺度，也就是说，人的尺度不是"现成"性的，而是自我"构成"性的，"自由性"而非"必然性"是人的生命的基本特质。对此马克思曾凝练地概括道："人是类存在物，不仅因为人在实践上和理论上都把类——自身的类以及其他物的类——当做自己的对象；而且因为——这只是同一种事物的另一种说法——人把自身当做现有的、有生命的类来对待，因为人把自身当做普遍的因而也是自由的存在物来对待。"①

通过对自由概念的生存论阐释，来集中地体现人独特的生存本性，这是马克思对以黑格尔为代表的整个传统形而上学的深刻批判之后的一个思想成果。在黑格尔的唯心主义辩证法那里，"绝对精神"最为根本的特性就是"自在自为"的"自由本性"，马尔库塞在《理性与革命》一书的开头曾指出，德国唯心主义作为法国革命的理论，并不是指他们为法国革命提供了理论先导，而是说他们"是对在理性基础上建立国家与社会，以便使社会制度和政治制度能够符合个人的自由和利益的法国大革命所提出的一种挑战的一种反应"②，他们高度首肯法国革命"完成了德国宗教改革所开始的以自由的个人成为自己命运的主人的使命"，因此以一种理论的方式表达着这样一种对法国革命的共鸣："人在世界中的地位，他的劳动方式和娱乐方式再也不依靠某些外在的权

---

① 《马克思恩格斯文集》第1卷，人民出版社2009年版，第161页。
② ［美］马尔库塞：《理性和革命》，程志民等译，重庆出版社1993年版，第1页。

威，而是取决于他自己的自由的理性的活动。人类已经走过了遭受自然和社会力量奴役的漫长的幼年时期，并且已经逐渐地形成了自我发展的独立的主体。从现在起，人与自然和社会组织中的斗争由人自己在知识上的进步指导着。世界应该是一个理性支配的世界。"① 这其实是说，以黑格尔为代表的德国唯心主义哲学实质上是以一种思辨的方式表达着法国革命的"自由精神"，正是在此意义上，当代有些哲学家认为黑格尔虽然思想极为晦涩抽象，体系极为巍峨森然，但是在骨子里他属于"实践哲学"的范畴，因为在他那里，"自由"、"精神"和"理性"已不是纯粹的不食人间烟火的抽象范畴，而已经深深地印染着人的生命冲动和意向，因而与实践领域已有了一种内在的勾连。但是，在黑格尔那里，这种对"自由精神"的表达仍然过度沉湎于对逻辑的迷恋，这使得它隐含着双重的理论困境：一是它把逻辑理性与人的生命相等同，其结果将导致以逻辑消解生命，以思辨逻辑取消了生命的现实逻辑，完整的人的生命最后被蒸馏成单纯的理性逻辑，从而最终走向了"人晶宫里人不见"的结局；二是它试图把"全体的自由性"与"环节的必然性"统一起来，这必然使"自由精神"陷入自相矛盾和自相抵牾的结局，"自由"的绝对精神的辩证运动却要遵循着绝对的"必然"法则，"理性的狡黠"使得每一个具体的生命个体失去了说"不"的自由权利，为了服从"自由"的绝对理念，生命个体必然将不得不把自己的自由作为祭品，奉献在绝对理念的凯旋途中。

在马克思看来，黑格尔的理论困境所表现的实质是整个传统形而上学的共同困境，即它遮蔽了人的生存本性而仍然把人当成"现成存在者"，其绝对精神不过是"形而上学地改了装"的"现实的人和现实的人类"。为此，马克思以现实的感性实践活动确立为人本源性的生存活动，实现了对黑格尔和整个形而上学的颠倒，从此出发，黑格尔的上述双重困境得到了克服：首先，人之所以自由，其本源的根据不在于他是一个理性的主体，而在于他是一个通过自己的生存实践活动自己创造自己生活的存在者，就像马克思所说的："个人怎样表现自己的生活，他们自己也就怎样"，"人是什么，与他的生产是完全一致

---

① ［美］马尔库塞：《理性和革命》，程志民等译，重庆出版社1993年版，第2页。

的，既和他生产什么相一致，也和他如何生产相一致"，人能够通过实践活动自己创造自己的生活并在此过程中创造自身，这才是自由的真谛；其二，立足于"现实的人和现实的人类"的实践活动，自由性将不再依赖于"环节的必然性"，而是体现为一种奠基于历史并面向未来的"或然性"和"可能性"，如果说在黑格尔的唯心主义辩证法那里，理性作为超越于人的先验的、永恒原则预先规定了人的全部生活从而实质上使人的"自由"最终化为乌有的话，那么，在马克思这里，这种从先验的、本质前定的理性原则出发思考问题的思维方式遭到彻底的否定，人的生命存在之所以不同于现成之物，一个至关重要的分野恰恰就在于后者完全受其物种尺度所支配，而人则不受任何先验尺度的限制反而能处处运用"自己的尺度"，去创造自己的生活，这一思想在马克思论述历史时得到了清楚表达："历史什么事情也没有做，它'并不拥有任何无穷尽的丰富性'，它并'没有在任何战斗中作战'！创造这一切、拥有这一切并为这一切而斗争的，不是'历史'，而正是人，现实的、活生生的人。'历史'并不是把人当做达到自己目的的工具来利用的某种特殊的人格。历史不过是追求着自己的目的的人的活动而已"①，这即是说，没有先验的、前定的抽象原则规定人的未来，人不是历史活动的工具（就像黑格尔那里人是绝对精神活动的工具），人是自己历史的"自性"、"自信"、"自足"和"自在自为"的规定者，只有在此意义上，人才是真正意义上的禀赋自由本性的存在物。

通过以上论述，我们可以看出，马克思通过对"自由"的生存论理解，人区别于"现成存在者"的"生存"本性得到了集中体现："现成"之物只能是"必然的"，"自由"与之无关，而人之为人，恰恰就在于"自由"构成了其旗帜和徽章。在此意义上，马克思充分继承德国古典哲学以来哲学所深入阐发和论证的自由精神，同时又立足于现代哲学的新的基地上，对人独特的自由本性做出了独特而深入的阐释。

---

① 《马克思恩格斯全集》第2卷，人民出版社1957年版，第118—119页。

第三节 马克思哲学人的自我理解观念的变革与主体性观念的变革

一、近代哲学的"我思主体"的深层困境

马克思人的自我理解观念的变革,在其对于"主体性"问题的理解上得到了集中的体现,在马克思那里,人的自我理解观念的变革与"主体性"观念的变革是内在地关联在一起的。

众所周知,"主体性"是近现代西方哲学史上一个基本概念,同时也是一个根本性的哲学问题,在哲学发展过程中产生了极其深远的影响。对主体性问题的不同理解从根本上规定着不同哲学形态的基本性质。自笛卡尔以来的整个近代西方哲学被称之为主体性哲学,"我思主体"更是被视为这一哲学的逻辑起点和理论基点,以之为根据建立起了一座"主体形而上学"的理论大厦。而在当代,"主体形而上学"及主体性观念却遭到了强烈拒斥和批判,这也构成了现当代哲学的重大课题和基本特征。其中,马克思对近代以来的主体性观念的批判与变革,因其达到的原则性高度,在整个哲学史上产生了重要而深远的影响。我力图表明的观点是,马克思从根本上反思和批判了"我思主体"这一传统的主体性原则,并从实践观点及其思维方式出发,提出了"类主体"的概念,以此赋予"主体性"原则以全新的内涵和意义,破除了实体化和形式化的主体观,从而在根本上推动了主体性观念的变革,并在此基础上推动人的自由解放和全面发展,在此意义上可以说马克思实现了真正的哲学革命。

"自我意识"的立场和"我思主体"的确立被认作是近代西方哲学的本质基础和理论开端。以"我思主体"为核心和逻辑基点建构起来的近代形而上学本质上归属于意识哲学的范式,其基本结构的核心是"内在性的意识"。不可否认,这一意识哲学的兴起是哲学反思层次的一次重大跃迁,其有力地推动

了哲学的发展。然而，从"我思主体"出发，同时也必然会给我们带来一个重大的理论难题，即"主体中心困境"的问题：一方面，在人与世界的关系上，"我思主体"难以洞穿内在性的意识，从而超越自身切中外在于意识的异质性的客观对象；另一方面，在人与人的关系上，它也难以证明和承认他人的存在，从其出发也就无法建立起人与人的现实统一和共在关系。为真正理解和有效把握"我思主体"及其内在困境的问题，首先就需要我们深入到西方哲学发展的内在逻辑进程中，考察和透视其产生的理论背景和理论根源。

在西方哲学史上，"我思主体"的真正确立肇始于笛卡尔。"思之我"作为独立自由地思维着的主体，为其他一切存在奠定基础，这最鲜明地体现在"我思故我在"的著名命题上。他认为真正的知识首先应该是清楚明白的，为此我们必须按照普遍怀疑的原则将一切都予以怀疑悬置，直至找到一个不可怀疑的基点，以此来为知识奠定坚实可靠的基础。"这样做的目的不是为了怀疑而怀疑，而是为了最终找到一个坚实的确定性，使得确凿的真理体系能够在这一确定性基础上确立。"① "我思主体"正是在普遍怀疑这一方法论原则中被确立起来的。"思之我"能够对一切进行有效的怀疑，但是唯独不能质疑正在展开怀疑这一事情本身，反而，正是这一普遍怀疑的方法反过来确证了有"思想"这一不可怀疑的事实。笛卡尔进一步论证道，"思想的存在不能没有进行思想的东西，一般说来，任何行为或偶性的存在，都不能没有一个它所从属的实体"②，因此，"我思"自然已经设定了"我在"。由此，"思之我"作为自由独立地思维着的主体，就被确立为所有知识和真理的基础。"我思主体"被确立为"基体"，因此，不仅思想一定是作为"我的"思想而存在，外部世界也只能是被我规定的，作为"我的"世界而存在。在此，"我思主体"成了绝对的权威，其他存在物只有与之相关并被其规定才能够获得存在的意义和价值。

笛卡尔的这一工作重建了哲学的基础，实现了哲学根本特征的变革，对整个西方近代哲学的发展产生了深远且持久的影响，因此他也被视为近代主体性

---

① [德] 彼得·毕尔格：《主体的隐退》，夏清译，南京大学出版社2004年版，第29页。
② [美] G. 哈特费尔德：《笛卡尔与〈第一哲学沉思录〉》，尚新建译，广西师范大学出版社2007年版，第110页。

哲学的真正创始者。然而，由于笛卡尔将主体理解为无根、先验和独断的"我思主体"，从其出发，必然会将世界分裂为主体和客体两个方面。"思之我"作为独立自由地思维着的"主体"是一方，外在世界作为本质上具有广延属性的"客体"是另一方，二者属性不同，因而是根本不相同的两类实体。因此，内在于意识中的"自我"初始就内含着一个巨大难题：这个"自我"如何洞穿内在性意识，切中外在性对象，进而实现二者的同一。这即是说，从"我思主体"出发，必然面临着自我（思维）与世界（存在）二元对立，且难以统一的理论难题。对近代主体性哲学给予最严厉批判的海德格尔曾对此表述道："这个进行认识的主体怎么从他的内在'范围'出来并进入'一个不同的外在的'范围？认识究竟怎么能有一个对象？必须怎样来设想这个对象才能使主体最终认识这个对象而且不必冒跃入另一个范围之险？"①

与此同时，由于"我思主体"无根、先验和独断的性质，最终使其成为独立自足自因的"实体"，并成为世界的"最终根据"。整个近代主体性哲学，认为只要确立了"作为突出的基底的我思自我，绝对基础就被达到了，那么这就是说，主体乃是被转移到意识中的根据，即真实的在场者，就是在传统语言中十分含糊地被叫做'实体'的那个东西"②。超越时空的永恒在场性、无所需求的绝对实在性和自足自因的终极性是这一"实体"的根本存在特性。在此，实体化的"我思主体"最终成了"唯我独尊"的绝对权威和尺度，"其他的物都根据'我'这个主体才作为其本身而得到规定"③。由此，"我思"实质上成了一种独断的权力意志，充满着征服和控制的欲望，它不承认不能被其"同一化"的差异性因素的存在。其不仅对异质性的自然进行同一化的拷打和询问，同时对他人也进行理性化的宰制和剥削，"随着支配自然界威力的增长，社会制度支配人的权力也猛烈增长"④。由此可见，"我思主体"蕴含着强烈的自我中心化倾向，因而必然会造成他人的抽象化和虚无化。从其出发，不仅在理论上无法证明和承认他人的存在，在实践中更是造成人与人之间关系

---

① ［德］海德格尔：《存在与时间》，陈嘉映、王庆节译，商务印书馆2018年版，第79页。
② ［德］海德格尔：《面向思的事情》，陈小文、孙周兴译，商务印书馆1999年版，第75页。
③ ［德］海德格尔：《海德格尔选集》下卷，孙周兴编，上海三联书店1996年版，第882页。
④ ［德］霍克海默、阿多诺：《启蒙辩证法》，洪佩郁、蔺月峰译，重庆出版社1990年版，第34页。

的紧张和对立，因而也就难以建立起人与人的现实统一和共在关系。

"我思主体"在康德哲学中得到进一步的深化和弘扬，同时，自我（思维）与世界（存在）的对立也以最极端的方式被表现了出来。康德将"我思"理解为"先验主体"，即先验综合统觉。与之相应，我们所认识的对象也就不再是"物自体"，而是思维所表象的"现象"。康德用"先验主体"取代"思维实体"，通过对"物自体"与"现象界"进行划界，放弃了对"物自体"的认识，转而寻求另一替代方案，即从独立自由的主观性思维出发，认识被思维主体所表象的"现象"。这一思路的关键就是，发挥"先验主体"的生产和构造能力，将经由时间和空间直观到的感性材料整理成对象的表象。由此，认识的"对象"就成为了"我思主体"自我构造的结果，自我（思维）与世界（存在）就在主体的思维中实现了统一。多迈尔在评价康德这一理论创建时曾说道："康德思想的主要优越性在于，他用一种先验的或逻辑的主体取代了思维实体，用一种'伴随着所有概念的纯粹意识'或实质性的表象取代了思维实体。"① 然而，康德在此通过"我思"所实现的这种统一是以"物自体"与"现象界"的划分为理论前提的。如此一来，康德努力构建起来的这一哲学体系，不仅没有真正弥合"我思主体"与"对象世界"之间的鸿沟，其反而以现象与物自体二分的方式得以加深。这也成了整个德国古典哲学的核心问题，费希特、谢林和黑格尔等人建构的思想体系都致力于解决这一问题。

黑格尔对"我思主体"所造成的主客二元对立的问题有着清晰的认识，并将实现二者的和解自觉为其理论的最高目标。在黑格尔看来，实体即主体。他将传统上被用来表示客观对象的实体概念与用以表示主观意识的主体概念结合为一。他说："照我看来……一切问题的关键在于：不仅把真实的东西或真理理解和表述为实体，而且同样理解和表述为主体。"② 实体是辩证运动着的主体，这一辩证运动过程即是绝对精神、观念外化和回归的生成过程。正是在此意义上，黑格尔说："实体在本质上即是主体，这乃是绝对即精神这句话所要表达的观念。"③ 正是在"绝对精神"自我运动的过程中，自我主体与世界

---

① [美] 弗莱德·R. 多迈尔：《主体性的黄昏》，万俊人译，上海人民出版社1992年版，第83页。
② [德] 黑格尔：《精神现象学》上卷，贺麟、王玖兴，商务印书馆2013年版，第12页。
③ [德] 黑格尔：《精神现象学》上卷，贺麟、王玖兴，商务印书馆2013年版，第17页。

客体实现了辩证统一。在此,黑格尔遵循的依然是一种绝对主体性的思路,局限于意识哲学的范式,期望在意识之中实现思维与存在、主体与客体的统一。对此,黑格尔曾说:"应将哲学的内容理解为属于活生生的精神的范围、属于原始创造的和自身产生的精神所形成的世界,亦即属于意识所形成的外在和内心的世界。"① 由于黑格尔依然局限在意识哲学的框架内,以牺牲现实的生活世界为代价,来解决"思维"与"存在"二元对立的问题,因此,他最多也只能实现意识内的统一。

通过以上分析可知,近代哲学从"我思主体"出发,虽然弘扬了人的主体性,使整个哲学的反思层次得以提升,但由于"我思主体"无根、封闭和独断的特性,必然会带来"主体中心困境"的问题,与笛卡尔和康德一脉相承的胡塞尔其晚期哲学的困境也在于此。可见,这是一个在意识哲学范式下根本无法解决的问题,因此需要通过开辟新的哲学视域以及寻求新的出发点才能破除这一难题。正是在此意义上,海德格尔说道:"只要人们从 Ego cogito [我思] 出发,便根本无法再来贯穿对象领域;因为根据我思的基本建制(正如根据莱布尼茨的单子之基本建制),它根本没有某物得以进出的窗户。就此而言,我思是一个封闭的区域。'从'该封闭的区域'出来'这一想法是自相矛盾的。因此,必须从某种与我思不同的东西出发。"②

二、马克思的"类"主体观念与对"我思主体"困境的批判性反思

马克思对意识哲学中"我思主体"所造成的"主体中心困境"问题有着清晰深刻的认识。在他看来,纯粹意识哲学在开始就脱离了实践活动这一现实的人本源性存在方式,在"我思"的意义上来理解人的主体性,这只能是一种先验、无根和封闭的抽象主体性,从其出发必然会导致上述困境问题。要想在根本上克服这一困境,就必须变革抽象的主体性观念,在存在论的高度上重

---

① [德] 黑格尔:《小逻辑》,贺麟译,商务印书馆2009年版,第43页。
② F. 费迪耶等辑录:《晚期海德格尔的三天讨论班纪要》,载《哲学译丛》2001年第3期。

思现实的人的主体性。正是基于此，马克思从实践观点出发，提出了与"我思主体"不同的"类主体"概念来表达现实的人的主体性，有根、出离和开放是其根本特性。从"类主体"这一向来已是出离"在外"进行着社会化对象性活动的存在者出发，一方面可以超越主客二元对立的思维模式，对意识内在性问题实行有效瓦解；另一方面社会化的类活动使人与他人和世界融为一体，相互需要而须臾不可分离，因而也就建立起了人与人的共在和统一关系。如此，也就从根本上破除了"主体中心困境"的理论难题。

"类"概念是马克思哲学中一个独特而根本的概念。但是由于其一直被视为是早期马克思在费尔巴哈总问题的框架内所使用的概念，因而在当前学术界的讨论中没有给予足够的重视。但深入研究后我们就会发现，马克思所使用的"类"概念已经被其赋予了独特的内涵和意义，因而完全不同于费尔巴哈的"类"概念。他批判费尔巴哈脱离人的现实的社会关系，将人的本质理解为"类"，一种"内在的、无声的、把许多个人纯粹自然地联系起来的普遍性"[①]，因而导致了对人的抽象化理解。与费尔巴哈对"类"概念形式化地使用有着本质性不同，马克思的"类"概念则是对现实的人的实践本性的显示和表达。在他看来，人是类存在物，类活动即自由自觉的实践活动是现实的人的本源性存在方式，"人把自身当作现有的、有生命的类来对待，因为人把自身当作普遍的因而也是自由的存在物来对待"[②]。其在使用类存在、类活动等概念表述"人的本质"时，也为理解人自己、人与世界、人与他人的关系提供了一种全新的理论视野和思维方式。"类主体"的概念就是在这种全新的实践观点及其思维方式的意义上，对现实的人的主体性的全新表达。

首先，马克思在使用"类主体"的概念言说现实的人的主体性时，已经在本质上超越了近代形而上学的基本建制，扬弃了纯粹理论优先的原则，同时确立了实践在先的原则。从实践活动这一现实的人的本源性的"在世"结构出发，便可以有效地贯穿和瓦解意识的内在性，进而实现主观（思维）与客观（存在）的内在统一。

在近代形而上学中，"意识之存在特性，是通过主体性（subjektivität）被

---

① 《马克思恩格斯文集》第1卷，人民出版社2009年版，第501页。
② 《马克思恩格斯文集》第1卷，人民出版社2009年版，第161页。

规定的。但是这个主体性并未就其存在得到询问;自笛卡尔以来,它就是 fundamentum inconcussum(禁地)"①。意识哲学中的主体性,脱离了作为其存在根基的实践活动,抽象地规定意识,意识活动成了纯粹的独立自足的思维活动,这必然会导致"主体中心困境"的理论难题。而要克服这一困境,就要超越近代形而上学的基本建制,在意识哲学之外考察意识的存在特性,询问主体性的存在论根源。而立足于实践观点的"类主体"概念,正是在存在论根源的意义上对现实的人的主体性的揭示和表达。在马克思看来,"类主体"是内在于实践活动中的感性、对象性存在物,实践活动是其本源性存在方式。在实践活动中,现实的人与世界原本就是融为一体的,"人并不是从他的孤独自我透过窗户去看外部世界,他本已站在户外。他就在这世界之中,因为他既生存着,他就整个地卷入其中了"②。这即是说,与纯粹的"我思主体"不同,现实的人向来已是出离"在外",并依寓于前来照面的外部存在者处,这种"在外"同时就是在实践活动所带出的生活世界之中,即真正意义上的"在内"。在此意义上,人的意识也就不再是无根、封闭、独断的"我思主体"的纯粹思维活动,而只是实践主体"在世"的一种特殊活动样式。这种思维或意识作为现实的人的生命活动的内在环节,"它与实践活动不是'外在'的关系,而是实践活动这一'总体性'活动须臾不可分离的'内涵性'向度"③。由此,作为"类主体"的现实的人的意识之存在特性便获得了内在规定。对此,马克思曾说道:"意识(das Bewusstsein)在任何时候都只能是被意识到了的存在(das bewusste Sein),而人们的存在就是他们的现实生活过程。"④ 可见,从"类主体"的"在世"结构出发,意识的内在性问题便被有效地瓦解了。

与此同时,在类主体的实践活动之中,人与世界互相归属、相互作用,主客二者实现了"否定性的统一"。一方面,现实的人通过其社会历史性的实践活动改造无机界,创造对象世界,使人的主观目的被对象化地实现出来;另一

---

① F. 费迪耶等辑录:《晚期海德格尔的三天讨论班纪要》,载《哲学译丛》2001年第3期。
② [美]威廉·巴雷特:《非理性的人——存在主义哲学研究》,杨照明、艾平译,上海译文出版社1992年版,第230页。
③ 贺来:《论实践观点的认识论意蕴》,载《社会科学研究》2018年第3期,第2页。
④ 《马克思恩格斯文集》第1卷,人民出版社2009年版,第525页。

方面，在这一实践活动中，客观的自然界作为人的生命活动的资料、对象和工具转化成人的"无机的身体"，成为人的生命活动及其生活世界的内在环节和有机组成部分。这即是说，从实践活动这一"类主体"的"在世"结构出发，不仅从根本上使主体与客体失去了抽象的二元对立的性质，而且使它们实现了内在的否定性统一。正是在此意义上，马克思说道："主观主义和客观主义、唯灵主义和唯物主义、活动和受动，只是在社会状态中才失去它们彼此间的对立，从而失去它们作为这样的对立面的存在；我们看到，理论的对立本身的解决，只有通过实践方式，只有借助于人的实践力量，才是可能的。"① 可见，只有从类主体及其"在世"结构出发，人与自然、思维与存在主客二元对立的问题才能被真正破除。

其次，"类主体"植根于社会化的类活动中，对象性、社会性和历史性的"活动"原则，使其在根本上批判和否定了"我思主体"的实体化存在特性和自我中心化倾向。自由、开放和共在的存在特性使人与他人和世界融为一体，相互需要而须臾不可分离。由此出发，便能够建立起人与他人的统一性共在关系。

实体化的"我思主体"的问题突出地表现为个体中心主义，以及由此造成的人与人、个人与社会之间的对抗和冲突。从"类主体"及其实践观点出发，这一系列社会问题的根源便可得到深刻揭示："我思主体"对人的先验化、抽象化理解遮蔽和遗忘了现实的人的真实形象，进而使"主体"成为一个独立自足自因的"实体"，并成为世界的"最终根据"，以此抽象主体性为根基的现代性方案必然带有征服性和控制性的特征，这必然会导致人与人、人与自然和社会之间关系的紧张。而"类主体"的观念则彰显了这样一种深刻的洞见：按其实践本性来说，真正现实的人是对象性的类存在物，社会化的实践活动是其本源性存在方式。"人的类本性表明，人只能存在于同他人内在统一的一体性关系中，也只能存在于同外部世界即人的对象性存在的内在统一的一体性关系之中。"② 其自由、开放和共在的存在特性，以及对象性、社会性和历史性的"活动"原则从根本上否定了实体化主体的存在。这即是说，脱

---

① 《马克思恩格斯文集》第1卷，人民出版社2009年版，第192页。
② 高清海：《人的未来与哲学未来——"类哲学"引论》，载《学术月刊》1996年第2期，第4页。

离了对象、社会和历史的抽象无根的"我思主体",只不过是近代形而上学思辨想象的结果。这也就在根本上反思和批判了实体化的"我思主体",进而摆脱掉个体中心主义的自我中心化倾向,从而能够使我们以更加自由、开放和包容的姿态来理解和面对他人及世界。

同时,正是"类主体"所展开的社会化"类活动"使人与他人、人与社会之间呈现出一种普遍自由的一体性共在关系,"这种一体性的关系不但构成人的有意识地活动的对象,并且还是人的自为活动所遵行的基本原则"①。在"类活动"中人的"个性"与"社会性"获得了内在的统一,个人的自由发展与其社会化相辅相成、不可分割。一方面,每个人的独立性和个性都将获得充分的发展,这也是人与人的社会化一体性关系的前提和条件;另一方面这种普遍自由的一体性社会关系同时也为每个人自由全面发展提供了条件和保障,对此,马克思说道:"只有在共同体中,个人才能获得全面发展其才能的手段,也就是说,只有在共同体中才可能有个人自由。"② 因此可见,从"类主体"及其实践观点出发,遵循"类"的思维方式来理解现实的人及其社会关系,个人主体才能消解征服和控制的欲望,真正做到不唯利是图,不把他人和社会仅仅当作实现个人私利的工具;同样,社会也才能从工具理性和"同一化"思维中解放出来,不再把个人视作实现其宏伟目标的手段,从而避免人的虚无化和抽象化。正是基于对现实的人的类本质的上述理解,马克思哲学的"类主体"观念才能在深层处有效地超越和克服个体中心主义,以及由此导致的人与人、个人与社会之间的对抗和冲突。

从上述讨论可以看出,立足于实践观点的"类主体"观念,从存在论高度上破除了对人的主体性的抽象化理解,扬弃了"我思主体"的实体化思维方式。从其出发,不仅意识的内在性问题可以被有效地瓦解,主体与客体的统一性获得内在澄明;同时,他人的存在也获得了证明和承认,由此便可建立起人与人的现实统一和共在关系。这也就意味着从根本上消解和克服了"我思主体"所带来的"主体中心困境"这一意识哲学的理论难题。

---

① 高清海:《人的未来与哲学未来——"类哲学"引论》,载《学术月刊》1996年第2期,第4页。
② 《马克思恩格斯文集》第1卷,人民出版社2009年版,第571页。

三、马克思"类主体"观念的当代意义

马克思所推动的主体性观念的变革不仅具有克服"主体中心困境"的理论意义,而且对于我们今天在"主体性终结"思潮的挑战中重新理解主体具有重要的意义和价值。我们认为,马克思的"类主体"观念开启了一种全新的主体观,其在扬弃"我思主体"的实体化和形式化缺陷之时,吸收了传统主体性观念的成果,捍卫了现实的人的主体性,引导着真正的人的复归,对今天我们重建主体性具有重要的启示和借鉴意义。同时其追求人的自由和全面发展的价值意蕴,具有鲜明的人文解放旨趣,体现了人类社会历史发展中形成的新的时代精神。在此借用加赛特的一段话可以非常清楚地表达出马克思所实现的主体性观念变革的意义,"假如这个作为现代性根基的主体性观念(指笛卡尔的'思维实体'或'思维主体')应该予以取代的话;假如有一种更深刻更确实的观念会使它成为无效的话;那么这将意味着一种新的气候、一个新的时代的开始"①。

在当代,随着后现代哲学的兴起,"主体形而上学"及主体性观念遭到了强烈质疑和批判,"人死了"或"主体性终结"一度成为影响巨大的标志性论断。不可否认,后现代哲学对近代以来的主体性观念的批判取得了一系列的理论成果,有力地推动了当代哲学的发展,但同时我们也要看到其批判的内在限度。彻底地拒斥和否定主体性观念,同时也就意味着对"主体"的价值维度的消解。而作为主体的个人拥有不可替代的独特价值和不可剥夺的基本权利,这是现代社会的基本共识,也是现代性的重要成果。如果"价值主体"被彻底地消解,那么现实的人存在的意义就将受到极大的挑战,进而会引发价值虚无主义的问题。这不仅在根本上背离了人类社会历史发展中形成的新的时代精神,而且也是我们不能承受的生命之轻。因此,可以说主体性观念在今天仍然具有不可剥夺的合法性空间和存在的必要性。马克思用"类主体"取代"我

---

① 转引自[美]弗莱德·R. 多迈尔:《主体性的黄昏》,万俊人译,上海人民出版社1992年版,"导论",第1页。

思主体",就是既批判和扬弃了传统主体观的实体化缺陷,又吸收和强调了主体的价值内涵,保留了主体的合法性空间,从而使主体性观念重新获得了巨大的生命力。只有非实体化的"价值主体"更加挺立,作为真正主体的人才能得以复归,并且在现实生活中得到真实的呈现和尊重。这即是说,马克思对传统的主体性观念的变革不仅没有消解"主体"的价值维度,而且还在存在论的高度上彰显和捍卫了"主体"的价值内涵。在当代"后主体性"甚至"反主体性"思潮泛滥的背景下,这更加凸显出了马克思新主体观所具有的时代意义。

对近代主体性哲学的批判显示,实体化的"我思主体"虽然宣扬绝对的主体性,最终却导致了个体性主体的消解,这也成了这一传统主体观难以克服的内在矛盾。实体化的"我思主体"以世界的立法者和意义的源泉自居,"'我'成了出类拔萃的主体,成了那种只有与之相关,其余的物才得以规定自身的东西。由于它们——数学的东西,它们的物性才通过与最高原则及其'主体'(我)的基础关系得以维持"①。在此,数学以及对物的数学筹划成为了"我思主体"理解和对待世界的唯一合法性方式。量的可计算性成为唯一的价值原则,"广延和数量成了一统天下的维度"②。这就意味着所有的事物都将以数量化的形式陷入同一个水平,个体性和多样性都将被抹平。这一形式化思维方式反过来同样也会把作为主体的现实之"我"予以抹平消解,只留下一个理性化、形式化的"我思"。这即是说,从实体化的"我思主体"出发理解世界,不仅会导致世界的同一化和扁平化,事物的多样性和个体性的消解,同时也会导致主体的"平均化",个体性主体也将不复存在。人和世界被彻底的抽象化和虚无化即意味着真正的人及其意义世界的丧失,如此一来我们将会处于价值虚无主义的深渊之中而难以自拔,这也是当今时代我们所面临的最大挑战之一。

马克思用"类主体"概念来理解和表达人的主体性,就是在根本上批判和否定了"我思主体"对人的实体化和平均化的理解,还原了现实的人的真

---

① [德]海德格尔:《物的追问——康德关于先验原理的学说》,赵卫国译,上海译文出版社2010年版,第96页。
② [德]海德格尔:《形而上学导论》,王庆节译,商务印书馆2015年版,第51—52页。

实形象，彰显和捍卫了每一个非实体化的"个体之我"的生命价值。在马克思看来，按其实践本性来说，人是类存在物，自由自觉的社会化实践活动是人的本源性存在方式。在实践活动中的现实的人并不是一个实体化的"绝对主体"，而是对象性和社会性的存在物。这即是说，现实的人是有限性的存在者，只能与他人他物相依相待共存而生。任何主体都不能成为独自决定其他存在者的意义和价值的立法者，而是承认他人他物都有着不可替代和化约的独特价值，它们不仅不能被个人主体工具化地利用和支配，而且反过来还会以多样化的方式支撑和成就个人主体的生活意义和生命价值。与实体化"我思主体"的绝对性最终导致个体性主体的消解相反，作为类主体的现实的个人的有限性恰恰承认和成就了他人他物的个体性和多样性，这种个体性和多样性进一步成就了类主体的普遍性和自由性。正是在这种与他人他物相依相待的类生活中，每一个个体的生命自由得以彰显，个人主体的生活意义得以重塑。因此可以说，"类主体"观念引导了真正的人的复归，同时也就有效地破解和克服了"我思主体"对人和世界的抽象化理解及其所造成的价值虚无主义的问题。

"类主体"的观念不仅蕴含和凸显了"主体"的价值维度，而且因其在存在论的高度上理解人的"类本质"，这同时也就为个性化主体的生成及其价值的实现提示和开辟出了一条不同于传统现代性方案的路径。在以传统主体性观念为原则的现代性方案中，主体价值的实现寻求的是政治解放的路径，追求形式化的自由和平等。与此不同，"类主体"的观念内涵着对人的实践本性的自觉，以此为根基的现代性方案追求的是现实的人的解放，寻求实质的劳动自由。正是在自由自觉的类活动中，非实体化和平均化的个性化主体得以生成，并与其价值的实现获得了内在的统一。

在马克思看来，资本主义社会中的个人虽然摆脱了传统的政治力量和宗教观念的统治和束缚，实现了形式化的自由和平等，但现实的劳动者却依然受抽象力量的统治，处于异化劳动之中，因而并没有真正的主体性。对此，马克思说道："个人现在受抽象统治，而他们以前是互相依赖的。但是，抽象和观念，无非是那些统治个人的物质关系的理论表现。"① 这即是说，现代社会统

---

① 《马克思恩格斯全集》第46卷（上），人民出版社1979年版，第111页。

治个人的抽象力量具有相互勾连的双重内涵：一是现实层面的物质关系，主要表现为支配性的资本逻辑；二是观念层面的理论谋划，主要表现为现代主体性形而上学。正是基于抽象化和形式化的共同本质，二者得以"联姻"，并相互支撑、彼此拱卫。一方面，资本的无限扩张需要主体性形而上学的理性谋划，即资本借助于"我思主体"所开展出来的、对存在者的控制方案和统治形式，进行无限的增殖；另一方面，主体性形而上学的建构也需要资本的世俗支撑，即资本无限增殖的逻辑要求利益最大化，为计算性的"我思主体"以及以之为根基的现代形而上学提供了世俗基础。"正是这种双重的经纬，方始成为一种现实性的力量：就像这种力量一方面来自资本之无止境的推动一样，它也来自现代形而上学之无止境的谋划。"① 这种抽象力量的"同一化"本质，将一切差异性内容予以形式化的削平，不承认任何不能被加工、计算和控制的异质性因素的存在。在此，作为主体的劳动者受此抽象力量的统治，在现实中所进行的劳动只能是抽象的异化劳动。而在异化劳动中，个性化主体的生成及其价值实现的道路将被彻底地阻断。在此意义上可以说，个体性的劳动者在其对象性的活动中再也难以实现自我确证，其主体性已死。

马克思从"类主体"及其实践观点出发，认为要重建现实的人的主体性，实现人的解放，就必须克服异化劳动，即首先需要破除抽象对人的统治。这就要求我们，一方面对现代主体性形而上学进行历史唯物主义的批判，变革近代以来的主体性观念；另一方面必须变革使人的现实劳动抽象化的社会关系，超越资本逻辑主导一切的资本主义生产体系。正是在此意义上，马克思说道："对实践的唯物主义者即共产主义者来说，全部问题都在于使现存世界革命化，实际地反对并改变现存的事物。"② 因此，无产阶级要求否定和扬弃私有制就具有了原则性高度和人类历史的意义。这即是说，只有通过对私有财产的积极扬弃，才能最终破除抽象对人的统治，进而实现对人的"类本质"的真正占有，生成个性化主体，即实现每个人的自由解放与全面发展。由此可见，"类主体"观念所表达的对人的全新理解，还原了现实的人的真实形象，并引导着真正的人的复归。马克思从其出发，对"我思主体"的批判因此也就达

---

① 吴晓明：《论马克思对现代性的双重批判》，载《学术月刊》2006年第2期，第49页。
② 《马克思恩格斯文集》第1卷，人民出版社2009年版，第527页。

到了革命性的高度。上述分析充分展现了"类主体"观念的人文解放旨趣，也进一步澄清和彰显了马克思所实现的主体性观念变革的理论意义和实践价值。

通过以上讨论我们可以看到，面对近代主体性哲学的理论难题，马克思从实践观点及其思维方式出发，从根本上反思和批判了"我思主体"这一传统的主体性原则；并提出了"类主体"的概念，以此来赋予"主体性"原则以全新的内涵和意义，从而在根本上推动了主体性观念的重大变革；这一哲学观念的变革因其深刻而巨大的理论意义和实践价值，开启了一种新的气候和新的时代，在此意义上可以说，马克思实现了真正的哲学革命。

第三章 马克思哲学的辩证法理论及其当代性

辩证法是马克思哲学的理论基础和重要组成部分。围绕着辩证法理论，我曾发表了系列成果，从不同方面对马克思哲学辩证法理论进行了探讨。在此，我们同样不准备对它进行面面俱到的考察，而只是围绕马克思哲学辩证法理论研究中带有关键性的若干环节和方面，着眼于马克思哲学辩证法的进一步推进和发展，进行一专门探讨。

第一节 马克思辩证法的实践理性转向

一、从理论理性的辩证法到实践理性的辩证法

马克思哲学辩证法的辩证法思想史上的重要贡献之一在于它真正实现了辩证法从理论理性向实践理性的转向。超越理论理性层面的辩证法理解模式，把辩证法把握为奠基于社会生活的"实践理性"，这是马克思哲学辩证法的突出特点。正因为此，马克思哲学辩证法才实现了与现实社会生活的内在结合，并成为内在于生活实践并推动生活实践的思想力量。

这里所谓"理论理性"，又可称"思辨理性"，是指区别于实践理性的、

以认识世界总体和终极存在等形而上学对象为目标的理性，按照康德的说法，就是试图"不依靠经验而独立去求得一切知识"①的理性。它具有两个基本特点，第一，它是一种以理论认识和思维能力为中心的理性；第二，它认为理论认识具有把握世界总体和终极存在的无限力量，在此意义上，康德又把理论理性称为"原理的能力"②，即能够获得最具普遍性和最高解释力的知识的能力。

在哲学史上，辩证法长期以来一直在上述理论理性层次上获得自身的主题和内涵。柏拉图被认为是辩证法的真正创立者，黑格尔说道："在古代，柏拉图被称为辩证法的发明者。就其指在柏拉图哲学中，辩证法第一次以自由的科学的形式，亦即以客观的形式出现而言，这话的确是对的。"③柏拉图的辩证法有两个突出特点，第一，在他那里，辩证法与存在论，即其"理念论"是内在地结合在一起的，辩证法所要做的乃是"不用眼睛和其它的感官，跟随着真理达到纯实在本身"④，这就是说，辩证法在实质上就是关于"存在本身"的科学。其次，辩证法是与人的理性认识能力相对应的领域。柏拉图把人的认识能力从低向高区分为"想象"、"信念"、"理智"与"理性"四个层次，四者之中只有理性才完全以"存在本身"为目标，这是"逻各斯本身凭着辩证的力量而达到的那种知识"⑤，因此，"理性"的领域就是辩证法所特有的领域，它完全超越了感性世界而以超感性的理念世界为皈依，正如黑格尔所指出的那样："柏拉图的研究完全集中在纯粹思想里，对纯粹思想本身的考察他就叫辩证法。"⑥黑格尔被公认为传统辩证法的集大成者，他这样规定辩证法："思维自身的本性即是辩证法"⑦，"辩证法是现实世界中一切运动、一切生命、一切事业的推动原则"⑧。这清楚地告诉我们：他的概念辩证法所要解决的在

---

① ［德］康德：《〈纯粹理性批判〉解义》，韦卓民译，邓晓芒校订，华中师范大学出版社2000年版，第6页。
② ［德］康德：《〈纯粹理性批判〉解义》，韦卓民译，邓晓芒校订，华中师范大学出版社2000年版，第319页。
③ ［德］黑格尔：《小逻辑》，贺麟译，商务印书馆1987年版，第178页。
④ ［德］黑格尔：《小逻辑》，贺麟译，商务印书馆1987年版，第306页。
⑤ ［古希腊］柏拉图：《理想国》，郭斌和、张竹明译，商务印书馆1994年版，第270页。
⑥ ［德］黑格尔：《哲学史讲演录》第2卷，贺麟、王太庆译，商务印书馆1983年版，第204页。
⑦ ［德］黑格尔：《小逻辑》，贺麟译，商务印书馆1987年版，第81页。
⑧ ［德］黑格尔：《小逻辑》，贺麟译，商务印书馆1987年版，第177页。

根本上是"存在论"或"本体论"的问题①,在他这里,所谓"思想"不是康德意义上的主观思想,而是"思维与存在相统一"的"客观思想",是作为一切感官对象内在本质的"客观理性","思想的真正客观性应该是:思想不仅是我们的思想,同时又是事物的自身,或对象性的东西的本质"②。黑格尔把"本体"即"客观精神""主体化",赋予了其能动发展的本质,因此,世界本体是一个"客观理性"和"客观思想"不断分化和综合、不断自我矛盾和自我否定的"精神活动性",因此,合理的"本体"观念只能是"辩证"的,辩证法就是合理的本体观念的展开,"本体"构成了辩证法的"体",辩证法构成本体的"用",二者须臾不可分离。可以清楚地看到,无论柏拉图还是黑格尔,都把辩证法视为运用哲学的理论思维把握世界的"最终实在"的学说,都体现着把理论理性绝对化和无限化的立场。

辩证法把理论理性绝对化与神圣化,是为了以一种理论的方式解决"有限的知性思维"规定与"无限的终极实在"之间这一哲学的重大矛盾。黑格尔明确指出,辩证法的对象是"自由、精神与上帝"③,是"大全",如"灵魂、世界、上帝,它们本身属于理性的理念,属于具体共相的思维范围的对象"④,对于这一无限的终极实在,传统知性形而上学试图用有限的、孤立的思维规定去认识和把握,其特点"在于以抽象的有限的知性规定去把握理性的对象,并将抽象的同一性认作最高原则"⑤,其结果必然陷入两极对立、非此即彼的独断论。因此,"有限"的知性思想规定与"无限"的形而上学实体之间存在着一种深层的矛盾。为了解决这一矛盾,黑格尔试图通过赋予"理性"以无条件的能动性与自由性,来超越和否定"有限知性规定",以通达"无限"的"绝对"和"大全"。理性既包含知性,同时又超越知性,既包括有限,同时又超越有限,因而它是"有限"与"无限"的内在统一,各个环节的必然性与全体的自由性、有限的知性规定与无限的实体⑥的矛盾,在其中

---

① 对此的详细讨论,参见贺来:《辩证法的生存论基础》,中国人民大学出版社2004年版,第二部分。
② [德]黑格尔:《小逻辑》,贺麟译,商务印书馆1987年版,第120页。
③ [德]黑格尔:《小逻辑》,贺麟译,商务印书馆1987年版,第47页。
④ [德]黑格尔:《小逻辑》,贺麟译,商务印书馆1987年版,第99页。
⑤ [德]黑格尔:《小逻辑》,贺麟译,商务印书馆1987年版,第109页。
⑥ [德]黑格尔:《小逻辑》,贺麟译,商务印书馆1987年版,第56页。

实现了辩证的和解。辩证法作为理性的自我意识，由此成为"关于理念或绝对的科学"。

这种对辩证法的理解所遇到的根本挑战就在于，它赖以成立的基本前提，即对理论理性的无限性信念是否具有充分的根据？在马克思之前，康德就曾通过"理性批判"，获得了这样的洞见：试图通过理论理性去获得关于存在本身的普遍性原理，实质上是把"有限"当成了"无限"，其结果必然导致"先验幻象"和自相矛盾。在此意义上，康德把理论理性意义上的辩证法称为"幻象的逻辑"，认为要避免这种"幻象的逻辑"，就必须通过对纯粹理论理性的批判，自觉意识**到其限度与范围**，防止其僭越，并承认实践理性相对于理论理性的优先地位，**自觉意识**到"自在之物"不应是理论理性的对象，而是实践理性的对象。

但康德所说的实践主要局限于"道德实践"，因此他虽然强调实践理性优先于理论理性，但并没有真正能够实现从理论哲学向实践哲学的转向。在马克思看来，实践不仅是一个道德活动，它在根本上是人的一种本源性的存在与活动方式：从人与世界的关系角度看，实践活动作为人对象性的感性活动，体现和构成了人与世界本体性的原初关系，拥有着优先于人与世界的抽象认知关系的基础性地位；从"世界"之为"世界"的角度看，实践作为人"本源性"的生命存在和活动方式，构成了人生存于其中的本源性的现实生活世界的"奥秘"和深层根据；从"人的存在"角度看，实践作为人"本源性"的生命存在和活动方式，意指它是人所"特有"的生存方式，它表明人是世间唯一感性的、对象性的存在物，人是感性地和实践性地确证和展现自身的存在过程的，这是人的生命存在区别于动物最本源性的分界点，因而也构成了人之为人的"奥秘"和深层根据。①

这即是说，相对于生活实践，一切理论都是有限和相对的，生活实践具有更为本源和基本的地位。只有生活实践才是无限的和总体性的，它对于理论理性具有奠基性的基础地位，任何有限的理论都不能以这一"无限总体"为对象，达到对它的终极的把握，如果企图从有限的理论出发，以生活实践这一

---

① 对此的详细讨论，参见贺来：《辩证法的生存论基础》，中国人民大学出版社2004年版，第二部分。

"无限的总体"为认识对象,去实现对它的"总体性"规定,那么,就必然产生康德所批判的"先验幻象"和自相矛盾。在此意义上,传统辩证法理论对理论理性无限性的信念在根本上是无根和虚幻的。

马克思的实践观点充分表明:任何理论,包括辩证法理论在内,都无法凌驾于生活实践之上去获得关于"绝对"和"存在本身"的最高知识。即使像黑格尔辩证法那样通过揭示一切知性概念的内在矛盾、通过概念的内在矛盾来推动概念的自我超越,最终达到"绝对"的努力,由于它所采取的终究是一种"理论逻辑"的方式,因而不可避免地仍是一种"有限"的立场。因此,"有限"的辩证法"理论"是无法获得关于"绝对"的终极知识的,"终极实在"或"绝对实体"不是任何一种理论,包括辩证法理论的对象。这是理论理性层面的辩证法不可克服的内在困境。

二、超越"个人主观性视角的有限性"与社会生活中"他人视角的无限性"之间的内在矛盾:实践理性层面的辩证法的当代意义

立足于人的生活实践,超越理论理性层面的辩证法,其根本目的是为了使辩证法从抽象的思辨王国回到现实的生活世界,使辩证法成为内在于现实生活的实践理性。如前所述,理论理性层面的辩证法所要解决的是"有限的知性规定"与"无限的终极实体"之间的矛盾,立足于现代社会生活实践,这一矛盾转化为个人"主观性视角的有限性"与社会生活"他人视角无限性"之间的矛盾。对此矛盾的解决,为辩证法克服理论理性层面辩证法的抽象性和虚幻性,实现从理论理性向实践理性的转向提供了重要的生长点和问题意识。

个人"主观性视角的有限性"与社会生活"他人视角无限性"之间的矛盾,根源于现代社会生活实践的根本特点。这一根本特点,罗尔斯曾用"理性多元论的事实"来予以概括,他认为,现代社会具有首要意义的一个"第一个事实"是:"在现代民主社会里发现的合乎理性的完备性宗教学说、哲学学说和道德学说的多样性,不是一种可以很快消失的纯历史状态,它是民主社

会公共文化的一个永久特征。在得到自由制度的基本权利和自由之保障的政治条件和社会条件下，如果还没有获得这种多样性的话，也将会产生各种相互冲突、互不和谐的——而更多的又是合乎理性的——完备性学说的多样性，并将长期存在。"①

"理性多元论"事实表明，区别于同质性和未分化的传统社会，现代社会是一个高度分化和异质性的社会，个人主体性获得了前所未有的独立，每个人不再服从于高高在上的抽象权威，而是都拥有其各自关于道德、宗教、哲学等的认识与信念、拥有不同的关于人性、关于生活意义等的领会与理解，它们代表着个人的"主观性视角"，构成个人主体行为和生活的内在根据，这种多样性是不能还原为某种统一性、普遍性的终极原则与权威的。另一方面，相对于整个由不同的个人组成的社会生活，每一个体所拥有的理解与信念又是"有限"和"相对"的，在每一个人之外，还有无数的他人同样拥有其关于道德、宗教和哲学的、关于人性、关于生活意义等的认识和理解，因此，任何一种主观性视角都不应凌驾于其他无限的主观性视角之上，充当统一和规范后者的、只有"神的视角"才可以做到的终极视角。

"理性多元论"事实彰显出现代社会生活中一个十分尖锐和深刻的矛盾：在个人"主观性视角"多样性和异质性成为现实社会一个基本事实的前提下，社会生活的统一性将如何可能？如何处理有个人视角与社会生活中他人视角之间的关系、超越个人与他人的矛盾，实现社会生活的统一性？

检点历史与现实，我们可以看到，面对这一矛盾，人们通常求助于两种解决方式。第一，从个人主观性视角出发，来寻求二者的统一。第二，从某种普遍性的形而上学实体和原则出发，以一种"理性一元论"的方式来寻求二者的统一。

从个人主观性视角出发，也就是要把个人主体实体化，以之为绝对根据来寻求个人主观性视角与社会生活他人视角之间的统一。按照这种思路，个人主观性视角具有第一性的、最高的地位，它能容纳和统一其他无限的视角，在此意义上，"个人主观性"不仅具有"个性"，而且具有"普遍性"，它既为

---

① [美]约翰·罗尔斯：《政治自由主义》，万俊人译，译林出版社2000年版，第37页。

"个体"立法,而且为"所有的个体"提供普遍立法原理。近代以来的"主体性哲学"或"主体形而上学"正是这种立场的代表。

然而,正如黑格尔和许多现当代哲学家们都已经深刻地指出的那样,个人主观性视角所遵循的是对象化的"知性逻辑",在其支配之下,它对社会生活中其他视角的"统一",必然带来一种普遍性的强制。对象化的"知性逻辑"是一种"主客二元对立"的逻辑,把自我确立为主体,总是与把自我之外的他者规定为"客体"不可分割地关联在一起的。这必然使得他人成为"我"的"他者",人与人之间的关系成为一种互为对象性关系,因此不可能真正建立一种有限的主观性视角与他人视角之间的内在统一性。因此,以个人主观性视角为根据,来寻求上述矛盾的统一,实质上是把"有限"当"无限",把"个体"当"普遍",其结果导致了"主体性的暴政",因而是不可能解决个人"主观性视角的有限性"与社会生活"视角无限性"之间的矛盾的。

以某种普遍性的形而上学原理为根据,来克服个体"主观性视角的有限性"与社会生活"他人视角的无限性"之间的矛盾。这是一种试图从"神的视角"出发的、以"理性一元论"为深层理论信念的思路,它认为,只要发现存在于多样性和异质性后面起着支配作用的终极实体,单一个人的"片面性"将会被超越,充满差异性的个人将克服其"主观性",与他人融为一体,从而实现社会生活的统一性。它相信,在关于社会生活的"终极语汇"中,可以"区分核心的、共有的、义务的部分与边缘的、个性的、随意的部分",前者代表着每个个人共享的"最小的公分母"——一个对公共目的和私人目的、对自我定义和对人与人的关系都适合的描述",它反映了"她和其他人类所共有的东西,是团结的基础"①。柏拉图把社会生活的统一性建立在"至善理念"的基础之上,中世纪经院哲学把社会生活的统一性建立在"永恒神性"的基础之上,黑格尔把社会生活的统一性建立在绝对精神及其运动的基础之上,共同的特点均在于把社会生活的统一性根据归结于非历史的形而上学原理,认为这一形而上学原理将克服个人主观性的离散性,把不同的人们紧紧地"粘连"一起,从而保证社会生活的统一性。

---

① [美]罗蒂:《偶然性、团结与反讽》,徐文瑞译,商务印书馆2003年版,第130—131页。

然而，现当代哲学的成果以及人类实践证明，以形而上学的非历史的普遍性的原理来寻求上述矛盾的克服并为社会生活提供统一性基础，这是一种典型的从先验原则来规定现实生活的思维方式和理论逻辑，无论是"至善的理念"、"永恒的神性"，还是"绝对的精神"，构成其内核的是一种"同一性思维"，它追求的是一个绝对同一，能统摄一切"差异"于"同一"中，统摄将来与过去于现在的永恒中的普遍性的"绝对统一体"，其结果必然导致对异质性和差异性的忽视，个人主观性的维度因此被抹杀。而且，个人主观性的抹杀，意味着个人独立性与主体性被否定，由此造成的另一后果是独立个人之间的自由交流与交往将成为不可能，现实的社会生活将因此而成为不可能，罗蒂曾指出，以形而上学的普遍原理来为社会生活提供统一性基础，其中心假设是，我们必须尽可能长久地跨出我们的社会局限，以便根据某种超越它的东西来考察它，这也就是说，"这个超越物是我们社会与每一个其他的实在的和可能的人类社会所共同具有的"①，这种观点认为："哲学思想的全部意旨就是使自身与任何特殊社会脱离，并根据一种更普遍的观点去看轻社会的存在"②，很显然，这在根本上是一种否定社会生活的哲学观念。

不难看出，上述这两种对个人主观性视角与社会生活中他人视角矛盾的解决方式，虽然表面上各执一端，但在深层却遵循着相同的形而上学的知性逻辑，它们都试图寻找某种第一性的、最高的原则，以之为最终的基础来实现上述矛盾的和解，差别仅在于前者把个人主观性视角绝对化，后者把先验的普遍性原理绝对化。很显然，这是一种由"同一性思维"主导的独断性逻辑。在其支配之下，是不可能真正面对并解决现代社会"理性多元论"事实条件下个人"主观性视角的有限性"与社会生活"他人视角的无限性"这一重大矛盾的。

要解决这一矛盾，需要一种辩证的智慧。在对这一重大矛盾的独特理解和解决中，辩证法凸显出自身作为实践理性的思想品格。

个人"主观性视角的有限性"与社会生活"他人视角无限性"这一重大矛盾，不是抽象的思辨王国的矛盾，而是现实的社会生活，尤其是涉及人与人之间关系的矛盾。对于这一矛盾，不能从理论理性出发，以某种形而上学的第

---

① ［美］罗蒂：《哲学与自然之镜》，李幼蒸译，生活·读书·新知三联书店1987年版，第409页。
② ［美］罗蒂：《哲学与自然之镜》，李幼蒸译，生活·读书·新知三联书店1987年版，第418页。

一原理为基础寻求强制性的统一，而必须在承认"理性多元论事实"的前提下，通过"对话"、"宽容"与"相互承认"，来寻求这矛盾的克服，实现社会的团结与社会的统一性。这正构成了作为实践理性的辩证法的核心内容。

"对话"、"宽容"与"相互承认"作为辩证法的实践理性内涵在辩证法的本源涵义中实际上已经蕴含。考察词源，"辩证法"来源于形容词"dialektikos"阴性的名词化，而"dialektikos"又来源于动词"dialegomai"或"dialego"，词根 lego 有两层含义：一为"摘取"、"挑选"，二为"谈论"、"言说"，"dia"为介词，常作前缀与不同的词组合，意为"通过"、"来自"、"达到目的"，由"dia"和"lego"组成的"dialego"和"dialegomai"基本意思便是"相互谈论"、"有条理地说话的能力"，稍加转义便变成一般性的"对话"或"讨论"，由此辩证法就成为一种通过对话和辩论而达成论证的方式①。辩证法的这一内涵是与古希腊社会的城邦制度内在关联在一起的。在古希腊城邦中，直接参与和决定城邦的公共事务，是公民生活的重要内容，而参与与决定公共事务的最重要的方式就是公民大会，在公民大会上，通过公开的讨论、争论和辩论来说服听众，构成城邦政治最主要的内容与途径，辩证法的源始意义正来源于此。可见，辩证法在其本源处彰显出两个基本特点，第一，它代表着一种在社会公共生活中，通过开放和自由的对话和论辩，来寻求实现社会生活的团结与统一的鲜明意向。第二，它体现着人们之间相互宽容与相互承认的实践品格。自由的"论辩"和"对话"，意味着各种彼此对立、相互矛盾的不同观点之间的充分碰撞和交流，相互宽容与相互承认是辩证法本源之义。

但正如前面所论述的，在长期发展中，辩证法一直按照理论理性的思路被理解，它本源处所蕴含着的上述"对话"、"宽容"与"相互承认"内涵被深深地掩蔽起来。

现代社会"理性多元论"的基本事实为辩证法抛弃理论理性层面辩证法的独断性和抽象性、为其所蕴含的"对话"、"宽容"和"相互承认"向度得以充分的展开提供了现实生活基础。"对话"、"宽容"与"相互承认"既是现代社会在"理性多元论"背景下实现社会团结和社会统一性的根本途径，同

---

① 参见徐开来：《古希腊辩证法新论》，载《四川大学学报》丛刊第37辑。

时也是作为实践理性的辩证法的核心内涵。

以现代社会生活实践为背景,在当代哲学中,辩证法的上述实践理性内涵得到了充分的阐释与体现。许多现当代哲学家充分利用"语言学转向"的成果,在实践理性的层面上,通过对个人"主观视角的有限性"与社会生活"他人视角无限性"矛盾的解决,促成了当代哲学在理解社会生活统一性问题上的一种"集体性"的转向:那就是通过对话、宽容与相互承认,加强人与人之间的自由联合、促进人们之间的团结,通过鼓励对话与倾听、以理性说服而非暴力的方式来解决社会生活中个人视角与他人视角之间矛盾,以达成人们之间"视角的融合"并实现社会生活的统一性。阿伦特、伽达默尔、哈贝马斯、霍耐特、阿佩尔、罗蒂等人虽然在具体观点上有着重大分歧,但正如伯恩斯坦中肯地指出的:这些人都"关心地向我们说明了什么对人类系统是至关重要的,并说明了对话、交流、询问、联合和共同体的概念"①。例如,哈贝马斯认为,在"多元声音"寻求"理性同一性"这是当代哲学所面临的最为重大主题之一,对于这一矛盾,既不能采取"同一性绝对凌驾于多元性"的独断方式,也不能采取"多元性绝对凌驾于同一性"的激进策略,而必须通过"主体间"的"相互交往"来实现,在交往和商谈过程中,所有相关者都必须"超越第一人称单数的提问视角",摆脱"个人主体性"独白意志,采取所有他者的视野,向他人的视角保持开放,同时在此过程中,每一个人的视角和观点都应得到平等的承认和尊重。正是这种既保持每个成员的个性,同时又与他人的开放性关系中,差异性与同一性,个人的视角与他人的视角内在地统一在一起。通过"对话"、"宽容"和"互为主体性"的"相互承认",推动交往共同体内的联合,从而增进人们的"团结",这是现代社会"理性多元"条件下克服个人视角与他人视角矛盾、实现社会统一性的根本路径。

当代哲学家们的上述重要成果,阐发了辩证法本来就蕴含但长期被窒息的"对话"、"宽容"与"相互承认"向度,成为了在现代社会理性多元背景下重建生活世界理性的辩证思想智慧。在此方面,马克思哲学虽然许多方面与之有着重大差别,但在实践理性的层面上理解和阐释辩证法方面,他与上述当代哲

---

① [美] 理查德丁·伯恩斯坦:《超越客观主义与相对主义》,郭小平译,光明日报出版社1992年版,第257—258页。

学家们有着深刻的一致性。作为一个对现代社会有着深入反思和批判的思想家,马克思深刻地看到了现代社会人与人之间所存在的深刻分裂。在马克思看来,这种分裂,不能通过理论哲学的方式,而只有通过对人的实践活动的理解并通过实践活动才能获得切实的理解和克服:"社会生活本质上是实践的。凡是把理论导致神秘主义方面去的神秘东西,都能在人的实践中以及对这个实践的理解得到合理的解决"①,这意味着,这种分裂必须通过对实践活动的阐释才能揭示其本质和根源,同时这种分裂也必须通过人的实践活动来予以克服和超越。因此,以这种实践活动为基础,辩证法必然超越理论理性的立场,而成为内在于现实生活的实践理性。

首先,马克思认为,个人视角与他人视角对立的根源不能从思辨理性王国,而必须从"受到阻碍并发生分裂的实践",即人的被异化的劳动中寻求理解。人的实践活动本来是人的"自由自觉的类活动",是人本源性的自我生成、自我创造和自我实现的生存活动,但是,在私有制条件下,异化劳动使得劳动者与劳动活动对抗,使劳动与劳动产品对抗,他的劳动"不是他自己的,而是别人的;劳动不属于他;他在劳动中也不属于他自己,而是属于别人"②,"如果劳动产品不属于工人,并作为一种异己的力量同工人相对立,那么,这只能是由于产品属于工人之外的另一个人。如果工人的活动对他本身来说是一种痛苦,那么,这种活动就必然给另一个人带来享受和欢乐"③。个人视角与他人视角的对立,其深层根源正在于此。

与此内在相关,对这种分裂的超越和克服的现实途径也必须通过现实的实践的途径,对此,马克思明确说道:"理论对立本身的解决,只有通过实践的方式,只有借助于人的实践力量,才是可能的;因此,这种对立的解决决不只是认识的任务,而是一个现实生活的任务,而哲学未能解决这个任务,正因为哲学把这仅仅看作理论的任务。"④ 要克服个人视角与他人视角的分裂,不能停留于单纯理论理性的思辨之中,而必须在现实生活中克服和超越导致这种分

---

① 《马克思恩格斯选集》第1卷,人民出版社1972年版,第18页。
② 《马克思恩格斯全集》42卷,人民出版社1979年版,第94页。
③ 《马克思恩格斯全集》42卷,人民出版社1979年版,第99页。
④ 《马克思恩格斯全集》第42卷,人民出版社1979年版,第127页。

裂的社会关系，使"现存世界革命化、实际地反对和改变事物的现状"的实践活动①，把"未经无产阶级的协助就已作为社会的否定结果而体现在它身上的东西提升为社会的原则"②。

这里的"社会的原则"，集中表达了马克思对于克服个人视角与他人视角的矛盾，实现社会统一性的理解。此处的"社会"，并非"市民社会"，相反，它是指超越"市民社会"的"人类社会"或"社会化的人类"，马克思说道："旧唯物主义的立脚点是'市民'社会；新唯物主义的立脚点则是人类社会或社会化了的人类"③。"人类社会"或"社会化了的人类"，这是马克思对于超越个人与他人分裂的价值取向的表述：在"社会"状态中，"个人的社会化"与社会的"个别化"乃是同一个过程，一方面它意味着个人的自由与独立："每个人的自由发展是一切人的自由发展的条件"④，另一方面，它意味着个人与他人的统一："个人是社会存在物。因此，他的生命表现……也是社会生活的表现和确证"⑤。因此，马克思的"社会"并非社会学或政治学的价值中立的概念，而是对克服个人视角与他人视角矛盾、实现社会团结与社会统一性何以可能做出明确回答的实践理性概念。马克思说道："共产主义是对私有财产即人的自我异化的积极的扬弃，因而是通过人并且为了人而对人的本质的真正占有；因此，它是人向自身、也就是向社会的即合乎人性的人的复归，这种复归是完全的复归，是自觉实现并在以往发展的全部财富范围内实现的复归。"⑥在这里，马克思把"社会的人"与"合乎人性的人"并提，鲜明地表现出马克思"社会"概念中所蕴含的作为实践理性的规范向度。在此意义上，马克思的"社会"概念是对克服个人与他人分裂这一现代社会中心问题所提供的明确回答：在"社会"这一"自由人的联合体"中，个人"主观性的视角"与社会生活中"他人的视角"实现了内在的统一。

可以清楚地看到，马克思对于现代社会生活中个人视角与他人视角之间矛

---

① 《马克思恩格斯选集》第1卷，人民出版社1972年版，第48页。
② 《马克思恩格斯选集》第1卷，人民出版社1972年版，第15页。
③ 《马克思恩格斯选集》第1卷，人民出版社1972年版，第19页。
④ 《马克思恩格斯选集》第1卷，人民出版社1972年版，第273页。
⑤ 《马克思恩格斯全集》第42卷，人民出版社1979年版，第122—123页。
⑥ 《马克思恩格斯文集》第1卷，人民出版社2009年版，第185页。

盾的辩证解决，充分显示出他与上述当代哲学家们颇为一致的旨趣，那就是以社会生活实践为基础，超越对理论理性的迷恋，把辩证法理解为沟通个人主体有限性视角与社会生活无限的他人视角、实现社会团结与社会统一的实践理性。马克思和当代哲学对辩证法的这种阐释，为我们今天超越辩证法的传统理解模式、深化辩证法研究提供了意义深远的思想视野。

第二节 马克思辩证法理论的本体论变革意蕴

一、黑格尔以辩证法对本体论的复兴

众所周知，"本体论"是形而上学的核心内容。在"形而上学的终结""后形而上学"成为当代西方哲学诸多思潮重大主题的背景下，重思马克思哲学与形而上学的关系成为一个重大的课题，而其中，重思马克思哲学与哲学本体论的关系问题又居于核心地位。① 在此问题上，马克思哲学通过对黑格尔"辩证本体论"的吸收和改造，实现了辩证论与本体论的双重转换，这一基本

---

① 围绕着马克思辩证法理论与本体论的关系问题，以往存在着两种值得注意的代表性观点。一种观点缺少对哲学史上辩证法与形而上学本体论之间复杂关系的深入理解，把辩证法从与本体论的内在统一关系中抽取出来，把它当成某种外在的形式方法，认为它可以运用到任何对象和内容之上。这种观点很显然不可能认真对待辩证法与本体论的关系问题并予以切实的探究［这种观点及其在马克思主义哲学阐释史中的具体表现，参见吴晓明在《辩证法的本体论基础：黑格尔与马克思》（《哲学研究》2018年第10期）一文的专门考察］。另一种观点虽然强调马克思的辩证法理论与本体论二者之间不可割裂的关系，但它对这种关系的理解，深受前苏联哲学教科书观念的影响，没能彻底摆脱直观的、朴素实在论的理论局限，因而并没有真正体现马克思哲学所实现的世界观变革的思想高度和精神实质，对此，国内学界不少学者曾进行了较为深入的反思（参见白刚：《当代中国马克思主义哲学研究的四大范式》，载《教学与研究》2007年第10期；张传开：《改革开放以来辩证法研究范式的批判性反思》，载《学术研究》2014年第3期；孙正聿：《马克思主义辩证法研究》，北京师范大学出版社2017年版等有关论述）。近年来，随着《资本论》研究成为热点，一些学者试图通过对马克思政治经济学批判的哲学意义的阐发，寻求对马克思辩证法理论的本体论意蕴的理解，这无疑具有重要的意义。但要切实理解马克思辩证法理论的本体论意蕴，一个更具基础性和前提性的工作是深入哲学史，从思想根基和基本理论原则的层面，探讨马克思哲学辩证法与本体论所实现的重大转换以及通过这种双重转换所建立的辩证法与本体论的内在统一关系，对此进行反思，是本节考察的侧重点。

事实具有关键性意义。深入哲学发展史，对此进行深入分析，无论对于深化马克思的辩证法理论研究，还是对于从马克思哲学的理论视角回应形而上学及其本体论的当代命运课题，都具有十分特殊的意义。

在《神圣家族》中，马克思这样论述道："被法国启蒙运动特别是18世纪的法国唯物主义所击败的17世纪的形而上学，在德国哲学中，特别是在19世纪的德国思辨哲学中，曾经历过胜利的和富有内容的复辟。在黑格尔天才地把17世纪的形而上学同后来的一切形而上学以及德国唯心主义结合起来并建立了一个形而上学的包罗万象的王国之后，对思辨的形而上学和一切形而上学的进攻，就像在18世纪那样，又同对神学的进攻再次配合起来。"① 在此，马克思用"形而上学的胜利的富有内容的复辟"概括黑格尔哲学及其思想史定位，这是马克思极富洞察力的见解。按照人们根深蒂固的观念，辩证法与形而上学水火不容，二者代表着两种有着原则性区别的哲学立场和思想方法，可为何马克思指认黑格尔实现了"形而上学的复辟"？

要理解马克思的这一论断，就必须自觉地认识到，辩证法从来不是外在的形式方法，而总是与哲学的本体论问题内在关联在一起的哲学内涵逻辑。无论从哲学史上的演进关系还是从思想理论内容看，辩证法与形而上学并不像人们通常所理解的那么简单和截然二分，尤其在它与哲学本体论的关系上，具有十分深刻的相互纠缠和相互渗透的性质。这在黑格尔那里，得到了集中的体现。

在哲学史上，黑格尔几乎成为辩证法的代名词，但在黑格尔看来，他的辩证法理论的根本使命恰恰是为了重建形而上学本体论。在他看来，哲学可以定义为"对于事物的思维着的考察"②，而"对于事物的思维的考察"，其目的是揭示"事物的真实本性"，自觉到"事物的本质"就是"客观思想"。而一旦自觉到这一点，"逻辑学便与形而上学合流了。形而上学是研究思想所把握住的事物的科学，而思想是能够表达事物的本质性的"③，在此，"逻辑学"既是黑格尔的"形而上学本体论"，又是其辩证法的典型表达，因此，"逻辑学与形而上学的合流"，实质就是"辩证法与形而上学的合流"。

---

① 《马克思恩格斯文集》第1卷，人民出版社2009年版，第327页。
② [德] 黑格尔：《小逻辑》，贺麟译，商务印书馆1980年版，第37页。
③ [德] 黑格尔：《小逻辑》，贺麟译，商务印书馆1980年版，第79页。

黑格尔之所以强调"辩证法与形而上学的合流",源于他对于"旧形而上学"实体本体论的深刻不满。黑格尔说道:"康德以前的形而上学认为思维的规定即是事物的基本规定,并且根据这个前提,坚持**思想**可以认识一切**存在**,因而凡是思维所思的,本身就是被认识了的"①,这种形而上学本体论的首要特点就是它"认为抽象的孤立的思想概念即本身自足,可以用来表达真理而有效准",以为"用一名词概念(谓词),便可得到关于绝对的知识",然而,形而上学本体论的对象是"大全",是具有无限性的"理性的理念",以"抽象的孤立的思想概念",即"知性的规定"去把握无限丰富的形而上学本体,其结果必然陷入非此即自彼、两极对立的"独断论":"因为按照有限规定的本性,这种形而上学的思想必须于两个相反的论断中……肯定其一必真,而另一必错"②。以有限的知性思维规定把握作为形而上学对象的无限"大全",结果使得"形而上学"本体论陷入抽象实体化的独断论泥淖之中。

黑格尔高度重视康德对于旧形而上学本体论的批判成果。康德曾通过"理性批判",认为传统形而上学的根本错误在于忽视了"范畴"和"理念"的根本区别:前者不能脱离与经验的关系,而后者则要超越任何条件的约束,去捕获"无条件的绝对整体"即形而上学本体,这是有限的、条件性的知性范畴所无法企及的,旧形而上学无视知性范畴的这种有限性,试图以它把握无条件的总体,实质是把有限当无限,其结果必然产生无法克服的矛盾并陷入"先验幻象"。对此,黑格尔评价道:"康德是最早明确地提出知性和理性区别的人。他明确地指出,知性以有限的和有条件的事物为对象。他指出只是基于经验的知性知识的有限性,并称其内容为现象,这不能不说康德哲学之一重大成果"③。但黑格尔坚决反对康德对现象与物自体之所作的根本性区分以及因此导致的"主观主义"和"不可知论",康德"只理解到现象的主观意义,于现象之外去坚持着一个抽象的本质、认识所达不到的物自身。殊不知直接的对象世界之所以只能是现象,是由于它自己的本性有以使然,当我们认识了现象时,我们因而同时即认识了本质,因为本质并不存留于现象之后或现象之外,

---

① [德]黑格尔:《小逻辑》,贺麟译,商务印书馆1980年版,第95页。
② [德]黑格尔:《小逻辑》,贺麟译,商务印书馆1980年版,第101页。
③ [德]黑格尔:《小逻辑》,贺麟译,商务印书馆1980年版,第126页。

而正由于把世界降低到仅仅现象的地位,从而表现其为本质"①,康德把现象仅仅视为主观的,否认现象与实体内在统一的客观性质,因而必然在放弃理性的"无条件性"的同时,放弃形而上学本体论的可能性。

在如何对待及重建形而上学本体论问题上,黑格尔走上了与康德不同的道路。他坚持,传统形而上学本体论的内在困境,并不意味着其消亡,相反,"一个有文化的民族竟没有形而上学——就像一座庙,其他各个方面都装饰得富丽堂皇,却没有至圣的神那样"②,而要使这"至圣的神"成为可能,根本途径就在于把辩证法与形而上学内在统一起来,用辩证法改造传统形而上学的独断性和僵化性,从而实现形而上学本体论的重构。

在其著作中,黑格尔对辩证法理论性质的规定始终与形而上学本体论问题内在勾连在一起。他说道:"思维自身的本性即是辩证法"③,"辩证法是现实世界中一切运动、一切生命,一切事业的推动原则"④,"我们却不可以为只限于在哲学意识内才有辩证法或矛盾进展原则。相反,它是一种普遍存在于其他各级意识和普通经验里的法则。……辩证法在同样客观的意义上,约略相当于普通观念所谓上帝的力量"⑤,等等。这些论述清楚地显示:其辩证法所要回应和解决的不是别的,正是形而上学的核心,即"本体论"问题。在此,具有辩证本性的"思想"不是"主观思想",而是作为一切事物内在本质的"客观思想",黑格尔这样说道:"思想的真正客观性应该是:思想不仅是我们的思想,同时又是事物的自身,或对象性的东西的本质"⑥,这也就是说,"客观思想"即是世界的真实"存在"或"本体"。在此意义上,把"辩证法"理解为"客观思想"这一形而上学"本体"的本性和构成原则,也就意味着,形而上学本体不是在两极对立中寻求单极统一的知性化实体,而是"客观思想"不断自我矛盾和自我否定的辩证运动的"精神活动性"。对于精神本体的活动来说,不仅"规定就是否定",而且否定同时也是它的肯定,正是在这种

---

① [德] 黑格尔:《小逻辑》,贺麟译,商务印书馆1980年版,第276页。
② [德] 黑格尔:《逻辑学》上卷,杨一之译,商务印书馆2017年版,第2页。
③ [德] 黑格尔:《小逻辑》,贺麟译,商务印书馆1980年版,第81页。
④ [德] 黑格尔:《小逻辑》,贺麟译,商务印书馆1980年版,第177页。
⑤ [德] 黑格尔:《小逻辑》,贺麟译,商务印书馆1980年版,第179页。
⑥ [德] 黑格尔:《小逻辑》,贺麟译,商务印书馆1980年版,第120页。

肯定和否定的内在统一中,"客观思想"作为形而上学本体才构成为世界的逻辑在先性基础。一言以蔽之,合理的"本体"观念不是知性实体化的,而应该是"辩证"的,辩证法就是合理的本体论形态,或者说,合理的本体论形态就是辩证法,二者乃是一而二、二而一的有机统一体。

对辩证法理论性质的上述理解说明,通过对形而上学本体的"辩证改造"和"辩证重构",使它在与辩证法的内在统一中重获思想生命,构成黑格尔辩证法基本的"问题意识"。与传统形而上学对本体的独断式理解相比,这种"辩证法化"了的形而上学本体将呈现出如下新的理论特质。

首先,形而上学本体将不再是僵死的抽象实体,而是一个内在超越、自我否定和自我创造的能动性的精神活动性。具有辩证本性的"本体"即"客观精神"既是"实体",同时又是创造性的"主体",因而它不是"现成的存在者",而是一个能动的生成过程。就像马克思所概括的:他"把实体了解为主体,了解为内在的过程,了解为绝对的人格,这种了解方式是黑格尔方法的基本特征"①,就此而言,这种"辩证法化"了的"本体"克服以往形而上学本体的凝固性和僵化性而具有内在生命创造力的生成本性。

其次,形而上学本体将不再是抽象的同一性和普遍性实体,而是一个由矛盾精神所主宰的、在彼此对立规定的否定性统一中所形成的"具体普遍性"。在黑格尔看来,"实体"作为"主体",它是"单一的东西分裂为二的过程或树立对立面的双重化过程,而这种过程则又是这种漠不相干的区别及其对立的否定"②,精神本体自身设立对立面,意味着它没有停留于"A = A"的抽象同一性,而是"按本性说是对抗的、包含着矛盾的过程,一个极端向它的反面的转化,最后,作为整个过程的核心的否定的否定"③,"自相矛盾"的不同环节的相互依存、相互渗透和相互转化,构成了"本体"的存在本性。因此,"辩证法化"的本体不再是把某一孤立环节绝对化并把它与其他环节知性对立起来的抽象同一性,而是由丰富的、多样性环节在矛盾关系和否定性运动中所

---

① 《马克思恩格斯文集》第 1 卷,人民出版社 2009 年版,第 280 页。
② [德]黑格尔:《精神现象学》上卷,贺麟、王玖兴译,商务印书馆,1996 年版,第 11 页。
③ 《马克思恩格斯文集》第 9 卷,人民出版社 2009 年版,第 148 页。

形成的辩证整体，即是"有差别的规定的统一"①。

第三，与上述二者内在相关，形而上学本体也不再是高居于历史之上的超历史的普遍原则，而是一个在历史中生成和实现自身的发展过程。在黑格尔看来，形而上学本体作为在"自我矛盾"和"自我否定"中生成和发展的精神活动性，意味着"本体"具有"自由"本性，但"本体"的"自由"本性只有在"历史的必然性"中才能得到彰显和实现，"概念的运动就是发展，通过发展，只有潜伏在它本身中的东西才能得到发挥和实现"②，"真理就是全体。全体的自由性，与各个环节的必然性，只有通过对各环节加以区别和规定才有可能"③，正是在各环节的历史展开中，"本体"的自由本性才得以不断深入地显现和实现。在此意义上，可以说，形而上学本体的矛盾原则和否定原则在深层所体现的是自由原则，同时也是历史性原则。

毫无疑问，黑格尔对形而上学"本体"的上述理解是本体论观念的一场重大变革。如前所述，传统形而上学实体本体论把"本体"理解为抽象的、僵化、一元性、绝对化的不变实体，但通过黑格尔辩证法的改造，本体从凝固的"现成存在者"转变为生成性和创造性的精神活动性，从抽象的同一性实体转换为在自我矛盾和否定中由丰富环节构成的"具体普遍性"，从超历史的"永恒实体"转换为在历史中构成和展现自身的发展过程。可以说，黑格尔建构了一种区别于传统形而上学本体论的新型的形而上学本体论，我们可以称之为"辩证本体论"。对于黑格尔辩证法所实现的这种本体论转换，哈贝马斯的评价颇为中肯："他（指黑格尔——引者注）最终革新了形而上学的同一性思想……把普遍同一性概念真正付诸实现"④，而这种"普遍同一性概念"之所以能得以实现，一是因为黑格尔"把'一'理解为绝对主体，并且因此而把自律的主体性概念和形而上学的思维方式联系起来"，二是因为他把"历史当作是调和'一'和'多'、无限和有限的中介"⑤。伽达默尔同样认为，黑格尔的辩证法的真正贡献在于通过思想的辩证运动来消解和融化自希腊以来的实

---

① ［德］黑格尔：《小逻辑》，贺麟译，商务印书馆1980年版，第183页。
② ［德］黑格尔：《小逻辑》，贺麟译，商务印书馆1980年版，第329页。
③ ［德］黑格尔：《小逻辑》，贺麟译，商务印书馆1980年版，第15页。
④ ［德］哈贝马斯：《后形而上学思想》，曹卫东、付德根译，译林出版社2001年版，第151页。
⑤ ［德］哈贝马斯：《后形而上学思想》，曹卫东、付德根译，译林出版社2001年版，第151页。

体本体论及其概念方式①:"黑格尔辩证法的意思就是直接通过矛盾的尖锐化跨进到矛盾统一的更高真理的过程。精神的力量就在于综合和中介一切矛盾"②。以辩证法来"革新传统形而上学的同一性思想",通过"中介思维的对立"和"扬弃现实的一切对立",实现对于"本体"的变革性理解,这正是黑格尔辩证法所欲完成的重大任务。

通过以上分析可以清楚看出,脱离形而上学本体论的重建这一主题,黑格尔的辩证法将无法得到正确的理解,在他那里,对辩证法权威的重振与其对形而上学本体论的重建是一体之两面,一方面,他的精神辩证法即是其形而上学本体论,另一方面,他的形而上学本体论即是其精神辩证法,或者说,就是以客观精神为载体的"辩证本体论"。

二、马克思对黑格尔"辩证本体论"的批判性反思

对黑格尔的"辩证本体论"的深入反思,是贯穿在马克思整个思想发展过程中的重大主题之一。黑格尔的"辩证本体论"无疑是马克思辩证法和本体论思想的重要理论背景。在马克思看来,黑格尔"辩证本体论"所悬设的"本体"并没有真正克服传统形而上学本体论的内在缺陷,相反,它与传统形而上学一样,都执着于一个"逻辑在先"的超感性的理念世界,意味着它在根本上仍从属于传统形而上学的理论范式,这决定了它对形而上学本体论的拯救和重建必然陷入自我挫败。

在对黑格尔"辩证本体论"的澄清、反思和批判过程中,马克思的追问直指这样一个前提性的问题:黑格尔的"辩证本体论"是否如其所自认的那样,彻底克服和超越了传统形而上学本体论所代表的理论范式?对此问题的不断深入反思,贯穿在马克思不同时期的著述之中。例如,《黑格尔法哲学批判》中,马克思深入反省了黑格尔国家哲学的本体论基础,得出了这样的结

---

① [德]伽达默尔:《摧毁与解构》,载《哲学译丛》1991年第5期。
② [德]伽达默尔:《黑格尔与海德格尔》,载《哲学译丛》1991年第5期。

论：在黑格尔那里，"具有哲学意义的不是事物本身的逻辑，而是逻辑本身的事物，不是用逻辑来论证国家，而是用国家来论证逻辑"①，所谓从"逻辑本身的事物"而非"事物本身的逻辑"出发，所体现的正是黑格尔把逻辑理念世界视为"本体"并把"事物本身的逻辑"贬为"现象"的传统形而上学本体论思维范式，马克思把它概括为"逻辑的泛神论的神秘主义"②。再如，在《1844年经济学哲学手稿》中，马克思在"黑格尔哲学与整个哲学的批判"一节，明确地把对黑格尔辩证法的批判与对"整个哲学"即全部传统形而上学的批判并列，清晰地表达了这样的认识：黑格尔"辩证本体论"的症结即是传统形而上学的症结。马克思肯定费尔巴哈关于黑格尔辩证法是"从实体出发，从绝对的和不变的抽象出发，就是说，说得更通俗些，他从宗教和神学出发"③的论断，指出，"黑格尔的《哲学全书》以逻辑学，以纯粹的思想开始，而以绝对知识，以自我意识的、理解自身的哲学的或绝对的即超人的抽象精神结束，所以整整一部《哲学全书》不过是哲学精神的展开的本质，逻辑学是精神的货币，是人和自然界的思辨的、思想的价值"④，这表明，黑格尔的"辩证本体论"与传统形而上学本体论无异，都把超感性的逻辑理念世界把握为形而上学的"本体"。又如，在《哲学的贫困》中，马克思更深入地揭示了黑格尔辩证法所代表的思辨方法的思想本性，指出：按照这种思辨方法，"这种绝对方法到底是什么呢？是运动的抽象。运动的抽象是什么呢？是抽象形态的运动。抽象形态的运动是什么呢？是运动的纯粹逻辑公式或者纯粹理性的运动。纯粹理性的运动又是怎么回事呢？就是设定自己，自相对立，自相合成，就是把自身规定为正题、反题、合题，或者就是它自我肯定、自我否定和否定自我否定"⑤。马克思所有这些论述，都聚集于黑格尔的"辩证本体论"所蕴含的思想前提，它们表明，黑格尔的"辩证本体论"并没有真正跳出传统形而上学的"大传统"，不仅如此，它以辩证法对传统形而上学的改造，进一步巩固、完善和强化了传统形而上学以超感性的逻辑理念世界为内核的本体

---

① ［德］伽达默尔：《黑格尔与海德格尔》，载《哲学译丛》1991年第5期，第263页。
② 《马克思恩格斯文集》第1卷，人民出版社2009年版，第250页。
③ 《马克思恩格斯文集》第1卷，人民出版社2009年版，第200页。
④ 《马克思恩格斯文集》第1卷，人民出版社2009年版，第202页。
⑤ 《马克思恩格斯文集》第1卷，人民出版社2009年版，第601页。

论范式和理论原则,在此意义上,黑格尔虽然以辩证法名世,却反而成为了传统形而上学的集大成者和最大代表。

以"辩证本体论"改造并替代传统形而上学实体本体论,这本是黑格尔辩证法的初衷,然而,这一切都建立在把传统形而上学的基本信念视为"不自觉的无条件的前提"之上。这构成了黑格尔的"辩证本体论"无法超越的界限,并因此决定了其本来意在消融传统形而上学抽象实体论的辩证法的自我否定、自我矛盾和历史性等理论原则最终不可避免地陷入自我驯服。

首先,黑格尔"辩证本体论"的自我否定精神最终必然被逻辑理念世界这一本体论设定所窒息。黑格尔辩证法以自我否定原则克服传统形而上学本体的僵死性和凝固性,赋予形而上学本体不断超越自身界限的"内在活动性",这无疑是对传统形而上学实体本体论的重大突破,正如马克思所说,这意味着它在"肯定的东西中看到否定的东西"、在"永恒的存在中看到暂时性的东西"的,尤其在其《精神现象学》中,辩证法"紧紧抓住人的异化不放","所以它潜在地包含着批判的一切要素,而且这些要素往往已经以远远超过黑格尔观点的方式准备好和加过工了"①。然而,逻辑理念世界这一本体论设定却使现实的人及其历史运动被还原和虚化为"思想本质",以此为根据,所谓"否定"并不是对束缚和奴役人的现实生活的改变和超越,而是把"观念、思想、概念"视为"人类社会的真正枷锁",因此,这种"否定"所克服的不过是现实世界的幻影,而绝不会真正触动和改变现实世界,正是在此意义上,马克思指出它对"异化"和"异化克服"的理解,本质上不过是逻辑理念的各个环节的自我运动和自我旋转,它"对于人的已成为对象而且是异己对象的本质力量的占有,首先不过是那种在意识中、在纯思维中即在抽象中实现的占有,是对这些作为思想和思想运动的对象的占有"②,因此,尽管已有一个完全否定的和批判的外表,但最终必然陷入"非批判的实证主义和同样非批判的唯心主义"的理论结局。

与此紧密相关,黑格尔"辩证本体论"的自我矛盾原则也必然因逻辑理念世界这一本体论设定而无法真正彻底贯彻。黑格尔辩证法试图以自我矛盾原

---

① 《马克思恩格斯文集》第 1 卷,人民出版社 2009 年版,第 204 页。
② 《马克思恩格斯文集》第 1 卷,人民出版社 2009 年版,第 204 页。

则克服传统形而上学本体知性化的抽象同一性,使之获得了由对立环节的内在统一所构成的丰富性和具体性,这无疑是对传统形而上学的巨大冲击,恩格斯指出,坚持"在绝对不相容的对立中思维;他们的说法是:'是就是,不是就不是;除此以外,都是鬼话"①,那么,正是黑格尔辩证法赋予精神本体"自己与自己相矛盾"并在这种"矛盾"中实现自我否定的性质,从而使"对立面的内在统一"成为精神本体的本性和基本规定。然而,就其本性而言,逻辑理念世界终究是一个超感性的普遍性王国,在面对普遍性与特殊性、同一性与异质性等矛盾中,不可避免地以前者为"真理"而牺牲后者,这决定了精神的矛盾运动的最终归宿是矛盾的统一和终结。辩证法的"自我矛盾"原则无法避免被"绝对精神"所消溶的命运:"绝对精神"之为"绝对",就在于它能够消解和超越一切"对立",从而达到无矛盾的"无对",对此,伽达默尔说道:"按照黑格尔的看法,意识的经验运动必然导致一种不再有任何他物或异己物存在于自身之外的自我认识。对于他来说,经验的完成就是'科学',即自身在知识中的确实性。因此他用以思考经验的标准,就是自我认识的标准。这样,经验的辩证法必须以克服一切经验为告终"②,而随着"一切经验的告终","矛盾"最后走向了"同一","矛盾"消失和被瓦解了。

最后,黑格尔"辩证本体论"的历史性原则也必然因逻辑理念世界的本体论设定而走向终结。马克思充分肯定,黑格尔辩证法试图以历史性原则克服传统形而上学实体本体论的非历史性,这使得其拥有后者不可比拟的历史感,这集中体现在它以"精神劳动"为根据,"把人的自我产生看做一个过程,把对象性的人、现实的因而是真正的人理解为人自己的劳动的结果"③,这是对人的历史性存在及其发展的深刻理解,就此而言,黑格尔的"辩证本体论"是对传统形而上学本体论的重大超越。但是,以逻辑理念世界为本体论基础,辩证法所理解的"历史"本质是逻辑理念的各个环节的自我运动和自我发展,在其中,"起点"和"终点"形成了一个首尾相接的逻辑圆圈,恩格斯对此概括道:"在《逻辑学》中,他可以再把这个终点作为起点,因为在这里,终点

---

① 《马克思恩格斯文集》第9卷,人民出版社2009年版,第24页。
② [德] 伽达默尔:《真理与方法》,洪汉鼎译,上海译文出版社1992年版,第456页。
③ 《马克思恩格斯文集》第1卷,人民出版社2009年版,第205页。

即绝对观念——它所以是绝对的,只是因为他关于这个观念绝对说不出什么来——'外化'也就是转化为自然界,然后在精神中,即在思维中和在历史中,再返回到自身。但是,要在全部哲学的终点上这样返回到起点,只有一条路可走,这就是把历史的终点设想成人类达到对这个绝对观念的认识,并宣布对绝对观念的这种认识已经在黑格尔的哲学中达到了"①,这使其产生了一种"克服一切矛盾的需要。但是,一旦一切矛盾都一下子永远消除了,那么就达到了所谓绝对真理,世界历史就完结了"②。在逻辑理念世界的"独立王国"中,辩证法的历史原则最终窒息了自身。

通过上述反思和批判,马克思获得了这样的理论自觉:只有在理论前提处超越缠绕着黑格尔辩证法的传统形而上学幽灵,重新理解辩证法的本体论根基,寻求"辩证本体论"的新形态,"辩证法"才能在与"本体论"的内在统一中,真正实现哲学本体论的切实变革。

三、马克思对辩证本体论的重构

祛除黑格尔辩证法中的传统形而上学幽灵,消解黑格尔和哲学史上一切传统形而上学思维方式共同执着的本体论前提,从而实现对"全部形而上学的颠覆";同时,澄清和彰显辩证法的真实的本体论根基,通过重构"辩证本体论",为本体论的当代重建开辟新的思想视野,对于马克思哲学来说,这是同一理论任务内在相关的两个方面。

在马克思看来,当黑格尔把"实体"视为"主体"并因此赋予形而上学"本体"以自我矛盾、自我否定和自我运动的历史性等辩证本性时,这里的"实体"和"主体"不应是以逻辑理念为核心的绝对精神主体,而是以人的感性实践活动为根据的现实的社会历史主体。穿越层层意识形态的迷雾,发现并揭示了人的感性实践活动作为人本源性的生存方式和现实世界基础的重要地位,以此消解了全部以往形而上学赖以存在的本体论根基,即超感性的逻辑理

---

① 《马克思恩格斯文集》第4卷,人民出版社2009年版,第271页。
② 《马克思恩格斯文集》第4卷,人民出版社2009年版,第272页。

念世界作为自足、自因和基础的独立王国的幻象，并阐明了实践活动及其创造的现实世界这一真实本体的辩证性质，从而展现和建构一种新的"辩证本体论"，这是马克思哲学的重大理论突破。

在哲学史上，马克思第一次把实践观点提升为哲学的根本原则，按照这一观点，实践活动作为人创造自己的生活资料即人的对象世界，并在此同时实现人的自我生成和创造的活动，是"人生在世"最基底的活动，它构成了观念和概念活动的深层根据，由此所生成和创造的现实世界是人最本己的生活世界，它构成了逻辑理念世界的真实基础。马克思说道："从前的一切唯物主义（包括费尔巴哈的唯物主义）的主要缺点是：对对象、现实、感性，只是从客体的或者直观的形式去理解，而不是把它们当做感性的人的活动，当做实践去理解，不是从主体方面去理解。因此，和唯物主义相反，唯心主义却把能动的方面抽象地发展了，当然，唯心主义是不知道现实的、感性的活动本身的"[①]，马克思的这一经典论断既是对一切旧形而上学的批判，同时也为理解现实的"存在"奠定了全新的理论基础。

区别于黑格尔辩证法所设定的精神活动性本体，马克思所理解的实践活动是"感性对象性"与"理性能动性"这双重矛盾的否定性统一。一方面，实践活动是人的感性活动，是"现实的、肉体的、站在坚实的呈圆形的地球上呼出和吸入一切自然力的人通过自己的外化把自己现实的、对象性的本质力量设定为异己的对象"[②]的活动，另一方面，它又是人的能动的活动："人不仅仅是自然存在物，而且是人的自然存在物，就是说，是自为地存在着的存在物，因而是类存在物"[③]，"感性"和"能动"这似乎两极对立的矛盾关系在实践活动中内在地统一在一起，构成了"人生在世"最基本的存在方式，也构成对人而言的"现实世界"的真实基础。以此为根据，把"现实"当做实践活动去理解，也就意味着，对人而言的现实世界，一方面包含自然世界，自然界是人感性实践活动的对象，是人生存不可缺少的前提条件，但另一方面，人与自然的抽象同一所呈现的"纯粹自然世界"并非"现实世界"；人的"现

---

① 《马克思恩格斯文集》第 1 卷，人民出版社 2009 年版，第 499 页。
② 《马克思恩格斯文集》第 1 卷，人民出版社 2009 年版，第 209 页。
③ 《马克思恩格斯文集》第 1 卷，人民出版社 2009 年版，第 211 页。

实世界"的生成，需要通过人的实践活动，在人与自然的否定性统一关系中，把自然界转换和改造为对人具有现实性的存在。这即是说，人的现实世界，既包含"自然世界"，又包含"超自然"的人的意识、情感、意志等人的主观生命世界，脱离感性实践活动，无论是"自然世界"，还是超自然的人的意识、情感、意志等人的主观生命世界，都不具有自足自因的现实性。人的"现实世界"具有两重矛盾的本性，既不像自然世界一样，在那里，纯粹的机械必然性一统天下，也不是纯粹的人的意识、意志和情感等构成的主观世界，在那里，纯粹的应然性和理想性占据主导地位，而是矛盾双方在实践活动中所形成的否定性统一体。

以上述对实践活动这一人本源性的生存方式及其生成和创造的现实世界的自觉理解为根据，我们就可以看到，传统形而上学把逻辑理念世界视为独立王国，把它设定为形而上学的本体，实质上是把实践活动及其所生成和创造的现实世界中的某一环节抽象和割裂出来，使之变成了自足自因并具有基础性和根本性地位的绝对存在，用马克思的话说，这实质是把精神的"能动的方面抽象地发展了"，因而，传统形而上学的最为根本的迷误就在于把派生的存在当成了本体性存在，为自己虚构了一个"水晶宫"般纯净的抽象世界，从而导致了传统形而上学本体论的虚幻性和无根性，它们不懂得："无论思想或语言都不能独自组成特殊的王国，它们只是现实生活的表现"[①]。而包括费尔巴哈在内的旧唯物主义由于同样不懂得现实的、感性的实践活动本身，因而它对传统形而上学批判，只能用"客体""直观"的方式这一抽象的极端取代超感性的逻辑理念世界这另一个极端，因而它不可能真正克服传统形而上学及其本体论。只有通过实践活动及其生成的现实世界的自觉，才真正揭穿和破除了传统形而上学本体论的自足、自因的幻象。

更重要的是，马克思的实践观点揭示了实践活动及其所生成的现实世界的辩证性质，呈现和展开了一种新型的"辩证本体论"。在它看来，实践活动作为人基底的生存方式，是一种具有"辩证本性"的活动，实践活动生成和创造的"现实世界"作为人最具根源性的生活世界，是真正禀赋辩证本性的世

---

① 《马克思恩格斯全集》第3卷，人民出版社1960年版，第525页。

界。对此的自觉澄清，不仅意味着黑格尔"辩证本体论"所执着的抽象的形而上学本体被消解，更代表着一种既超越传统形而上学实体本体论，也超越黑格尔"辩证本体论"的本体论新形态的呈现和展开。

首先，人的实践活动及其生成和创造的现实世界取代了黑格尔"辩证本体论"所设定的绝对精神主体及其展开的逻辑理念世界，为辩证法的矛盾原则奠定了真正的本体论根基。如前所述，实践活动是"感性"和"能动"这矛盾两极的否定性统一的活动，由它所生成和创造的现实世界，既不是由机械必然性主宰一切的无人身的纯粹自然界，也不是抽象的精神和无人身的理性成为绝对权威的纯粹逻辑观念世界，而是自然性与超自然性、感性与理性、因果性和目的性、必然性与自由性等相互矛盾的维度和因素在感性实践活动中所实现否定性的统一体。这一点决定了要理解人的现实存在和现实世界，就必须把握这一否定性统一体的矛盾本性。黑格尔的"辩证本体论"对超感性的逻辑理念世界的执着，实质是把人的现实存在和现实世界这一由多重矛盾关系构成的否定性统一体化约和还原为单极化的精神实体，因而是对人的现实存在和现实世界的分裂和瓦解，由于这一根本缺陷，虽然它努力通过赋予精神实体以自我矛盾的性质以超越传统形而上学的抽象同一性，但其辩证法的矛盾原则最终不可避免地屈从于传统形而上学同一性原则而无法贯彻到底。与此根本不同，马克思哲学通过对人的现实存在与现实世界这一多重矛盾关系所构成的否定性统一体的自觉澄明，向人们表明：由于人的现实存在和现实世界的矛盾本性，内在地要求一种与之相适应的理论观点和解释原则，辩证法的自我矛盾原则正是适应这一要求，对人的现实存在和现实世界的自觉意识和理解，它奠基于人的现实存在和现实世界这一坚实的本体论基础，因而具有不可被还原为形而上学同一性原则的合法性根据。

同样，人的实践活动及其所生成的现实世界同样构成了辩证法的自我否定原则的本体论基础。通过实践活动，不断否定和改变现存状况，从而在自我否定中实现自我超越，这是人的现实存在和现实世界的内在本性。如果说物的"现成性"代表着一种抽象的同一性和肯定性，它封闭于自身的固有规定而只能维持抽象的自我同一性，那么，不断否定和超出自身，在生存筹划活动中面向未来敞开自我超越的空间，构成人的生存方式的特性，正是在此意义上，马克思说道:"对实践的唯物主义者即共产主义者来说,全部问题都在于使现存世界革命化,实际地反对并改变现存的事物"①,否定和克服现存事实对于人的存在发展的阻碍,从而向未来开辟自我超越和自我开放的空间,这是感性实践活动的基本旨趣。这一点体现在人的现实世界,意味着"完美的社会、完美的'国家'是只有在幻想中才能存在的东西;相反,一切依次更替的历史状态都只是人类社会由低级到高级的无穷发展进程中的暂时阶段"②,拒绝承认现存状态的绝对性和神圣性,不断否定其界限,创造更为美好的可能世界,是人的现实世界的内在追求。人的现实存在和现实世界的这一本性,决定了对它的自觉理解,必须超越抽象的凝固性和肯定性思维,寻求一种与之相适应的理论观点和思维方式。黑格尔试图赋予精神实体自我否定的辩证本性,以克服传统形而上学的知性和独断,但正如阿多诺所指出的,黑格尔对逻辑理念这一绝对精神本体的执着,决定了其辩证法旨在"通过否定达到肯定":"没有'否定之否定就是肯定'的原则,黑格尔的体系结构毫无疑问就会倒塌学"③。与此根本不同,马克思哲学通过澄清和揭示了人的现实存在和现实世界的自我否定和超越本性,为辩证法的自我否定原则奠定了坚实的本体论基础,以此为根据,"辩证法在对现存事物的肯定的理解中同时包含对现存事物的否定的理解,即对现存事物的必然灭亡的理解;辩证法对每一种既成的形式都是从不断的运动中,因而也是从它的暂时性方面去理解;辩证法不崇拜任何东西,按其本质来说,它是批判的和革命的"④,辩证法的自我否定原则得到了真正的贯彻和实现。

实践活动作为人的自相矛盾和自我否定性运动,同时意味着它是人的自我推动和创造的历史性活动,因此,人的实践活动及其生成的现实世界同样构成了辩证法历史性原则的本体论基础。以实践活动为本源性生存方式,意味着人的生存不是由某种先验的逻辑本质所规定,而是存在于面向未来的历史性展开之中,可以说,在人的实践活动中,已经内在地蕴含着人的历史性规定,对

---

① 《马克思恩格斯文集》第1卷,人民出版社2009年版,第527页。
② 《马克思恩格斯文集》第4卷,人民出版社2009年版,第270页。
③ [德]阿多诺:《否定的辩证法》,张峰译,重庆出版社1993年版,第158页。
④ 《马克思恩格斯文集》第5卷,人民出版社2009年版,第22页。

此，马克思说道："历史不过是追求着自己的目的的人的活动而已"①；实践活动的历史性同时意味着人的现实世界的历史性，正如马克思所言："历史不外是各个世代的依次交替。每一代都利用以前各代遗留下来的材料、资金和生产力；由于这个缘故，每一代一方面在完全改变了的环境下继续从事所继承的活动，另一方面又通过完全改变了的活动来变更旧的环境"②，这表明，人的现实世界既是历史发展的结果，同时又构成历史进一步发展的前提，正是在这种历史性运动中，人的现实世界得以不断丰富和发展。辩证法的历史性原则正是与此相适应而形成的对此进行自觉把握的理论观点。马克思曾这样评价黑格尔辩证法的重大贡献："黑格尔的《现象学》及其最后成果——辩证法，作为推动原则和创造原则的否定性——的伟大之处首先在于，黑格尔把人的自我产生看做一个过程，把对象化看作非对象化，看做外化和外化的扬弃，可见，他抓住了劳动的本质，把对象性的人、现实的因而是真正的人理解为人自己的劳动的结果"③，这是对黑格尔辩证法的历史性原则的褒奖，是对它以一种异在的方式所把握的人在劳动中历史性生成本性的肯定，但另一方面，马克思自觉地意识到，黑格尔执着于传统形而上学的逻辑理念世界这一本体论前提，它所理解的劳动只是"精神的劳动"，因而"它只是为历史的运动找到抽象的、逻辑的、思辨的表达，这种历史还不是作为既定的主体的人的现实历史"④。只有以人的实践活动及其生成的现实世界为本体论根据，才能克服对人的历史生成的"抽象的逻辑的表达"，使辩证法真正成为关于"现实的人及其历史发展"的自我理解学说，从而为辩证法的历史性原则确立真实的本体论根基。

以上分析充分表明，以对人的实践活动及其所生成和创造的现实世界的辩证本性的自觉澄清和理解为基础，辩证法与本体论真正实现了内在的统一：辩证法成为关于人的实践活动及其所生成和创造的现实世界这一真实本体的自觉理解理论，本体论成为关于人的实践活动及其所生成和创造的现实世界的辩证观点，二者实质是同一问题的不同表述。在这种内在统一中，一方面，马克思

---

① 《马克思恩格斯文集》第1卷，人民出版社2009年版，第295页。
② 《马克思恩格斯文集》第1卷，人民出版社2009年版，第540页。
③ 《马克思恩格斯文集》第1卷，人民出版社2009年版，第205页。
④ 《马克思恩格斯文集》第1卷，人民出版社2009年版，第201页。

哲学颠覆了传统形而上学所执着的逻辑理念世界这一抽象的本体论根据，另一方面，又在充分吸收了黑格尔"辩证本体论"合理成果的同时，以关于人的现实存在及其历史发展的"辩证本体论"取代了其关于逻辑理念及其运动的"辩证本体论"，在哲学史上实现了辩证法和本体论的双重变革。通过这一双重变革，马克思哲学开辟了一条独特的哲学本体论重构之路。我们认为，这一独特的思想道路对于在当代哲学的复杂语境中深入把握哲学本体论，乃至形而上学的当代命运，都提供了重要的思想资源，具有不可忽视的启示意义。

第三节 马克思哲学的辩证法理论与马克思理论体系的哲学维度

一、马克思的辩证法是马克思理论体系中哲学维度的集中体现

马克思辩证法是马克思的整个理论体系中最能体现其哲学维度的思想内容。众所周知，马克思的思想体系包括哲学、政治经济学和科学社会主义三大组成部分，这是人们耳熟能详的共识。这意味着，马克思哲学构成马克思思想体系中不言自明的、无需反思的重要内容和理论向度。然而，如果我们把这一问题置于马克思本人的思想发展史、马克思主义的思想发展史和现代哲学发展史进行深入反思，就可以发现，这一问题并非看起来这么自明和无需反思，恰恰相反，在历史发展过程中，马克思的思想理论体系中，究竟是否存在哲学维度，如何理解马克思理论的哲学维度，其哲学维度的本质及其内涵等，都始终是一个充满争议的重大课题。巴利巴尔在谈到讨论马克思哲学问题所遇到的挑战时说道："这里我们面临着一个新的困难。马克思的理论思想不是作为一种

第三章 马克思哲学的辩证法理论及其当代性

哲学出现,而是体现为对哲学的替代多次出现,体现为一种非哲学,甚至是一种反哲学,它也可能是近代最大的反哲学。"① "马克思是近代最大的反哲学",如何同意这种观点,那么就意味着马克思的思想体系中没有哲学的位置,不仅如此,反对和否弃哲学,构成了马克思理论体系的重要特质和思想取向。这种"反哲学"的指控给马克思哲学存在的合法性提出了严峻挑战。如果承认哲学构成了马克思思想理论体系的重要组成部分和思想维度,就必须回答:马克思理论的哲学维度究竟体现在哪里?在何种意义上,马克思的理论体系包含并体现着哲学维度?这种哲学维度的性质和内涵是什么?这也就是说,我们必须为马克思思想理论体系的哲学维度提供自觉的证明,澄清和凸显马克思理论体系中哲学维度的真实意义,这是捍卫马克思哲学存在合法性的前提性课题。对此问题,我们在前文关于马克思哲学观的章节中,曾从理论与实践的关系的角度进行了阐释和回应。在我们看来,要回答这一问题,还有另外一个重要角度,那就是对辩证法在整个马克思理论体系中的独特地位的阐发,可以说,马克思的哲学维度正体现在其辩证法理论及其所蕴含的批判性,这构成了马克思哲学的基础和核心的组成部分,这构成马克思整个理论体系中哲学维度的极为重要的证明。

之所以说辩证法构成马克思哲学的基础和核心组成部分,首先是因为,它为马克思理论体系的其他重要组成部分,即政治经济学和科学社会主义,奠定了哲学基础,才使它们得以超越以往的政治经济学学说和社会主义学说,实现了自己的变革。众所周知,政治经济学是马克思思想理论体系的重要组成部分,但马克思的政治经济学研究与前人不同,在他看来,古典政治经济学最根本的问题在于其肯定性的思维方式和价值立场,正如马克思所言:"国民经济学从私有财产的事实出发,它没有给我们说明这个事实。它把私有财产在现实中所经历的物质过程,放进一般的、抽象的公式,然后把这些公式当做规律"②,它就此而言,"国民经济学只不过表述了异化劳动的规律罢了"③,"国民经济学家把劳动和资本的原初的统一假定为资本家和工人的统一;这是一种

---

① [法]埃蒂安·巴利巴尔:《马克思的哲学》,王吉会译,中国人民大学出版社2007年版,第3页。
② 《马克思恩格斯文集》第1卷,人民出版社2009年版,第155页。
③ 《马克思恩格斯文集》第1卷,人民出版社2009年版,第166页。

天堂般的原始状态。这两个因素如何作为两个人而互相对立,这对国民经济学家来说是一种偶然的因而只应用外部原因来说明的事情"①,与此不同,马克思的政治经济学则要对国民经济学所不自觉的、视为无条件的前提进行反思和批判,揭露其内在的矛盾和局限,在国民经济学把私有制当成其理论毋庸置疑的出发点和不容置疑的出发点时,马克思恰恰要对这一出发点的合法性进行解构,当国民经济学把资本所代表和体现的人与人的社会关系视为"自由"、"平等"的"统一"关系,马克思恰恰要找出这种"统一"关系背后所蕴含的冲突、对立和分裂,从而揭示这种"统一"关系假象所遮蔽和扭曲的真实的社会关系。当国民经济学从抽象的一般性的生产、劳动、私有财产、个人等抽象概念出发建构其理论体系并因此"证明现存社会关系永存与和谐"② 时,马克思则要以一种历史的态度,具体地探讨和揭示历史发展过程的各个阶段上的生产、劳动、私有财产、个人等的具体表现和特征,尤其要通过对资本主义特殊的生产方式及交往方式的深入反思和批判,揭示其历史暂时性和非永恒性,从而为面向未来的历史生成性和未来人的新的存在方式打开可能性空间。可见,马克思的政治经济学的特殊性在于它要对古典政治经济学不予反思的前提进行反思批判,正因如此,马克思为了区别于古典政治经济学,而把自己的政治经济学称为"政治经济学批判",它致力于"对现存事物肯定的理解中同时包含着对现存事物的否定的理解,即对现存事物的必然灭亡的理解"③,在此意义上,可以说,马克思的政治经济学所贯注的正是辩证法的理论原则和思维方式,对此,马克思有着充分的自觉,他在《资本论》的跋中明确地说道:我公开承认是黑格尔这位辩证法大思想家的学生,并且在关于价值理论那一章中,有些地方我甚至卖弄起黑格尔的特有的表达方式。④ 可以说,正是体现和贯注着辩证法的思维方式和理论精神,马克思的政治经济学批判才成为可能。

马克思的科学社会主义理论之成为可能,同样是因为其所坚持的辩证法的思维方式和思想精神。在《1844 年经济学哲学手稿》中,马克思在"私

---

① 《马克思恩格斯文集》第 1 卷,人民出版社 2009 年版,第 230 页。
② 《马克思恩格斯文集》第 8 卷,人民出版社 2009 年版,第 9 页。
③ 《马克思恩格斯文集》第 5 卷,人民出版社 2009 年版,第 22 页,
④ 《马克思恩格斯全集》第 5 卷,人民出版社 2009 年版,第 22 页。

有财产和共产主义"这一节内容之后,接着写了"对黑格尔辩证法和整个哲学的批判",人们经常不解,这两节内容之间究竟有什么内在的关联?"私有财产和共产主义"是马克思通过对资本主义私有财产及其本质的批判后所形成的对共产主义的深入论述,可为什么在此之后,马克思要进一步对黑格尔辩证法进行批判并表述自己对于辩证法的理解?这似乎是两个不同层面的问题,然而,如果深入领会马克思的内在思路,就可以领会到,这二者不仅不是外在的关系,相反,马克思对黑格尔辩证法进行批判,并通过这种批判挖掘辩证法的合理内核,为其共产主义奠定坚实的哲学基础,马克思认为:黑格尔的辩证法"为历史的运动找到抽象的、逻辑的、思辨的表达",其《现象学》及其最后成果——辩证法的伟大之处在于把人的自我产生看做一个过程,把对象化看做非对象化,看做外化和这种外化的扬弃,可见,他抓住了劳动的本质,把对象性的人、现实的因而是真正的人理解为人自己劳动的结果。① 这即是说,黑格尔辩证法以一种抽象的方式对人及其历史运动、本性进行了表达,把人的历史生成表达为劳动的对象化、非对象化和外化以及这种非对象化和外化的扬弃的辩证运动过程,马克思拒斥黑格尔思辨的、逻辑的哲学解释原则,但是,他充分肯定辩证法对于人及其历史发展的辩证本性的理解所具有的重大意义,超越黑格尔辩证法的思辨和抽象形态,把黑格尔抽象的"精神劳动"转换为现实的、感性的对象性活动,并以此为基础理解社会历史运动,那么,辩证法就将成为现实的人及历史发展的自觉理解学说,从此出发,共产主义就"不是人所创造的世界的对象世界的消逝、舍弃和丧失,决不是人的采取对象形式的本质力量的消逝、舍弃和丧失,决不是返回到非自然的、不发达的简单状态去的贫困。恰恰相反,共产主义才是人的本质的现实生成,或者说,是人的本质对人来说的真正的实现,是人的本质作为某种现实的东西的实现"②,这也即是说,正是以辩证法所揭示的现实的人及其历史发展的辩证本性为基础,共产主义才能在理论上获得了自觉的澄明并确立了坚实的思想基础。马克思的这一思想在晚期的著作《资本论》中再一次得到了印证,马克思论述道:"从资本主义生产方式产生的资本主义占有方式,从而资

---

① 《马克思恩格斯文集》第 1 卷,人民出版社 2009 年版,第 205 页。
② 《马克思恩格斯全集》第 1 卷,人民出版社 2009 年版,第 217 页。

本主义的私有制，是对个人的、以自己劳动为基础的私有制的第一个否定。但资本主义生产由于自由过程的必然性，造成了对自身的否定。这是否定的否定。这种否定不是重新建立私有制，而是在资本主义时代的成就的基础上，也就是说，在协作和对土地及靠劳动本身生产的生产资料的共同占有的基础上，重新建立个人所有制。"① 在此论述中，马克思用辩证法的"否定之否定"观点来表述扬弃资本主义的共产主义的必然性，与前述从人其历史发展所具有的辩证本性论证共产主义有着共同的旨趣，如果说前者着重于从人的历史发展的角度，为共产主义澄清哲学基础，后者着重于社会历史发展的角度，为共产主义的合法性提供论证，按照马克思的观点，所谓"社会"，即是"处于社会关系中的人本身"，因此，二者实际上虽然表达不同，但实际上都是从辩证法的视角揭示人与社会历史发展的辩证本性，从而为共产主义学说提供坚实的根据。

　　正是由于上述原因，20世纪以来，在马克思主义的发展过程中，对马克思理论体系的哲学维度的阐发和辩护，均不约而同地把理论触角集中到马克思辩证法这一基本问题上。卢卡奇在《历史与阶级意识》中一开头就提出"什么是正统的马克思主义"这一问题，他认为，所谓马克思主义问题中的正统，最重要和最根本的是其辩证方法，离开辩证法，把马克思主义理解为对把握"客观事实"的"科学"，将导致马克思沦为肤浅、庸俗的经验主义，从后者观点出发，辩证法似乎远离直接的现实，"它的现实似乎构造得如此'不科学'，但是在实际上，它是能够在思维中再现和把握现实的唯一方法"，因为正是辩证法所彰显的"具体的总体是真实的现实范畴"②，使得历史了解为一个统一的过程，反之，如果摒弃或者抹杀了辩证法，"历史就将变得无法了解"③，这正是无论资产阶级学者，还是第二国际理论家们所忽视的重要维度，这种忽视将导致马克思主义革命性与实践性的丧失。与卢卡奇几乎同时，柯尔施同样批判那些忽视马克思理论的哲学维度的资产阶级学者和第二国际的马克思主义者由于对辩证法的漠视，导致了其无法理解"现实"，更无法理解理论

---

① 《马克思恩格斯文集》第5卷，人民出版社2009年版，第874页。
② [匈牙利] 卢卡奇：《历史与阶级意识》，杜章智等译，商务印书馆2017年版，第59页。
③ [匈牙利] 卢卡奇：《历史与阶级意识》，杜章智等译，商务印书馆，2017年版，第62页。

与实践的关系,事实上,马克思把"辩证法从它的被黑格尔神秘化了的形式向马克思的唯物辩证法的'合理形式'的转化,实质上意味着它就是那种'按其本质来说,是批判的和革命的'方法"①,为深入把握"现实",理论与实践关系提供了历史的、批判的哲学视野,在此意义上,辩证法构成了马克思理论体系最根本性的哲学维度。葛兰西批评第二国际理论家为代表的人们把马克思主义理解为一种"形而上学唯物主义的社会学"和"科学的进化论",马克思哲学至关重要的特质和思想资源被严重忽视,葛兰西把马克思哲学的特质表达为"实践哲学",这也就意味着,马克思主义不是一种超越历史的永恒真理,相反,"脱离了历史和政治理论,哲学就只能是形而上学;而以实践哲学为代表,现代思想史中的伟大征服,正是哲学的具体历史化及其历史认同。"(1971:436;《札记》11,§14) 实践哲学是"绝对的'历史主义'、绝对的世俗化、此岸思维(thissidedness of thought)、绝对的历史人道主义"(1971:465;《札记》11,§27),在此意义上,"实践哲学"就是马克思的历史唯物主义和历史辩证法,历史辩证法和历史唯物主义构成了马克思思想体系中最核心的哲学维度,离开这一维度,整个马克思主义理论必然失去其最宝贵的精神品格。

事实上,不仅卢卡奇、柯尔施和葛兰西等早期西方马克思主义者在批判和驳斥对马克思理论的"反哲学"理解时,把辩证法理论把握为集中体现和彰显马克思思想的哲学维度的核心内容,而且,其后的众多马克思主义学者,如马尔库塞、柯西克、布洛赫、萨特、东欧的马克思主义哲学家们,等等,在澄清和捍卫马克思思想的哲学维度时,辩证法均被凸显为焦点课题。可以说,如何理解马克思哲学的辩证法,成为捍卫马克思理论体系的哲学维度的关键课题。

那么,这些哲学家们对辩证法的捍卫的根本动机是什么?他们为什么均把辩证法视为马克思理论体系中哲学维度最重要的体现呢?

---

① [德]柯尔施:《马克思主义和哲学》,王南湜等译,重庆出版社 1989 年版,第 52 页。

二、辩证法的批判性品格与马克思理论体系的哲学维度

这其中当然包含十分复杂而且丰富的原因。马克思哲学的辩证法为我们理解人、理解世界、理解历史等提供了与其本性相适应的思维方式,这无疑是其中很重要的原因,对此,前文已经作了具体的讨论。除此之外,还因为辩证法最彻底地体现了哲学最为重大的精神品格,即哲学的批判本性,因而从一个十分重要的角度体现和证明了马克思思想的哲学向度。

批判性是哲学最为重大的精神品格,对人视为天经地义和毋须反思的思想和行为的前提进行反思和批判,是哲学区别于其他具体科学的根本之点。虽然哲学史上不同哲学家和哲学派别对哲学批判本性的具体理解不尽相同,但都无不把批判精神视为哲学的根本性的理论精神。苏格拉底自称"雅典的牛虻",康德把其哲学明确称为"批判哲学",即是这一理论自觉的理论表达。可以说,批判性构成了哲学之为哲学的重要标志。

在哲学史上,马克思哲学的辩证法最为彻底地体现了哲学的批判精神,它继承了哲学史上伟大哲学家的批判传统,同时又克服了传统哲学批判性取向中所内蕴的非批判性以及因此所具有的自我矛盾,把哲学的批判精神奠定在现实世界的基础上,使哲学的批判性摆脱了传统哲学的抽象性和独断性,哲学的批判由此成为内在于现实生活并推动现实生活跃迁的思想力量。在这里,马克思思想的哲学维度再一次得到了充分的彰显。

如前所述,传统形而上学以一种分裂现实世界的方式去把握人的世界,在这种思维方式中,实质已经包含着哲学试图超越否定现存世界的批判意识。马尔库塞曾说道:当传统哲学宣称"现存的不可能是真实的"的时候,实际已经意味这样的承诺:"直接经验的世界——我们发现自己生活于其中的世界——必须被理解、改变甚至颠覆,以便暴露出它的实际面目"[①],"寻求正确

---

① [美] 马尔库塞:《单向度的人》,刘继译,上海人民出版社1989年版,第111页。

的定义，寻求善、正义、忠孝和知识的'概念'，于是就成一项颠覆性的事业，因为所要寻求的概念意指一种新的城邦"①，因此，传统形而上学对超感性世界的追问和迷恋，实质上已体现了它超越现存状态的批判精神。

然而，由于传统形而上学思维方式的抽象性和独断性，导致了其哲学的批判品格必然陷入内在的矛盾和困境，由于这种内在的矛盾和困境，决定了哲学的批判性最终陷入自我消解与自我否定。

首先，传统形而上学的批判性所面临的就是哲学的批判立场与这一立场所赖以成立的批判标准本身的非批判性之间的矛盾。批判的标准是哲学的批判性成为可能的基本前提，那么，传统形而上学从何获得这种批判的标准呢？从前述对传统思维方式的分析，我们已经可以看出，传统形而上学对哲学批判的标准的设定，是与它对终极存在的追求内在关联在一起的，当它把终极存在视为超历史的、永恒的、先验的最高权威并以之为"阿基米德点"之时，实际上也就同时把它视为了哲学批判的标准和支点，因为"按照真理来思考就是按照真理去生存（在柏拉图那里，说明这种颠覆的终极概念是：作为哲学家生命开端的死亡和从洞穴中猛烈地解放出来）。因此，真理的颠覆性给思想加上了命令的性质。逻辑的起点集中在像证明命题一样具有命令特征的判断上——其谓语'是'蕴含着'应当'"，"系动词'是'就陈明一种'应当'，一种迫切的需要"②，这里所谓"是"，即是传统形而上学的"终极存在"，在其中包含着"应当"，即意味着"颠覆现存世界"和对现存世界的批判。那么，问题是，终极存在作为哲学批判的标准和支点，其根据何在？按照传统形而上学思维方式的基本信念，这一标准和支点具有无条件的、不言自明、毋庸置疑的神圣性和终极性，这就意味着，它在以一切进行"无情批判"的同时，却又确立了一个具有免于质疑和批判特权的神圣教条。很显然，这是一种自相反对和自我矛盾的哲学批判，从非批判的哲学前提出发对现存世界进行批判，这种哲学批判必然是独断和不彻底的。

更重要的是，这种设定终极因、从终极原则为支点和尺度所展开和体现的哲学批判性必然是一种外在的、充满控制论色彩的批判。它把哲学的批判与批

---

① ［美］马尔库塞：《单向度的人》，刘继译，上海人民出版社1989年版，第120页。
② ［美］马尔库塞：《单向度的人》，刘继译，上海人民出版社1989年版，第119页。

判的对象撅成两截，前者代表着一个摆脱了自然限制的、极端超越的世界，是一个纯粹、圆满和正义的理想王国，后者则被视为蒙昧、低级、卑污的世界，这实际上悬设了一个二元对立的等级结构，前者对后者的批判，意味着前者对后者的启蒙和拯救，它要把终极的先验原则从外面"注入"到现实世界中，正如马克思在《神圣家族》以黑格尔和青年黑格尔派所代表的思辨唯心主义为例所说的那样，其批判实质是把"'批判'本身变成了超验的力量"①，它们把哲学和哲学家的批判活动视为超越芸芸众生的改造世界的唯一力量，"一方面是群众，他们是历史上的消极的、精神空虚的、非历史的、物质的因素，另一方面是精神和批判"，"批判只是通过他的对立面，通过群众，通过蠢物才能具体地存在"②，为此，必须清除现实生活的异质性、多重性和矛盾性，否定现实世界的流动性和历史性，消解现实世界的物质性与实际性，就此而言，哲学的批判成为了控制现实世界的超级话语权力，成为"拯救"现实世界的"神正论"。很显然，哲学的这种批判方式必然导致哲学与现实世界之间的冲突和对立。

最后，从上述两个方面，最终必然导致传统形而上学的哲学批判陷入自我陶醉的幻觉和自我封闭的循环，它不仅不能发挥批判现实世界并推动现实世界的功能，相反恰恰可能成为束缚现实世界改变自身的抽象力量。马克思曾通过对黑格尔和青年黑格尔派唯心主义的批判，深刻地揭示了这一点。在《巴黎手稿》中，马克思分析黑格尔《精神现象学》，认为它"已有一个完全否定和批判的外表"，"实际上已包含着往往早在后来发展之前就先进行的批判"，但是，由于黑格尔辩证法与传统形而上学（马克思称之为"一般哲学"或"整个哲学"）共同持有的形而上学前提，即把"抽象的哲学思维"作为哲学批判的尺度和标准，结果他对"异化"和"异化克服"的理解不过是哲学思维的自我旋转和自我循环："异化"不过是"哲学精神"的异化，"在自己的异在本身中就是在自身"③，"异己的存在仅仅是它们的哲学的表现"④，"异化的扬

---

① ［美］马尔库塞：《单向度的人》，刘继译，上海人民出版社1989年版，第253页。
② ［美］马尔库塞：《单向度的人》，刘继译，上海人民出版社1989年版，第292页。
③ 《马克思恩格斯文集》第1卷，人民出版社2009年版，第213页。
④ 《马克思恩格斯文集》第1卷，人民出版社2009年版，第215页。

弃"实质是"对思想上的本质的本质的扬弃"①,"这种思想上的扬弃,在现实中没有触动自己的对象,却以为实际上克服了自己的对象"②,因此,这样理解的"异化"和"异化的扬弃"并不能真正理解现实世界中真正的异化,也不可能切实克服现实世界所存在的异化现象,这表明这种哲学的批判性实质上是"非批判的实证主义和非批判的唯心主义"。在《德意志意识形态》中,马克思针对青年黑格尔派以"自我意识"为基础所展开的哲学批判,指出它从来"没有想到要提出关于德国哲学和德国现实之间的联系问题",虽然其哲学的批判"满口讲的都是所谓'震撼世界的'词句,却是最大的保守派。……他们只是用词句来反对这些词句:既然他们仅仅反对这个世界的词句,那么他们就绝对不是反对现实的现存世界"③。在此意义上,虽然传统形而上学的哲学批判在初衷上是为了改造甚至"拯救"现实世界,但由于它恰恰遗忘和抹杀了人的现实世界,因而它根本无法触及现实世界本身,更无法成为解除现实世界的束缚的真实的思想力量。马克思说得好:"要想站起来,仅仅在思想中站起来,而让用思想所无法摆脱的那种现实的、感性的枷锁依然套在现实的、感性的头上,那是不够的"④,然而,上述哲学批判恰恰停留于让人在"思想中使人站起来"而难以触动束缚着"现实的感性的人"的"现实的、感性的枷锁",这充分说明了这种哲学批判"唯我独尊"的姿态后面的软弱无力。

从上述分析不难看出,传统形而上学所体现的哲学批判的内在困境与其哲学思维方式的抽象性与独断性是内在关联在一起的。马克思哲学的辩证法在克服了传统形而上学思维方式的抽象性和独断性的同时,也克服了其哲学批判的内在困境,并使哲学的批判精神获得了彻底的彰显。

基于对哲学与现实生活和现实世界关系的辩证理解,马克思哲学辩证法在根本上否定了超历史的先验的哲学的批判标准的合法性,并因此也否定了传统形而上学哲学批判的与现实世界两极对立的"外在批判"方式,哲学批判将从"外在"转向"内在",从与现实世界的打成两橛转变成相互促进的良性循

---

① 《马克思恩格斯文集》第1卷,人民出版社2009年版,第215页。
② 《马克思恩格斯文集》第1卷,人民出版社2009年版,第216页。
③ 《马克思恩格斯文集》第1卷,人民出版社2009年版,第516页。
④ 《马克思恩格斯文集》第1卷,人民出版社2009年版,第288页。

环关系。

　　前面所述，根据马克思哲学辩证法对于哲学与现实世界关系的理解，哲学不是外在于现实世界的"抽象幽灵"，而是内在于现实世界、以现实世界为根基的超越性的思想维度。以这种理解为根据，哲学的批判不再是从某种绝对的原则出发对现实世界的强制性规范和要求，而是在对现实世界的反思性理解生发的"内在超越"之思，对此，马克思说道："新思潮的优点就恰恰在于我们不想教条式地预料未来，而只是希望在批判旧世界中发现新世界。……现在哲学已经变为世俗的东西了，最确切的证明就是哲学意识本身，不但表面上，而且骨子里都卷入了斗争的漩涡。如果我们的任务不是推断未来和宣布一些适合将来任何时候的一劳永逸的决定，那么我们便会更明确地知道，我们现在应该做些什么，我指的就是要对现存的一切进行无情的批判"①，这意味着，哲学批判的出发点不是外在于现实世界的抽象的先验原则，而是对历史发展中人们现实生活内所面临的具体的生存困境和矛盾的审视、分省与自觉，只有在具体的历史情境中对现实世界中人生存发展的矛盾和困境的深入理解和把握，哲学批判才能获得自身的主题和内容，就此而言，哲学批判是一种"解现实之蔽"的活动，为此，它必须深入现实生活，了解"蔽"之所在，否则，批判就会演变成唐诘诃德式的与幻影的搏斗，了解"蔽"之所在并对它的批判性反思，也就是马克思所说的对"非神圣形象的自我异化"的批判，通过这种批判，提升人们对现实社会生活的自觉意识，推动人洞察现存社会状态的病态和与人的生存发展相敌对的因素和倾向，激发人们对未来社会的想象和希冀，这即是马克思所说的"发现新世界"，"发现新世界"不是从先验原则演绎而来，而是通过"批判旧世界"，推动"实际地反对并改变现存状态"的活动中显现出来的未来社会景象。

　　可见，与传统形而上学的哲学批判有着根本不同，马克思哲学辩证法不再把哲学批判与现实世界二元对立起来，而是把哲学批判视为内在于现实世界又超越现实世界的"内在超越"之思，在此，"内在"与"超越"实现了内在的统一；同时，马克思哲学的辩证法不再是从超历史的上帝的视角对现实世界的

---

① 《马克思恩格斯全集》第 1 卷，人民出版社 1956 年版，第 416 页。

"拯救"和"启蒙",而是具有鲜明的历史性,哲学的批判需要在现实生活的具体历史情境中获得自己的内容和主题,因此,哲学的批判总是具体的、历史的批判;再者,马克思哲学辩证法的哲学批判体现出鲜明的实践旨趣,它要通过对现实生活内在矛盾的分析和反思,切实地为改变现实世界提供思想力量,这即是说,哲学的批判以现实世界为基础,同时又成为现实生活面向未来敞开的激发和推动力量,正是在二者的这种内在循环中,哲学的批判得到了充分的展开和实现,现实生活获得了不断更新和跃迁的精神力量。

所有这些变化,集中凝结于相辅相成的两个方面,那就是对现实生活的"界限"的自觉以及对这一"界限"的反思与超越,而对"界限"的自觉和对"界限"的反思和超越,在马克思那里,又是通过"意识形态批判"和统治现实生活的"抽象力量"的批判这两种具体的批判方式而得以实现的。正是在这里,马克思哲学辩证法的批判品格得到了彻底的体现。

正如我们所知道的,在哲学史上,"批判"最源始的意义就是"厘定界限"的意思。康德是最早专门对哲学批判的含义进行阐释的哲学家,他指出:"我之所谓批判非指批判书籍及体系而言,乃指就理性离一切经验所努力寻求之一切知识,以批判普泛所谓理性能力而言。故此种批判乃决定普泛所谓玄学之可能与否、乃规定其源流、范围及限界者——凡此种种皆使之与原理相合。"① 因此,哲学批判即是"厘定理性界限"之意;福柯在康德基础上进一步指出:"批判正是对极限的分析和对界限的反思,如果康德的问题是弄清认识应当避免超越何种界限,那么,我认为,在今天,批判的问题应当转变为更积极的问题:在对于我们来说普遍的、必然的、不可避免的东西中,有哪些是个别的、偶然的、专制强制的成分。总之,问题在于把在必然的限定形式中所作的批判转变为在可能的超越形式中的实际批判",这样来理解"批判",所导致的后果是,"批判不是以寻求具有普遍价值的形式来进行的,而是通过使我们建构我们自身并承认我们自己是我们所作、所想、所说的主体的各种事件而成为一种历史性的调查。从这意义上说,这种批判不是可被超越的,其目的将使形而上学成为不可能"。② 福柯在康德基础上,进一步提炼出哲学的批判

---

① 参见〔德〕康德:《纯粹理性批判》,蓝公武译,商务印书馆2009年版。
② 参见〔德〕福柯:《福柯集》,杜小真译,上海远东出版社2003年版。

的两层基本内涵：第一：哲学批判是"对界限的分析"和"对界限的反思"，第二，哲学批判是对"界限"的克服和超越，通过这种克服和超越，使得抽象的形而上学失效。

与康德和福柯不同，马克思辩证法的哲学批判不是"理性批判"，也不是"知识考古学"或"系谱学"的断裂式分析，在马克思看来，对于人而言，由实践活动所生成的现实生活是比理论理性和知识话语更为基本、更为本源和更为深刻的层面，因此，哲学批判应以束缚现实生活发展的界限为反思批判对象，并通过这一界限分析，推动现实生活突破束缚，为人的自由发展和现实生活的变革开辟空间。

在马克思看来，在历史发展中，这种束缚现实生活及其发展的束缚最重要有两种形式，一是抽象的意识形态，二是现实生活中统治人的抽象的社会物质力量。因此，作为"界限分析"与"界限克服"的哲学批判就体现为"意识形态批判"和"抽象的社会力量"批判。

马克思所说的"意识形态"，是指在阶级社会中的统治阶级"为了达到自己的目的而不得不把自己的利益说成是社会全体成员的共同利益，就是说，这在观念上的表达就是：赋予自己的思想以普遍性的形式，把它们描绘成唯一合理的、有普遍意义思想"①，其本质在于"把特殊利益说成是普遍利益"，或者把"'普遍的东西'说成是占据统治地位的东西"②。可见，某种观念视为唯一合理的、普遍的而且占据统治地位的存在，也就意味着它具有一种支配和主宰一切的"总体性"倾向，特殊利益在普遍的共同体利益的外衣的遮盖下谋求自身永恒的非历史的地位，这必然形成人们理解现实和历史的一种"颠倒的意识"，并掩蔽人们现实生活和交往关系的真相，对此，马克思批判道："整个意识形态不是曲解人类史，就是完全撇开人类史。"③ 在此意义上，意识形态是人们认识现实和历史必然克服的重大观念界限。正是基于这一自觉理解，通过对意识形态得以产生的物质关系根源的先行澄清，洞穿意识形态"总体性"诉求的虚假性，把人们从意识形态的欺骗和虏获中解放出来，就成为哲

---

① 《马克思恩格斯文集》第1卷，人民出版社2009年版，第552页。
② 《马克思恩格斯文集》第1卷，人民出版社2009年版，第553页。
③ 《马克思恩格斯文集》第1卷，人民出版社2009年版，第519页。

学批判的重要使命。

在马克思看来,"抽象或观念,无非是那些统治个人的物质关系的理论表现",如果说意识形态是把一切都以颠倒的方式呈现在人的面前的"颠倒意识",那么,其深层根源在于使现实生活陷入颠倒和错乱的抽象的社会物质力量。因此,对现实生活中抽象的社会物质力量的批判,构成了哲学批判更为深刻的主题。在马克思看来,这种抽象的社会物质力量,在现代社会最为典型地表现为"资本"。马克思指出:"在资产阶级社会里,资本具有独立性和个性,而活动着的个人则没有独立性和个性","资本是资产阶级社会支配一切的经济权力","资本"代表着资本主义社会占据统治地位的"社会关系"和"生产关系",所有这些,意味着,"资本"成为了现代资本主义社会的绝对的、终极的和永恒的支配力量,甚至如有学者指出的,成为了现代社会的"宗教神学"。在其统治之下,人的整全的生命存在被"死劳动"化约为动物动能,人与人的社会关系被颠倒为物的关系,一切价值都被还原为资本的逻辑及其操纵。可见,资本成为了现代社会统治着人的全部生活的抽象力量,因而也成为人的真实的自由和进一步解放必然克服和超越的现实界限。正是在此意义上,对资本逻辑的批判,成为哲学批判的重要主题。通过这种批判,消解资本逻辑作为永恒的、绝对的统治力量的幻象,也就是克服"非神圣形象的自我异化",从而为未来的新型社会关系和人的生命存在方式打开空间。

通过意识形态批判和对现实生活中统治人的抽象社会物质力量的批判,马克思辩证法在最根本的层面体现了"厘定界限"与"超越界限"这一哲学批判的真谛,它克服了传统形而上学哲学批判性的内在困境,以一种彻底的方式体现了哲学的批判精神,正如马克思所说:"辩证法,在其合理形态上,引起资产阶级及其空论主义的代言人的恼怒和恐怖,因为辩证法在对现存事物的肯定的理解中同时包含着对现存事物的否定的理解,即对现存事物的必然灭亡的理解;辩证法对每一种既成的形式都是从不断的运动中,因而也是从它的暂时性方面去理解;辩证法不崇拜任何东西,按其本质来说,它是批判的和革命的。"[1]

---

[1] 《马克思恩格斯选集》第 2 卷,人民出版社 2002 年版,第 94 页。

马克思哲学辩证法所体现的鲜明的批判品格，充分表明它是哲学史上哲学批判精神的继续者和革新者。承认这一点，也就意味着承认马克思思想的哲学维度所具有的不可否认的合法性。因此，马克思哲学辩证法彻底的批判品格，从一个重要角度彰显和确证了马克思思想的哲学维度。

第四章　马克思哲学的
社会观及其当代性

"社会"是马克思哲学思想体系十分重要的范畴，包含着十分丰富的哲学内涵。由于局限于流俗的、常识性的观点，马克思哲学的"社会"概念的哲学意蕴经常被遮蔽因而没有得到充分的彰显。在本章，我们试图从几个具有根本性意义的问题入手，探讨马克思社会概念深刻的哲学内涵及其当代意义。

第一节　"终极实在观"的创造性
转换与马克思的社会概念

一、"终极实在"之惑与哲学之惑

要真正认识马克思哲学的"社会"这一重要范畴的丰富内涵与重大意义，我们必须把它放到哲学发展史上，分析和考察它在回应哲学演进中所面临的根本性重大问题时所彰显的学术价值和思想内涵。在我们看来，马克思与当代哲学一道，开辟并展开了一种重新理解"实在"的全新视野，有力地推动了"终极实在观"的创造性转换，改变了解决这一重大问题的基本方向。从这一问题意识出发，马克思"社会"概念对于哲学发展所具有的深远意义将在一个更为宽广的视域得到充分的显现。

马克思的"社会"概念所体现的是马克思对"何为形而上学实在"这一哲学史上最为根本和重大问题的独创性回应,可以说,马克思的"社会"概念为回应这一哲学发展中的重大挑战提供了全新的思路。这一点,需要我们深入哲学发展史的深层脉络,反思哲学发展中所凸显出来的深层困境,并在此背景下,透视马克思的"社会"概念所蕴含的深刻内涵。

众所周知,哲学开始于对感性事物的超越和对"真正实在"的寻求。获得关于超越时空的永恒不变的、超感性的终极存在的知识,是支撑哲学的形而上学梦想。亚里士多德把探究"存在之为存在"及"万物之所以存在"的最终理由和最终原因视为哲学的最高主题,并把以这一主题为探讨对象的"理论学术"称为第一哲学,即形而上学。它相信,在所有"存在者"中,必有一"最终实在",使得所有"存在者"获得最终根据,哲学的特殊任务就是通过对"终极实在"的探究,获得关于整个世界的终极原理和终极解释。可以说,对"终极实在"的形而上学追求,构成哲学自诞生起最为持久和深层的冲动。

对"终极实在"的追求既构成哲学最为持久和深层的冲动,同时也成为哲学不断自我反省和检讨的重大主题。在哲学史上,围绕着这种自我反省和检讨,展开了两次十分重大的哲学转向,并因此使得传统形而上学所欲探求的"终极实在"陷入了空前困境。

第一次反省和检讨是以"认识论转向"为代表的。近代哲学自觉认识到,当我们探究"终极实在"时,总不可避免地是处于与人的主观认识的关系之中的"实在","实在"总是进入人的意识领域并为人所认识到的"存在",因此,"实在"是否可能,无法由外部世界去证明,而必须有赖于对人的认识先行进行反省。基于这种信念,"思维"与"存在"关系成为"近代哲学的基本问题"。这意味着,"存在者"要成其为"存在",就必须进入与人的思维的关系之中,就必须"给予人的意识"并向人的意识"显现"和"公开"出来,只有通过人的"意识"和"思维","存在者"才能从遮蔽中敞开,向人们显现其"存在"并获得其"实在性"。

"认识论"转向在其演变和深化中,使传统形而上学实在论遭遇到了第一次重大危机。在笛卡尔那里,"存在者之存在是从作为设定之确定性的'我

第四章　马克思哲学的社会观及其当代性

在'那里得到规定的"①，它以"我思"为反省"存在"的逻辑出发点，但其初衷并非否定"终极实在"的存在，而是要求通过对"思维"的自觉反省，为"终极实在"的实在性奠定更为坚实的根基。康德进一步把"认识论反省"上升为"理性批判"，他明确说道："纯粹理性本身所提出的不可避免的问题就是神、自由与灵魂不死。以解决这些问题为其最后目的的学问就是形而上学；在其初期，它所进行的方法是独断的，就是说，它并没有预先考查过理性是否能胜任这么巨大的工作，就贸然从事于这种事业。"② 然而，康德通过理性批判所形成的结论是：人的理论理性无法超越经验，获得关于"存在本身"的知识，因而"终极实在"并非传统形而上学的认识对象和主题而只能是实践理性的信仰对象。在此意义上，传统形而上学"终极实在"的知识论探究等于给自己提出了一个不可能完成的任务，它对"终极实在"的追寻实质上是在追求一个无法企及的幻象。笛卡尔、康德所发动和奠定的认识论转向在胡塞尔那里达到了逻辑上的终局。在他看来，第一哲学的基础并非人的意识之外的终极实在，而是内在于意识领域的"先验主体性"，真正具有知识论意义的"实在"不在意识之外的客观世界，而是主体意识活动的先验构造，因此，相信在"存在者"后面支撑着其得以"存在"的"终极实在"，这是"自然思维"而非彻底反思的现象学态度的结果，"终极实在"的"客观性"不在世界之中，而是属于人的意识的问题。

很显然，按照上述"认识论转向"的内在逻辑，"终极实在"问题最终变成了人的意识问题。然而，这种"思想的移居"带来了两个难以回避的重大思想困难。第一，人的认识和意识领域是否具有充分的自足性和本源性并因此承担起"最终实在"的使命？"思"是否足够成为"在"的依据和根源？这即是以海德格尔为代表的"生存论"哲学所提出的根本性质疑。第二，以"我思主体性"作为"实在"的最终根据，将难以避免地导致"他人"维度的虚无化，在"我思主体性"获得终极实在性的同时，"他人"成为"我思主体"的意识活动对象，"我思主体"不可避免地具有自我中心主义的倾向，从"我

---

① ［德］海德格尔：《海德格尔选集》下卷，孙周兴编，上海三联书店1996年版，第877页。
② ［德］康德：《〈纯粹理性批判〉解义》，韦卓民译，邓晓芒校订，华中师范大学出版社2000年版，第40页。

思主体"出发，将无法从意识活动中合理地论证出"他人"的真实存在，从而使"我"与"他人"之间交互的"共在"与"交往"关系成为虚幻。这正是困扰着晚年胡塞尔，使其陷入思想困境的中心问题，同时也是当代哲学试图通过开辟新的哲学视域所欲解决和回答的重大理论挑战。

如果说"认识论"转向暴露了传统形而上学"终极实在"追求的内在危机，那么，当代哲学的"语言转向"更进一步深化了这种危机。按照普特南的概括，在哲学史上，存在两种存在重大差异的哲学观点。一种即上述的"形而上学实在论"的观点："根据这种观点，世界是由不依赖于心灵之对象的某种确定的总和构成的。对'世界的存在方式'，只有一个真实的、全面的描述。真理不外乎在语词或思想符号与外部事物和事物集之间的某种符合关系"①，普特南把这种观点称为"外在论"观点，它所推崇的是一种"上帝的眼光"。与之相对的是"内在论观点"，其特征在于："在它看来，构成世界的对象是什么这个问题，只有在某个理论或某种描述之内提出，才有意义。……在内在论者看来，'真理'是某种（理想化的）合理的可接受性——是我们的诸信念之间、我们的信念同我们的经验之间的某种理想的融贯——而不是我们的信念同不依赖于心灵或不依赖于话语的'事态'之间的符合。并不存在我们能知道或能有效地想象的上帝的眼光：存在着的只是现实的人的各种看法，这些现实的人思考着他们的理论或描述为之服务的各种利益和目的。"② 普特南坚持，只有第二种观点，才是应该坚持的观点。而坚持这一观点，就意味着所谓实在，并不具有超越语言系统的"客观性"，而只是相对于语言系统并在概念框架之内呈现出来的"客观性"。

普特南的上述观点是语言哲学转向的必然结果。如果说在罗素等语言哲学的奠基者和先驱者那里，还坚持"语词的意义在于其指称"，认为语词的意义与语言之外的实在之间有着某种神秘的联系，那么，语言哲学内部的辩证运动，使得这种"指称的魔力"逐渐被祛魅。这种辩证运动最有代表性的有两种基本倾向。第一是语言哲学内部发生的"语用学"转向，把语言意义的根据从"指称"转向了"语境"和"语用"，这种转向的结果使形而上学的实在

---

① [美] 普特南：《理性、真理与历史》，童世骏、李光程译，译文出版社2005年版，第55页。
② [美] 普特南：《理性、真理与历史》，童世骏、李光程译，译文出版社2005年版，第56页。

被理解为语言行为、语言交往的产物而非脱离语言实践和语言交往的"客观实在"。例如斯特劳逊批判罗素把语词和指称等同起来的"素朴观点",指出他混淆了"语词"与"语词的使用",认为只有在一定的语境并在语言的使用中,才能确定具体的"指称",语言自身并无指称,离开一定语境和语言的使用,指称将不复存在;而且由于语境的变化与语言使用的复杂性和丰富性,导致了语言的指称具有不确定性和灵活性。第二是语言哲学的实用主义转向。奎因的"本体论承诺"把"本体"视为语言学意义上的"变元的值","存在"从"何物存在"转换为"说何物存在",即某种特定语言所蕴含的"本体论承诺",这意味着,所谓"实在",并非如传统形而上学所说的"何物存在",而是在一种语言内部"认为存在什么",这就决定了绝对的、终极的"形而上学实在"完全失去了存在的根据,人们可以根据自己的需要,发挥"实验精神"和"宽容精神",选择和决定属于自己的语言并形成自身的"本体论承诺":本体论问题"不是关于事实的问题,而是关于为科学选择一种方便的语言形式,一个方便的概念体系和结构的问题"[①]。明确以实用主义后裔自称的罗蒂更是把消解柏拉图主义的超历史的"形而上学实在"作为其重要理论任务,人的语言不是关于非语言的"实在"的"自然之镜"和表象,而是实现人的社会需要的实践工具,因此,"我们决不可能走出语言之外,决不可能把握不以一个语言学描述为中介的实在,所以,我们应该怀疑在表象与实在之间的古希腊区分,我们应该设法用诸如'关于世界之不太有效的描述'和'关于世界之比较有效的描述'之间的区分取而代之"[②],因此,所谓"指称""形而上学实在"等均是毫无意义的空洞概念。普特南虽然在如何理解和对待"实在"问题与罗蒂有着诸多分歧和争论,但无论其所坚持的"内在实在论"还是后期所主张的"自然实在论",对于传统形而上学实在论所坚持的"实在观"均表现为坚决的拒斥态度,并对"实在"问题采取了更加彻底的实用主义态度。

从以上的简要论述可以清楚地看出,经过"认识论转向"与"语言学转

---

① [美]威拉德·奎因:《从逻辑的观点看》,江天骥、宋文淦、张家龙、陈启伟译,上海人民出版社1987年版,第16页。
② [美]理查德·罗蒂:《后形而上学希望》,张国清译,上海译文出版社2003年版,第27页。

向"的愈来愈深入的批判和反省,传统形而上学所追求的"终极实在"面临着重大危机。在这种危机和困境中,有两个问题突出地摆在人们面前。第一,哲学是否还需要追问和探寻"终极实在"?第二,如果"终极实在"问题对于哲学仍然具有思想意义,那么,在面临种种挑战、质疑和困境之后,今天的哲学究竟应在何种意义、以何种方式重思"终极实在"这一具有根本性的形而上学问题?

二、马克思的社会概念:回答"终极实在"之惑的奠基性概念

要回答前述两个突出问题和重大挑战,首先需反思的是:所谓"终极实在"的"终极",所指何义?在何种意义上,"终极"仍是一个具有生命力的"有用"概念?

采取一种诚实的态度,充分吸取哲学发展的积极成果,可以看得很清楚,从"知识论"意义上理解"终极",把"终极实在"理解为人运用理性所抵达的可以解释整个世界的"阿基米德点"或者与此相关的规范和解释整个世界的"思想宪法"与"元叙事",这种对"终极"的理解所遭遇到的深层困境是无法克服的。无论是认识论转向还是语言学转向的成果都向我们表明:第一,这种对"终极"的理解是以假设人的理性认识能力具有无限性为前提的,也就是说,它相信人具有神的"全知"能力,人可以达到只有神才能获得的终极原理。哲学的反思成果充分表明:这种信念既无法获得经验的支持,也无法从人的理性能力中得到确证,更无法从人的语言活动中寻得根据。只要承认人还是人,她就无法越过人固有的局限寻求只有神才可能拥有的知识。在此意义上,如此对"终极"的理解实质上代表着一种"成神似的幻觉",如杜威曾指出的,它仍保留着原始宗教的思维遗迹或神学的后遗症,它犹如站在地上拔着自己的头发离开地球一样,在追寻一个根本无法企及的目标。第二,认为万物有着最终的根据,它支撑万物并使万物成其为其所是,这种思维方式的初衷是为了理解世界,然后其结果却分裂了世界。它把世界分裂为实在与表象、本质

与现象等二元等级结构,然而,哲学发展的反省成果已经表明:我们所生活于其中的其实只有"一个世界",即对人的生活而言的现实世界,企图绕到现实世界背后进行"纵向的超越",其结果必然导致人的现实世界的虚无化和抽象化。

可见,按照传统形而上学的提问和追问方式去探寻"终极实在",等于要让人去回答只有造物主才能提出并回答的问题。

那么,"终极实在"之"终极"应该如何理解才能使之获得其真实的意义呢?

认识论转向和语言学转向的成果向我们表明:离开人的认识、语言的所谓"终极"性追求均是无根和无效的,真正有意义的"终极",总是不离人的"终极"。因此,正确的追问方向是:我们究竟应该如何理解"不离人"的"终极"?

所谓"不离人"的"终极",是指它对于人的存在而言,具有最根本、最源始的意义,换言之,"终极"之为"终极",不在于它拥有"最高"的、"发号施令"的特殊权威,而指向对于人的存在具有最"基底"、最"基础"性的层面,就此而言,"终极"与其说是"最终"的和"最高"的,不如说它是"最低"和"最始端"的。

按照上述思路重新界定和理解"终极实在"之"终极",那么,哲学所追问的"终极实在"的内涵就随之发生了方向性的转变,对"终极实在"的追寻于是转换为这样的问题:对于人的存在而言,何者具有最基础、最本源的实在性?

近代哲学的认识论转向企图寻求的正是这种最基础和最本源的实在性。它找到了作为认识主体的"我思",认为人的意识才是哲学所欲把握的终极实在。笛卡尔试图证明意识是人把握世界的唯一可靠的、最根本的出发点,康德试图证明人的意识具有赋予人的知识以普遍必然性的先验能力,胡塞尔把人的意识视为具有构造意识对象能力的自为性存在,等等,可谓越来越深入地体现出把人的意识活动凸显到人的存在的本源性、基础性地位。

语言哲学的转向则要把对人而言的终极实在锚定在人的语言活动层面。它相信,与人的意识活动相比,语言具有更为基础、更为本源的地位。只有在语言中,才能避免私人性的意识"幽灵",使意识获得客观性和公共性,与"人是能思维的动物"相比,"人是会说话的动物"更切近人的真实存在,人使用语言描述和表达世界体现了人与世界之间最基础、最本源的关系。因此,语言应成为哲学理解和把握"终极实在"的基本平台和视域。

可见,无论是认识论还是语言学转向,都体现了追求"不离人"的"终极实在"的深层动机。前者把人的意识视为最本源、最基础的实在,后者则把人的语言视为最本源、最基础的实在。以这种理解为根据,形而上学实在之惑就转换为"意识之惑"或"语言之惑",哲学关于"终极实在"问题的谜底必须从对"意识之惑"或"语言之惑"的解答中获得。

然而,意识和语言真的足以成为对人而言的最为本源、最基底的"终极实在"吗?它们是否如其所期许的那样,具有"基础性"和"端始性"的地位?这正是哲学的进一步发展需反省和回答的重大课题。

在我看来,当代哲学的进一步反省所取得的最为重大的成果就在于确立这样一种基本的立场和观点:意识和语言虽然是人的存在的重要维度,但它们并不是自足完备的独立王国,对人而言最本源、最基础的"终极实在"是人创造和构成自己生活和生命存在的实践活动。

这一观点和立场基于两个最重要的自觉。第一,无论从源头还是归宿,生活实践活动都是人的存在最基底的样式和构成力量,人是什么,意味着他能成为什么,它不是一个"现成的"存在者,而是在生活实践中选择和生成自身的可能性和超越者,人的生活实践生成世界,并在此过程中也生成人自身,正是在此意义上,人才成为世界和人自身的"创造者"和"守护者"。赵汀阳说:"人的创世问题就是第一哲学的第一问题。存在(to be)与(to do)是同一的,做事和创造是同一的,所以,存在论(ontology)与创世论(creatology)是同一的。作为创世论的存在论蕴含着人的存在的全部秘密"①,这里所谓"创世",所指的正是人在生存实践过程中创造世界和人自身的超越性活动,没有这种"创世"的活动,也就无所谓人的存在,正是它,构成了哲学所追寻的"终极实在"。第二,人创造和构成自己生活和生命存在的实践活动

---

① 赵汀阳:《第一哲学的支点》,生活·读书·新知2013年版,第224页。

是贯穿于思想和语言并构成后者基础和根据的"实在"。离开生活实践,思想和语言将无所附丽,思想和语言奠基于生活实践基础之上而不是相反。

纵观当代哲学发展,把"终极实在"的追求定位于"先于意识"、"先于语言"的人的生活实践领域,已成为一些重要哲学家和哲学思潮的自觉走向。其中,我认为有如下哲学家和哲学思潮尤其值得重视。

第一,在欧洲大陆哲学中以海德格尔为代表的"生存论"哲学。海德格尔运用现象学方法,把人的生存视为抵达存在之谜的最基本视域,并以此视域为地基,开展出对"人"、"世界"、"他人"以及人的"在世"的完整的生存论理解。在海德格尔看来,"生存"是此在的"本质",也就是说其是本源的、基底的存在性:"此在的'本质'在于它的生存",此在"这种存在者的'本质'在于它去存在。如果竟谈得上这种存在者是什么,那么它'是什么'也必须从它怎样去是、从它的存在来理解"[①]。海德格尔所凸显的"人的生存"所试图显现的正是人的存在的"终极视域"或"基本建构",在这种"终极视域"或"基本建构"中,认识被降格为此在在世的一种存在方式,它在此"在世的这种存在建构中有其存在者层次上的根苗"[②],在此意义上,与人的意识和认识领域相比,人的生存活动具有更为根本的奠基性意义。

第二,在英美语言分析哲学的内在发展过程中,一些哲学家通过不断地自我反省,越来越呈现出超越分析早期的逻辑主义和科学主义倾向并向生活实践回归的趋向。这一点在语言分析哲学的晚近发展,尤其是普特南、麦克道威尔、布兰顿等人的思想发展中表现得尤为突出。以普特南为例,他一生观点多变,不断在自我反思中实现自我超越,他在早期坚持"科学实在论"立场,中期坚持"内在实在论"立场,然而,在其晚期,他通过对心灵与世界关系的重新审视,意识到传统形而上学实在论的根本谬误在于把人的"心灵"与"世界"、"概念"与"实在"抽象地对立起来,事实上,"实在"与"概念"、"世界"与"心灵"是相互融合、相互依赖、不可分割的整体,而构成这种相

---

① [德]海德格尔:《存在与时间》,陈嘉映、王庆节译,生活·读书·新知三联书店2006年版,第46页。
② [德]海德格尔:《存在与时间》,陈嘉映、王庆节译,生活·读书·新知三联书店2006年版,第71页。

互融合、相互依赖和不可分割的关系的基础的，正是人们的生活实践。在生活实践的基础上，"概念"与"实在"失去了其抽象的独立存在性质并因此也超越了僵硬的二元对立，使二者实现了内在的融合。陈亚军教授把普特南晚期所形成的这种实在论称为"回归生活实践的实在论"①，可谓颇为恰切地表达了语言分析哲学在如何理解"实在"问题上的新思路和新方向。

第三，马克思哲学把"实在"当成"实践"去理解，形成了以"社会"为中心概念的对"终极实在"的理解。可以说，在哲学史上，马克思是最早从生活实践观点出发，转换"终极实在"问题的解决方式，开辟了对"终极实在"新的理解思路和视域的哲学家之一。这是马克思在哲学史上所做出的最为重大，也最有思想启示性的理论贡献之一。

三、"社会生活"视域与马克思对"终极实在"的独特理解

正如许多研究成果已经充分论证的那样，马克思是传统形而上学深刻的反省者、批判者和超越者。这一点本文不拟专门探讨，而只是试图揭示和阐发问题的另一方面，那就是马克思在批判和超越传统形而上学的同时，对传统形而上学的"实在论"并不是持简单抛弃的态度，而是通过思维方式和理论原则的根本转换，在一个新的视野中对"终极实在"做出了自己的回答。

在《关于费尔巴哈的提纲》第一条，马克思这样说道："从前的一切唯物主义——包括费尔巴哈的唯物主义——的主要缺点是：对对象、现实、感性，只是从客体的或者直观的形式去理解，而不是把它们当作人的感性活动，当作实践去理解，因此，结果竟是这样，和唯物主义相反，唯心主义却发展了能动的方面，但只是抽象地发展了②"，在第八条中，马克思又说道："社会生活在本质上是实践的，凡是把理论导致神秘主义的东西，都能在人的实践中以及对

---

① 参看陈亚军：《论普特南后期从内在实在论向自然实在论的转变》，载《哲学研究》2001年第2期。
② 《马克思恩格斯选集》第1卷，人民出版社1995年版，第58页。

这种实践的理解中得到合理的解决"①。这是理解马克思"实在观"的两段十分重要而关键的论述。这两段话是相互支撑和互为解释的。第一段强调对于"实在",必须"当作实践"去理解,第二段则进一步把"社会生活"的本质理解为"实践"或者说把"实践"理解为"社会生活"。把这两段话完整地联系起来,可以得出这样的观点:把"实在"当成"实践"去理解,同时也意味着把"终极实在"当成"社会生活"去理解。这一点,从《关于费尔巴哈的提纲》的另外两段论述获得了充分的印证。这两段论述分别是:"人的本质不是单个人固有的抽象物。在其现实性上,它是一切社会关系的总和"②,"旧唯物主义的立脚点是市民社会,新唯物主义的立脚点则是人类社会或社会的人类"③。前者与马克思视"社会生活"为"终极实在"是完全一致的:由于社会生活构成人的最为基础和本源性的生存境遇,那么,人之为人,其"本质"就必然应合乎逻辑地把握为"社会关系的总和",后者则十分清晰地表达了马克思对于哲学基本视野的自觉:那就是"人类社会"或"社会的人类"构成其哲学的"终极视域"。

在马克思看来,与意识和语言相比较,生活实践是人的更为基底的生存样式。"意识在任何时候都只能是被意识到了的存在,而人们的存在就是他们的现实生活过程"④,"不是意识决定生活,而是生活决定意识"⑤,在此意义上,把意识置于理解人、世界以及人与世界关系的最为本源的基础地位,这种"观念统治世界"的观点在根本上颠倒了本源与派生的关系,是对"人生在世"最基本的生存结构的遮蔽和扭曲;同样,语言也不具有本源性和基础性:"语言是一种实践的、既为别人存在因而也为我自身而存在的、现实的意识。语言也和意识一样,只是由于需要,由于和他人交往的迫切需要才产生的"⑥,"语言是思想的直接现实。正象哲学家把思维变成一种独立的力量那样,他们也一定要把语言变成某种独立的特殊的王国。这就是哲学语言的秘密,在哲学

---

① 《马克思恩格斯选集》第1卷,人民出版社1995年版,第60页。
② 《马克思恩格斯选集》第1卷,人民出版社1995年版,第56页。
③ 《马克思恩格斯选集》第1卷,人民出版社1995年版,第57页。
④ 《马克思恩格斯选集》第1卷,人民出版社1995年版,第72页。
⑤ 《马克思恩格斯选集》第1卷,人民出版社1995年版,第73页。
⑥ 《马克思恩格斯选集》第1卷,人民出版社1995年版,第81页。

语言里，思想通过词的形式具有自己本身的内容。从思想世界降到现实世界的问题，变成了从语言降到生活中的问题"①。正是在此意义上，马克思成为哲学史上把哲学从认识论转向和语言学转向推进到更具有根本性和基础性的生活实践转向的重要先驱者。

按照马克思的观点，生活实践作为人本源性的活动，开启着人的最为"实在"的"在世结构"，而社会生活正构成这一"在世结构"的基本内容。在实践活动中所展开的人与自然的关系和人与人的关系，都是以社会生活作为条件和前提。实践活动首先指向人与自然的关系，但人与自然的关系只有在社会生活中才具有现实性，马克思论述道："只有在社会中，自然界对人说来才成为人与人联系的纽带，才是他为别人的存在和别人为他的存在，才是人的现实生活的要素；只有在社会中，自然界才是人的存在的基础"②，这即是说，人与自然之间从来不是单一个人与自然界的"结缘"，而是必须以人与人的相互结合形成的社会生活为中介，在实践活动中把自然转化为人的"无机身体"。同时，实践活动必然指向人与人的关系，生活实践在根本上是一种个人与他人"共在"并不断向他人开放"结缘"形成社会关系的过程。在马克思看来，"现实的个人"既不能被蒸馏和虚化为普遍性的、规定所有不同生命个体存在的"人的本质"，同时也并非遗世独立的孤立存在，而是处于"社会关系"之中的"社会化"的"个体"，马克思说道："人是最名副其实的政治动物，不仅是合群的动物，而且是只有在社会中才能独立的动物。孤立的一个人在社会之外进行生产——这是罕见的事"③，个人存在的首要属性和个人的首要活动都涉及其与其他个人的关系，正是在此意义上，马克思说道："成为奴隶或成为公民，这是社会的规定。是人和人或 A 和 B 的关系。A 作为人并不是奴隶。他在社会里并通过社会才成为奴隶。"④ 这两重内涵结合在一起表明，所谓"人"就是"社会关系中的个人"，离开社会生活的施蒂纳式的"唯一者"是缺乏现实性的抽象幽灵。正是在此意义上，马克思说道："个人是社会

---

① 《马克思恩格斯全集》第 3 卷，人民出版社 1960 年版，第 525 页。
② 《马克思恩格斯全集》第 3 卷，人民出版社 2002 年版，第 301 页。
③ 《马克思恩格斯全集》第 46 卷（上），人民出版社 1979 年版，第 21 页。
④ 《马克思恩格斯全集》第 46 卷（上），人民出版社 1979 年版，第 220 页。

存在物。因此，他的生命表现，即使不采取共同的、同其他人一起完成的生命表现这种直接形式，也是社会生活的表现和确证。人的个人生活和类生活并不是各不相同的，尽管个人生活的存在方式必然是类生活的较为特殊的或者较为普遍的方式，而类生活必然是较为特殊的或者较为普遍的个人生活。"①

人的社会生活构成了人的"在世结构"的最基本内容，这同时意味着社会生活是规定人的现实生活品质的最为根本的力量。每一个人的生活状态和生存命运都受到所处的社会关系的深刻影响，不同性质的社会关系规定了其在社会生活中的地位与生活前景，因此，一个人的自由与解放程度与其社会关系的合乎人性的程度内在地关联在一起，要推动和实现人的自由和解放，就必须改变与人的生存发展不相适应的社会关系，追求和创造与人的自由和解放成为可能的、合乎人性的社会生活。在以"权力"为本位的前现代社会，现实的社会关系和社会生活被扭曲为抽象权力的附属物，在以"物"为本位的资本社会，现实的社会关系和社会生活沦为抽象的物的附属物。马克思期待人们在历史性的实践中创造这样一种社会生活："代替那存在着阶级和阶级对立的资产阶级旧社会的，将是这样一个联合体，在那里，每个人的自由发展是一切人的自由发展的条件。"② 在这种社会生活中，个人与共同体实现了内在的统一。在马克思看来，这正是社会生活的"本真状态"。哲学的重大使命就在于通过对社会生活的自觉反省与批判，提升人们对于社会生活生存品质的自我理解和自觉意识，从而推动人们不断追求和创造既使个性得到充分发展同时又保证"社会团结"的社会生活。

马克思关于"社会生活"的观点包括十分丰富的思想内涵，在此无法进行更进一步的展开。本节仅围绕着"何谓终极实在"这一哲学的重大问题，指出并简要论证了马克思在此问题上的独特立场和观点。我们认为，马克思把"社会生活"理解为对人而言的"终极实在"，在根本上改变了追问"终极实在"问题的方向，转换了理解和解决这一问题的视域，这一点，与前述当代哲学在此问题上所呈现的基本倾向有着深层的亲合性和一致性。对此进行专门探讨，将为马克思哲学与当代哲学的深层对话与汇通提供一个十分重

---

① 《马克思恩格斯选集》第1卷，人民出版社1995年版，第119页。
② 《马克思恩格斯选集》第1卷，人民出版社1995年版，第119页。

要的结合点和生长点。

第二节 "人的本质是一切社会关系的总和"的哲学意蕴

一、超越唯实论与唯名论的抽象对立

"人的本质不是单个人所固有的抽象物,在其现实性上,它是一切社会关系的总和"[①],马克思关于人"人的本质"的这一论断可以说影响深远,不仅学术理论界耳熟能详,而且普通中国人也能在日常谈话中熟练"引用"。然而,马克思这一十分重要的论述所包含的丰富的理论内涵却有意无意之中被遮蔽,甚至被流俗的理解所扭曲与滥用。深入理解马克思的这一论述,对于深化马克思哲学理论性质、价值关怀与当代价值等重大问题,具有特殊的意义。

当马克思从"人是社会关系"的角度理解"人的本质"时,其深层的思想动机究竟是什么?马克思为何要从"社会关系"的视域理解人的"本质"?要回答这一问题,需把它置于哲学思想史的理论背景与脉络之中,考察这一关于人的本质的规定所要回应的理论挑战和所要克服的理论困境。

对于这种理论挑战和理论困境,马克思已经表达得很清楚,那就是把"人的本质"视为"单个人固有的抽象物",而以往哲学在人的自我理解问题所遵循的"实体主义"思维方式,是导致"人的本质"被视为"单个人固有的抽象物"的根源。这种"实体主义"有两种最主要的表现形式,一是把人归于某种抽象的"普遍本质",人因此而被"大写化",二是把孤立的"个人"实体化,把人等同于"无所依存、自因自足"的"自我",人因此而被"小写化"。

---

① 《马克思恩格斯选集》第 1 卷,人民出版社 2012 年版,第 135 页。

把人归于某种"普遍本质",这是以往哲学在人的自我理解问题上最为典型的方式,其基本观点是:人之为人,在于她拥有区别于其他存在者的普遍本性,对人的把握,最为关键之处发现为每个人的生命个体共同拥有的普遍规定性。按照这种观点,每一生命个体虽然充满差异,但这种差异是"偶然"的,决定每一个人之成为"人"的,不是"偶然"的差异性,而是"人之为人"的普遍的同一性本质。寻求并发现这种普遍的同一性本质,是人的自我理解最为重大的任务。

对马克思而言,这种观点直接的代表就是费尔巴哈与黑格尔。很显然,费尔巴哈与黑格尔在哲学立场上有着重大不同。费尔巴哈批判黑格尔哲学实质是"神学"的思辨表达:"黑格尔的逻辑学,是理性化和现代化了的神学,是化为逻辑学的神学"[1],而"神学的秘密是人学",因而黑格尔的思辨神学在根本上是"主客颠倒",是"人的本质异化的产物"。因此,超越黑格尔的关键是实现从"神本学"向"人本学"的转向,并以"现实的人"作为这种"人本学"的基石和核心,费尔巴哈这样说明自己与黑格尔的根本区别:"如果旧哲学说:只有理性的东西才是真实的和实在的东西,那么,新哲学则说:只有人性的东西才是真实的实在的东西;因为只有人性的东西才是有理性的;人乃是理性的尺度。"[2] 然而,正如海德格尔所言,"颠倒的柏拉图主义仍是柏拉图主义",费尔巴哈以"感性的人"颠倒黑格尔"自我意识"的"理性的人",在具体观念上的确有着重大不同,然而,在根本的解释原则和思维方式上,二者却分享着共同的前提,那就是都把人归于为所有生命个体所共有的"普遍本质"。黑格尔认为,思维可以表示人的真实本性,这是划分人与禽兽的区别的关键:"我与思维是同样的东西,或更确定地说,我是作为能思者的思维"[3],而"我"作为"思维"在根本上是"否定或扬弃任何特殊东西"的"包含一切的普遍性"[4],可见,在黑格尔那里,人被规定为普遍的思维本质。费尔巴哈试图把黑格尔"抽象的思维"转变和融解为"现实的人",但在他那里,人

---

[1] 《费尔巴哈哲学著作选集》上卷,荣震华等译,商务印书馆1984年版,第103页。
[2] 《费尔巴哈哲学著作选集》上卷,荣震华等译,商务印书馆1984年版,第180—181页。
[3] [德] 黑格尔:《小逻辑》,贺麟译,商务印书馆1987年版,第81页。
[4] 参见黑格尔《小逻辑》(商务印书馆1987年版) 第81、82页的相关论述。

的现实性被归结为"感性",费尔巴哈说道:"人只因为它是感觉论的有生命的最高级,是世界上最感性的、最敏感的生物,而有别于动物","人的本质是感性,而不是虚幻的抽象、'精神'"①,可见,在费尔巴哈那里,人被规定为普遍性的感性本质。费尔巴哈明确地这样比较自己在人的问题上与黑格尔哲学的根本区别:"旧哲学的出发点是这样一个命题:'我是一个抽象的实体,一个仅仅思维的实体,肉体是不属于我的本质的',新哲学则以另一个命题为出发点:'我是一个实在的感觉的本质,肉体总体就是我的'自我'、我的实体本身"②。一个是把"思维"实体化,另一个则是把感性肉体实体化,虽然具体内容与立场截然不同,但二者都把人归结为某种普遍性的同一性本质。

针对黑格尔、费尔巴哈把人归结于某种"普遍的本质"以及由此所导致人的抽象化,施蒂纳在《唯一者及其所有物》给予了激烈的批判。施蒂纳敏锐地看到了,把人等同于普遍性的"人的本质",实质上是把人当成一个"抽象的理念"。施蒂纳把"人的存在"与"人的本质"严格区分开来,认为作为"本质"而存在的"人"并非人的"实存",而只是人的"幽灵"。按照这种观点,费尔巴哈批判黑格尔是"思辨神学",的确触及到了黑格尔哲学的症结,但当费尔巴哈把人视为普遍性的感性的"类本质",认为个人"不能超越他的类的法则和绝对的本质规定"时,他不过是把"神"变成了大写的"人",因而实质上不过是"神学的变形",它们"披着共同的蛇皮",那就是它们在"任何情况下都是高于我的一个本质,同样是一个超出我自身的东西"③,其结果是同样的,那就是人真实的"自我"被遮蔽和否定。与一切试图把人归结于普遍本质的思路截然不同,施蒂纳要把"自我"确立为唯一的实体,他说道:"既然神和人类不外乎只将它们的事业置于自己的基础上;那么,我也就同样将我的事业置于**我自己**的基础上。同神一样,一切其他事物对我皆无,我的一切就是我,我就是唯一者。"④ 很显然,施蒂纳要以"自我"实体化,以对抗和消解人的"普遍本质"的幽灵。

---

① 《费尔巴哈哲学著作选集》上卷,荣震华等译,商务印书馆1984年版,第212、213页。
② 《费尔巴哈哲学著作选集》上卷,荣震华等译,商务印书馆1984年版,第169页。
③ [德] 施蒂纳:《唯一者及其所有物》,金海民译,商务印书馆1981年版,第51页。
④ [德] 施蒂纳:《唯一者及其所有物》,金海民译,商务印书馆1981年版,第5页。

一方面是把人归结于"普遍本质",一方面却把人归结到至高无上的个体化"自我"。如何克服和消解人的自我理解问题上的这种"唯名论"与"唯实论"的两极对立,成为摆在马克思面前的重大理论挑战。

马克思清醒地认识到,把人归结于普遍性的同一本质,必然导致人的抽象化。在《神圣家族》中,马克思曾以"果实"与各种现实的水果之间的关系为例反思黑格尔哲学"思辨结构的秘密",指出:"思辨的思维从各种不同的现实的水果中得出一个抽象的'果实'——'一般果实',所以为了要达到某种现实内容的假象,它就不得不用这种或那种方法从'果实',从实体返回到现实的千差万别的平常的果实"①,由此所导致的结果便是"现实的水果"的丰富性和个性的丧失,这表明,黑格尔哲学从人的普遍理性本质出发对人的理解,必然使人的存在沦为"逻辑范畴这种底部上的花彩",从而导致人的现实性的丧失。而对于费尔巴哈,马克思批判他把人的本质理解为"类","理解为一种"内在的、无声的、把许多个纯粹**自然地**联系起来的普遍性"②,人所特有的历史性、社会性与具体性等生命内涵被遗忘了,人同样被抽象化。在这一点上,马克思和恩格斯认同施蒂纳对他的批判。恩格斯在写给马克思的书信中这样说道:"施蒂纳的摒弃了费尔巴哈的'人',摒弃了起码是《基督教的本质》的'人'时,他就是对的。费尔巴哈的'人'是从上帝引申出来的,费尔巴哈从上帝进到'人',这样,他的'人'无疑还戴着抽象概念的神学光轮。达到'人'的真正道路是与此完全相反的。……我们必须从个别物中引申出普遍物,而不是从本身中或者象黑格尔那样从虚无中去引申。"③ 在此意义上,马克思承认"个人"相对于超个人的"普遍本质"的优先性。但另一方面,马克思又深刻地看到,施蒂纳的"自我"抛开了一切现实的社会历史前提,割裂了"自我"与他人的一切社会关系,这样的"自我"同样是一种形而上学的虚构与幻象,基于这一思想,马克思在《德意志意识形态》中用了巨大的篇幅,对施蒂纳抽象的"唯一者"进行了细致的分析与批判。

既不能把人归结于抽象的"普遍本质",也不能把人归结于抽象的孤立

---

① 《马克思恩格斯全集》第 2 卷,人民出版社 1957 年版,第 74 页。
② 《马克思恩格斯选集》第 1 卷,人民出版社 1995 年版,第 60 页。
③ 《马克思恩格斯全集》第 27 卷,人民出版社 1972 年版,第 13 页。

"自我",这要求从根本破除人的自我理解问题上的实体主义思维方式。"人的本质在现实性上是一切社会关系的总和"的论断正是在此理论背景下,针对面临的重大理论困境所作出的自觉理论回应。

二、"人是社会关系的总和"与人的现实存在

以上述思想背景的梳理为背景,深入理解马克思关于"人是社会关系的总和"的论断,我们可以看到,一个关于人的自我理解的崭新思想视域向我们展开。

首先,我们看到,"人的本质是一切社会关系的总和"是对人的自我理解问题上实体主义思维方式的超越,它要求从人与他人的"主体间"关系中来规定和理解人,也即是说,它要求从"关系"而不是从"实体"出发对人的现实存在进行规定,具体的、历史性的社会关系,将既融解和扬弃人的"普遍本质",也将融解和扬弃孤立"自我"的实体化,同时又试图把人的"个性"与"普遍性"内在统一起来,实现对人的具体的、历史的理解。"人的本质是一切社会关系的总和"首先表明,现实的人不能被解读为"普遍的人的本质"的显现和定在,而是与自我发生关系同时也与他人发生关系的"关系中的个体",对此,马克思明确说道:"我们开始要谈的前提并不是任意想出的,它们不是教条,而是一些只有在想象中才能加以抛开的现实的前提。这是一些现实的个人,是他们的活动和他们的物质生活条件","任何人类历史的第一个前提无疑是有生命的个人的存在"①,这明确肯定了"个人"作为历史前提的重大意义,这种"现实的个人"不能被蒸馏和虚化为普遍性的、规定所有不同生命个体存在的"人的本质";同时,这一论断也表明,作为历史前提的"生命个体"并非遗世独立的孤立存在,而是处于"社会关系"之中的"社会化"的"个体",马克思说道:"人是最名副其实的政治动物,不仅是合

---

① 《马克思恩格斯全集》第3卷,人民出版社1960年版,第23—24页。

群的动物,而且是只有在社会中才能独立的动物。孤立的一个人在社会之外进行生产——这是罕见的事"①,个人存在的首要属性和个人的首要活动都涉及其与其他个人的关系,正是在此意义上,马克思说道:"成为奴隶或成为公民,这是社会的规定。是人和人或 A 和 B 的关系。A 作为人并不是奴隶。他在社会里并通过社会才成为奴隶。"② 这两重内涵结合在一起表明,"人是社会关系的总和"实质上意指,所谓"人"就是"社会关系中的个人",要把握人,既不能把它归结为人的"普遍本质",也不能把它简化为孤立的"自我",而是要从"社会关系"的视域中去把握具体个人的"实存",一句话,克服对人的抽象化理解,一个重要前提就是消解对于人的"实体思维",并使之向"关系思维"的转变。

从"社会关系"的视域去把握个人的"实存",这里的"关系"不是虚无缥缈、无所依存的存在,而是依托于人本源性的生存方式并在人的生存活动中展开的生存境遇。马克思说道:"可以根据意识、宗教或随便别的什么来区别人和动物。一当人们自己开始生产他们所必需的生活资料的时候(这一步是由他们的肉体组织所决定的),他们就开始把自己和动物区别开来","个人怎样表现自己的生活,他们自己也就怎样。因此,他们是什么样的,这同他们的生产是一致的——既同他们生产什么一致,又和他们怎样生产一致"③,物质生产实践是人区别于动物的、人特有的生存方式。正是这种生存方式,内在要求对人的自我理解,必须超越实体主义而采取关系主义的思维方式。这是因为,物质生产实践在根本上是一种个人与他人"共在"并不断向他人开放"结缘"形成社会关系的过程。物质生产活动在其直接性上首先是与自然界的关系,这是任何人类历史的"第一个需要确实的具体事实"④,但人在物质生产过程中与自然界的关系同时意味着与他人的"共在"与"结缘",对此,马克思说道:"事实是这样的:以一定的方式进行生产活动的一定的个人,发生一定的社会关系和政治关系。经验的观察在任何情况下都应当根据经验来揭示

---

① 《马克思恩格斯全集》第 46 卷(上),人民出版社 1979 年版,第 21 页。
② 《马克思恩格斯全集》第 46 卷(上),人民出版社 1979 年版,第 220 页。
③ 《马克思恩格斯全集》第 3 卷,人民出版社 1960 年版,第 24 页。
④ 《马克思恩格斯全集》第 3 卷,人民出版社 1960 年版,第 23 页。

社会结构和政治结构同生产的联系,而不应当带有任何神秘和思辨的色彩。"①而且,人与自然的关系只有在人与人的社会生活中才能获得其现实性:"只有在社会中,自然界才是人自己的人的存在的基础,才是人的现实的生活要素②",因此,人本源性的生存方式,即物质生产活动消解了一切从抽象实体出发把握人的思维方式的合法性,而把人与人的社会关系作为人的存在的现实内容凸显出来,或者说,人独特的生存和活动方式构成了其所进入和形成的社会关系的根据。

从"人的本质是一切社会关系的总和"这一理论视域理解人,将使人特有的生存特性得到充分的显现。

首先,它表明,人之区别于其他存在物,其根本特质在于它不是"现成"的存在者,而是一种具有"生存"本性的特殊存在者。所谓"现成存在者",是指可以用先验的普遍本质的方式来予以把握的存在者,海德格尔曾把它称为"范畴论"性质的存在者,认为它与生存论性质的存在者"所要求的发问方式一上来就各不相同:存在者是谁(生存)还是什么(最广义的现成状态)"③,对于"现成存在者",适当的提问方式是追问它是"什么",通过这种追问,获得其区别于其他存在者的"本质",然后通过"范畴"给出规定和定义,即可获得对它的认识和把握,人之外的其他存在者即属于这种"现成存在者"。而对于人,只能追问他是"谁",这意味着,我们不能通过"本质主义"的追问方式达到对他的理解,因为人的存在根本上不是由先验的本质所规定的,而是通过人的生存实践活动而在历史中不断展开并生成的,只有通过对人在生存实践活动中所展开的社会关系的观察、分析与反思,才能对人的生存面貌有切实的理解。在此意义上,"人的本质是一切社会关系的总和"实质上是对区别于"现成存在者"的人的生存论性质的表达。

第二,它凸显了人的生存所特有的丰富性与具体性,消解了把人还原和蒸馏成单一维度,从而导致人的抽象化的可能性。把人视为"社会关系中的个

---

① 《马克思恩格斯全集》第3卷,人民出版社1960年版,第28—29页。
② 《马克思恩格斯全集》第3卷,人民出版社2002年版,第301页。
③ [德]海德格尔:《存在与时间》,陈嘉映、王庆节译,生活·读书·新知三联书店2006年版,第53页。

人"表明，人既不能归结为抽象的普遍性"大我"，也不能归结为孤立的实体化"小我"，既不能归结为无所不能的"绝对主体"，也不能归结为消极无为的"被动客体"，既不能归结为自我中心主义的抽象自我，也不能归结为无所依归的抽象"类本性"，既不能归结为单纯的自然性，也不能归结为单纯的超自然性，然而，它同时又把这些彼此相互对立和矛盾的因素和环节内在地统一在一起，使人的存在获得了具体和丰富的特性。以往哲学在人的自我理解问题上，无不宣称要获得通达"现实的人"的道路，但它们往往把上述矛盾关系中的一极绝对化，使之成为占据人的存在的全部内容，结果必然是人的存在的抽象化。把人理解为"社会关系的总和"则在根本上避免了这种可能性，为把握人的现实存在奠定了坚实的理论基础。

最后，与上述内在相关，它使人真正成为"历史性"的存在。历史性是人的丰富性与具体性的重要方面。在人的自我理解问题上的一切实体主义都是以抹杀和消解人的历史性为前提的，它们试图寻找并确立人的超越历史性的"本真存在"，并从这种"本真存在"出发，来居高临下地审视和评判生活在"粗糙"现实中的人们的具体存在，很显然，这种对人的自我理解方式必然不可能认真地对待人的历史性。与此不同，把人视为"社会关系中的个人"则必然切实体现历史性原则，这是因为，构成人的存在的社会关系总是与历史性的实践活动内在地联系在一起的，实践活动的历史性，决定了在不同历史条件下社会关系具有不同的历史内涵与性质，也因此而决定了人的存在的历史性。马克思在其著作中，曾对这种社会关系的历史性进行过具体的描述，例如，马克思曾从分工发展和所有制的不同形式的角度，分析了"部落所有制""古代公社所有制和国家所有制""封建的或等级的所有制""资本主义所有制"等不同历史阶段人们社会关系的不同历史表现形式，也曾从人的历史发展的角度，分析了"人的依赖关系""以物的依赖性为前提的人的独立性阶段"、"人的自由个性"形态等不同历史阶段人们社会关系的不同性质，所有这些，从不同角度向我们显示了社会关系的历史性以及与此相关的人的存在的历史性。

从以上简要分析，我们已经可以看出，"人的本质不是单个人所固有的抽象物，在其现实性上，它是一切社会关系的总和"这一论述是人的自我理解问题上的一个重大变革，这一变革的核心集中体现于"在其现实性上"这一表述上：它克服了关于人的种种抽象化理解，为理解人的现实存在奠定了一个新的思想视域，这是它最值得重视的地方。

三、"人的本质是社会关系的总和"的人文价值意蕴

"人的本质不是单个人所固有的抽象物，在其现实性上，它是一切社会关系的总和"，这是一个包含十分重大的价值诉求的论断，这种价值诉求的核心就是为理解人的生存状态和自由解放确立一个坚实的价值支点。这是理解马克思这一论断十分重要的方面。

人们在理解这一论断时，经常陷入的一个误区是仅停留于"描述"的意义上，认为这只是马克思关于人的存在的一个社会学意义的命题。这种理解的流俗化和粗鄙化形式甚至演变为把"社会关系"蜕化为"拉关系""搞公关""开后门"的同义语，"人是社会关系的总和"于是成为鼓励人们通过不正当关系谋取私利的"理论依据"。导致这种现象的根本原因就在于没有自觉地认识到马克思这一关于人的论述内所蕴含着的深刻的价值规范意义和人文关怀。

如前所述，按照马克思的观点，"人是社会关系的总和"意味着，每一个现实的个人的都不是遗世独立的孤立存在，而是生活在具体的社会关系中，这意味着，每一个人的生活状态、生存品性乃至生存命运都受到所处的社会关系的深刻影响，不同性质的社会关系规定了其在社会生活中的地位与生活前景，因此，一个人在自由与解放程度与其社会关系的合乎人性的程度内在地关联在一起。按照这种思想逻辑，结论是显然的，那就是要推动和实现人的自由和解放，就必须改变与人的生存发展不相适应的社会关系，追求和创造与人的自由和解放成为可能的、合乎人性的社会关系。

在马克思看来，由于人的社会关系所具有的历史性，决定了人的自由与解放过程也具有历史性。马克思把这种社会关系的历史性概括为三个基本阶段或三种形态："人的依赖关系（起初是完全自然发生的），在这种形态下，人的

生产能力只是在狭窄的范围内和孤立的地点上发展着。以物的依赖性为基础的人的独立性，是第二大形态，在这种形态下，才形成普遍的社会物质变换，全面的关系，全面的需求以及全面的能力的体系。建立在个人全面发展和他们共同的社会生产能力成为他们的社会财富这一基础上的自由个性，是第三个阶段"①，简单而言，社会关系的这三种形态是：（1）人的依赖关系；（2）以物的依赖性为前提的人的独立性；（3）自由个性。在马克思看来，在前两种社会关系形态中，个人以不同方式不得不屈从于与个人相对立的社会关系，从而使得人的生存难以摆脱"抽象对人的统治"的命运。摆脱统治个人的抽象的社会关系，创造与人的自由个性相适应的社会关系，这是马克思哲学终极的价值关怀，也是"人是社会关系的总和"这一论述所蕴含的最深层的价值旨趣。

马克思认为，人的依赖关系是以个人屈从于个人之上的抽象的共同体为特征的，在此阶段，人与人的社会关系是以"共同体"的形式表现出来的。马克思说道："我们越往前追溯历史，个人，从而也是进行生产的个人，就越表现为不独立，从属于一个较大的整体"②，在共同体里，每一个人与他人的社会关系是根据他在共同体中的身份、地位和等级而被规定的，"虽然个人之间的关系表现为较明显的人的关系，但他们只是作为具有某种社会规定性的个人而互相交往，如封建主和臣仆、地主和农奴等等，或者作为种姓成员等等，或属于某个等级等等"③，在共同体中所处的地位和身份，决定了每个人与他人的社会关系的性质。很显然，在此阶段，人与人的社会关系实质是一些人对另一些人的人身依附关系，共同体的代表们在社会生活中占据着绝对统治地位，它们享有着共同体赋予的特权与荣耀，而另一些人则处于被支配的地位，通过对前者的服从与依赖而生存。以此为前提，人与人的关系必然如同黑格尔在《精神现象学》中所描述的"主奴关系"，是不可能有真正的自由和平等的。

对资本主义社会关系的批判性反思，这是马克思毕生最为主要的工作。与

---

① 《马克思恩格斯全集》第46卷（上），人民出版社1979年版，第104页。
② 《马克思恩格斯全集》46卷（上），人民出版社1979年版，第21页。
③ 《马克思恩格斯全集》46卷（上），人民出版社1979年版，第110页。

人的依赖关系形态不同，在资本主义阶段，人与人之间的关系不再是以人身依附为特征，而是具有了"自由"与"平等"的形式。对此，马克思说道："平等和自由不仅在以交换价值为基础的交换中受到尊重，而且交换价值的交换是一切平等和自由的生产的、现实的基础。作为纯粹观念，平等和自由仅是交换价值的交换的一种理想化的表现；作为法律的、政治的、社会的关系上发展的东西，平等和自由不过是另一次方的这种基础而已。"[1] 就此而言，它摆脱了人身依附关系并使个人在人身上获得了前所未有的独立性。但马克思认为，这种独立性以及由此表现出的"平等"和"自由"的社会关系并没有真正使人们摆脱依赖，相反，"毫不相干的个人之间的互相的和全面的依赖，构成他们的社会联系[2]"，区别仅在于依赖的形式发生了重大改变，与人的依赖关系不同，它从直接的对人的依赖关系变成了以物为中介的间接性依赖关系："活动和产品的普遍交换已成为每一个人的生存条件，这种普遍交换，他们的相互关系，表现为对他们本身来说是异己的、无关的东西，表现为一种物。"[3] 这种中介物具体表现为资本。在马克思看来，资本在本质上不是物，而是体现着人与人相对立的社会关系："一方是资本，另一方是劳动，两者作为独立的形态相互对立；因而两者也是作为异己的东西互相对立。与资本对立的劳动是他人的劳动，与劳动对立的资本是他人的资本"[4]，因此，资本主义并不意味着"依赖关系"的消除，相反，以物为中介，它使得这种依赖关系变得更为普遍和全面。"个人"依然受"抽象"所统治，"自由"与"平等"的社会关系仅具有表面和形式的意义。

前述这两种社会关系形态，如果第一种是"共同体"对"个人"的支配和控制，那么，第二种则是个人与个人之间的疏离与对立。在马克思看来，这两种社会关系形态所体现的都是真实的人与人的关系的遮蔽和抽象。前者以个人之上的抽象的共同体扭曲了人与人的社会关系，后者则以物的关系扭曲了人与人的社会关系。因此，要实现每个人真正的自由和解放，最为根本

---

[1] 《马克思恩格斯全集》46卷（上），人民出版社1979年版，第197页。
[2] 《马克思恩格斯全集》46卷（上），人民出版社1979年版，第103页。
[3] 《马克思恩格斯全集》46卷（上），人民出版社1979年版，第103页。
[4] 《马克思恩格斯全集》46卷（上），人民出版社1979年版，第222页。

的关键在于克服与人相对立的社会关系，创造与人的自由个性相适应的新型社会关系。

马克思关于"自由人联合体"的思想正集中体现着他的这种价值理想，可以说，它凝聚着马克思现代社会批判乃至其整个历史观的价值规范基础。它意味着，真正的个人自由不是建立人与人相分隔的基础上，而恰恰以人与人的结合为前提的，它不再把他人看成自身自由的束缚和限制，而是看作自身自由的条件与实现，不再把个人看成独立自在、没有窗户的封闭单子，而是看成"他自己为别人的存在，而且也是这个别人为他的存在"①。以这种对个人自由的全新理解为依据，"个体的感性存在"与普遍的"类存在"之间的矛盾将真正得到克服和超越，个人自由与共同体的自由实现了一种内在的统一：一方面，"代替那存在着阶级和阶级对立的资产阶级旧社会的，将是这样一个联合体，在那里，每个人的自由发展是一切人的自由发展的条件"，另一方面，"只有在共同体中，个人才能获得全面发展其才能的手段，也就是说，只有在共同体中才可能有个人自由"②。在此意义上，可以说，真正的个人自由以共同体的自由为条件，同样，共同体的自由也必须以个人自由的保障和实现为条件。正是在这种"个人"与"共同体"的互为条件和交互关系中，"自由人联合体"取代前现代社会的抽象"共同体"，也取代现代社会抽象的"个人"以及由此所形成的人与人之间的外在联系。在马克思看来，只有在这种新型的社会关系中，个人的自由个性才能生成并得到保障。

从上述讨论我们可以清楚地看到，"人的本质是一切社会关系的总和"绝非关于人的中性的社会学描述，而是包括对于人的生态状态及人的自由和解放的深刻的价值眷注。这既体现在它为批判压迫和束缚人的自由个性的社会关系提供价值尺度，更体现在它为人们追求和创造合乎人的自由个性的社会关系奠定价值支点。

---

① 《马克思恩格斯全集》第 3 卷，人民出版社 2002 年版，第 298 页。
② 《马克思恩格斯选集》第 1 卷，人民出版社 1995 年版，第 119 页。

第三节　马克思哲学的"类"概念与"人类命运共同体"

一、马克思哲学的"类"概念体现了"人类命运共同体"的价值追求

马克思哲学的"社会"范畴与著述中使用过的其他一些范畴有着深刻的内在的关联，这其中最有代表性的无疑是"类"和"共同体"这两个范畴。随着改革开放进程的不断深入，中国已经不可逆转地成为整个"世界历史"的一部分，"人类命运共同体"的观念日益得到人们的关注和热议。从哲学视野对此进行深入反思，揭示"人类命运共同体"的深层思想根据，并为促进人们对于"人类命运共同体"的自觉提供思想力量，这是哲学不可回避的一个重大理论与现实课题。对"人类命运共同体"的深刻关注和思考，是马克思哲学的核心议题之一，在一定意义上可以说，"人类命运共同体何以可能"这一问题构成了马克思哲学的深层的重要问题意识和价值关怀。围绕着这一议题进行多方面探讨，将为马克思哲学与当代哲学和当代世界的对话与结合提供重要的理论生长点。在此仅从马克思哲学的"社会"范畴内在相关的"类"这一重要范畴出发，阐发其与"人类命运共同体"之间内在的思想关联及其重大理论意义。

"类"概念是马克思哲学中的一个重要概念。但长期以来，人们把它视为费尔巴哈哲学抽象的人本主义的残余而没能给予应有的重视。的确，费尔巴哈把人理解为一种具有"类本质"的存在，马克思为此批判其把"人的本质理解为'类'，理解为一种内在的、无声的、把许多人纯粹自然地联系起来的共同性"[①]，

[①] 《马克思恩格斯全集》第3卷，人民出版社1960年版，第5页。

指出其脱离人现实的社会关系理解人的本质，从而导致了对人的抽象化理解。因为这一缘故，人们常把马克思哲学曾使用的"类"概念与费尔巴哈的"类"概念等同起来，视其为没有摆脱旧哲学痕迹的"不成熟"的表现。然而，如果深入思想史就会发现，前人的概念通过后来的哲学家的创造性阐释重获生机，这是哲学史上屡见不鲜的现象。同样是"类"概念，由于马克思赋予了其独特的、崭新的含义，克服了对它的抽象化理解，使其获得了与在费尔巴哈以及此前哲学中有着根本不同的内涵并焕发出重大的理论生命力。

"类"，德文为"gattung"，英文译文为"species"，按照德英辞典的解释，它具有 kind , sort, type, class, genus, rece, family 等意义。美国社会学家魏林曼综合以上含义，把"类"定义为：总集各种具有共同本质属性的存在物的一般概念。[1] 这即是说，"类存在"这一概念所指是具有某种普遍的、共同的根本性特质的存在物。因此，当哲学家用人的"类存在"、"类本质"等理解和规定"人的本质"时，实际上所要追问和回答的是：人区别于动物的而为人所共同具有的、人之为人的本质属性是什么？

因此，"类"这一概念以及与相关的人的类本质、类本性、类存在等并没有什么特别的神秘含义。问题的关键并不在于是否使用"类"这一概念，而在于从何种哲学视野、运用何种哲学思维方式理解人之为人的"本质属性"。如果不能超越旧哲学的理论视野和思维方式，即使不使用人的"类本质"等概念，其结果同样将导致人的抽象化。马克思所否定的只是费尔巴哈对人的类本质的抽象理解以及他对人的本质加以抽象化的观念，但并没有因此否定去追问和寻求人区别于其他存在物的"普遍本质"这一根本问题。

与费尔巴哈不同，马克思不是把人的"类本质"理解为"内在的、无声的、把许多人纯粹自然地联系起来的"，在马克思看来，这种"共同性"是一种"抽象的普遍性"，无法说明人的社会关系的差别性、丰富性和具体性。与之不同，马克思是从人的实践活动，从现实的社会存在的人出发理解人的"类本质"，马克思说道："一个种的全部特性、种的类特性就在于生命活动的性质，而自由的有意识的活动恰恰就是人的类特性"[2]，"通过实践创造对象世

---

[1] 参见宋国诚：《马克思的人文主义》，桂冠图书公司1990年版。
[2] 《马克思恩格斯全集》第3卷，人民出版社2002年版，第273页。

界，改造无机界，人证明自己是有意识的类存在物，就是说是这样一种存在物，它把类看作自己的本质，或者把自身看作类存在物"①，"正是在改造对象世界中，人才真正地证明自己是类存在物"②。可见，当马克思使用"类本质"来表述人的"普遍本质"时，他为理解人的存在、人与世界关系提供了一种与费尔巴哈有着根本区别的理论视野和思维方式。

以自由自觉的实践活动理解为人的"类本质"，无论是人的自然的关系，还是人与他人的关系，将呈现出一种特殊的一体性关系。正是这种一体性关系，蕴含着对于"人类命运共同体"鲜明的价值追求。

实践活动首先所体现的是人与自然的否定性统一关系。它意味着人超越了动物的封闭的、单一的生存方式，通过人与对象本质的相互交换，向整个世界保持开放态度，从而形成整个世界的一体性的内在关系。对此，马克思说道："动物和自己的生命活动是直接同一的。动物不把自己同自己的生命活动区别开来。它就是自己的生命活动。人则使自己的生命活动本身变成自己的意志和自己意识的对象。他具有有意识的生命活动。这不是人与之直接融为一体的那种规定性。"③ 动物与其生命生活的"直接同一性"，意味着它与自然之间是一种没有区分的、天然的统一性关系，与之不同，人不是直接地占有对象，而是以实践的方式，通过把自身的本质力量对象化，把自然变为"人的无机身体"，并因此形成与自然的以实践活动为中介的新型的否定性的统一性关系。

这里所谓"否定性统一"，意味着人与自然的双重关系。一是指人与自然的"否定性"关系，即人通过实践活动占有自然界，否定自然界的"自在"存在状态，把人的本质和力量对象化于外部存在，把自然对象和力量转化成"为我的存在"，使自然成为属人世界的组成部分，在此意义上，人是自然的否定者和超越者。但另一方面，人对自然的这种否定同时又是深入自然、与自然在更高的层面结合为一体的过程。实践活动既是人占有对象，同时也是人为对象所占有，对此，马克思说，"我的对象只能是我的一种本质力量的对象

---

① 《马克思恩格斯全集》第 3 卷，人民出版社 2002 年版，第 273 页。
② 《马克思恩格斯全集》第 3 卷，人民出版社 2002 年版，第 274 页。
③ 《马克思恩格斯全集》第 3 卷，人民出版社 2002 年版，第 273 页。

化",对象化意味着互为对象、相互对象化和相互占有,只有当对象"成为对象性的人"时,人才能真正占有对象。人否定和超越自然的过程,也是自然借助于人的力量展示、发挥其潜能的过程。就此而言,人属于自然,自然也属于人,人与自然体现为相互归属的关系。在此意义上,人对自然的否定实质上是迈向与自然的更高的统一体的内在环节。

人与自然的否定性统一需要通过人与人的社会关系才能变成现实。对此,马克思说道:"只有在社会中,自然界才是人自己的人的存在的基础,才是人的现实的生活要素。只有在社会中,人的自然存在对他来说才是自己的人的存在,并且自然界对他来说才成为人。"① 因此,人的类本质不仅体现在他与自然界的一体性关系中,而且也体现在人与他人的一体性关系之中。

在马克思看来,实践活动在根本上是一种个人与他人"共在"并不断向他人开放"结缘"形成社会关系的过程。实践活动在其直接性上首先是与自然界的关系,这是任何人类历史的"第一个需要确实的具体事实"②,但在此过程中人与自然界的关系同时意味着与他人的"共在"与"结缘",人与自然的关系只有在人与人的社会生活中才能获得其现实性:"只有在社会中,自然界才是人自己的人的存在的基础,才是人的现实的生活要素。"③ 马克思所期待和追求的是,随着社会历史的发展,人与人真正形成一种突破抽象力量的扭曲和控制的自由的、一体性关系,这是人真正走向成熟和解放的根本标志。

在马克思看来,旧哲学的出发点是市民社会,而新哲学的出发点则是人类化的社会或社会化的人类。"人类化的社会"或"社会化的人类"这一概念最集中地体现了马克思对人的社会存在这一类本质的理解。在此,"人类社会"和"社会化的人类"所指的正是人与人之间一体化的自由状态,它既超越了抽象的共同体,也超越了抽象的原子化的个人,是"自由人"的内在统一所形成的"联合体"。"市民社会"的人是由"利己精神"统治的个人,在这种状态下,"人绝对不是类存在物,相反,类生活本身,即社会,显现为诸个体

---

① 《马克思恩格斯全集》第3卷,人民出版社2002年版,第301页。
② 《马克思恩格斯全集》第3卷,人民出版社2002年版,第23页。
③ 《马克思恩格斯全集》第3卷,人民出版社2002年版,第301页。

的外部框架。把他们连接起来的惟一纽带是自然的必然性，是需要和私人利益，是对他们的财产和他们的利己的人身的保护"。① 与之不同，人的类本质的真正生成"建立在个人全面发展和他们共同的社会生产能力成为他们的社会财富这一基础上的自由个性形态"，它意味着，真正的个人自由不是建立在人与人相分隔的基础上，而恰恰是以人与人的结合为前提的，它不再把他人看成自身自由的束缚和限制，而是看作自身自由的条件与实现，不再把个人看成独立自在、没有窗户的封闭单子，而是看成"他自己为别人的存在，而且也是这个别人为他的存在"②。以这种对个人自由的全新理解为依据，"个体的感性存在"与普遍的"类存在"之间的矛盾将真正得到克服和超越，个人自由与共同体的自由实现了一种内在的统一：一方面，"代替那存在着阶级和阶级对立的资产阶级旧社会的，将是这样一个联合体，在那里，每个人的自由发展是一切人的自由发展的条件"，另一方面，"只有在共同体中，个人才能获得全面发展其才能的手段，也就是说，只有在共同体中才可能有个人自由"。③ 在此意义上，可以说，真正的个人自由以共同体的自由为条件，同样，共同体的自由也必须以个人自由的保障和实现为条件。正是在这种"个人"与"共同体"的互为条件和交互关系中，人与自然、小我与大我、自我与他我、个人与社会等在此都实现了本质的统一。这种"本质统一"的状态，就是人的"社会性"的真正实现。

可以看到，马克思所说的人的"社会性"真正实现状态所体现的正是"人类命运共同体"。在这种社会关系中，每个人与他人、个人与社会在根本利益上实现了内在的统一。也即意味着，人与人之间既消除了群体对个人的压迫，也消解了个人对他人的支配，自由个性得到充分发展的个人形成的联合体，即是人类命运共同体。在这种共同体中，每一个人命运与共，每个人的自由发展与其他人的自由发展息息相关。在此意义上，"类"概念所表达的正是马克思哲学对"人类命运共同体"的价值追求。

---

① 《马克思恩格斯全集》第3卷，人民出版社2002年版，第185页。
② 《马克思恩格斯全集》第3卷，人民出版社2002年版，第298页。
③ 《马克思恩格斯选集》第1卷，人民出版社1995年版，第119页。

二、马克思的"类"概念为人类命运共同体奠基思想基础

马克思哲学的"类"概念不仅蕴含着对"人类命运共同体"的价值追求,而且还内在包含着理解"人类命运共同体"的思想基础,它彰显了一种人的自我理解的崭新思想视野和思维方式,我们可称之为"类思维","类思维"是对"物种思维"的超越,而后者,正是造成人与人的分裂并瓦解"人类命运共同体"的思想根源。"类思维"通过对"物种思维"的克服,为"人类命运共同体"奠定了重要的思想基础。

这里所谓"物种思维",特指一种以认识"物"的方式去理解人的存在的思想观点和方法,运用这种观点和方法进行人的自我理解,必然导致人与人的分裂和瓦解,从而使一切真实的共同体成为不可能。

概括而言,人们在认识"物"时,通常运用的是一种对象化的思维方式,即把物当成一种"现成存在者",并运用知性的方式进行认识。为了认识物,必须把一物同其他物区别开来,使用求同法或求异法,寻找出一物区别于它物,且为这一物种所有个体共同具有的本质属性或特征,把握到了这一本质属性或特征,也就意味着把这一物与其他物区别开来了,实现了对此物的真正认识。认识一物,就是寻求其所属物种的规定,然后从此规定出发,采取"属加种差"的方式,给出此物的定义,从而达到对此物的"科学"把握。在此意义上,这是一种寻求与它物相区别的方式,是一种寻求物种界限的方式,这种思维方式,即是我们所说的"物种思维"。

概括而言,物的存在方式具有这样一些基本特点:

(1) 封闭性。物的存在性质完全是由它所属物种所决定的,例如动物的存在完全是由自然赋予的前定性质所规定的,具有"本质前定"的性质,它一来到世界上,大自然就已经为其规定好了一切,它不可能超越自身成为一个"不是其所是"的存在。正是这种性质,决定了其存在的封闭性。

(2) 无矛盾性。物的存在与其自然物种的规定完全一致,正如马克思所

说:"动物和自己的生命活动是直接同一的。动物不把自己同自己的生命活动区别开来,它就是自己的生命活动。"① 这种与生命活动的直接同一性,决定了其存在必然处于"无矛盾"的混沌状态,其存在必然具有单一和单调的性质。

(3) 孤立性。物种的规定性同时也决定了它与环境,与其他物种以及物种内各个体之间的隔绝。就与环境的关系而言,除了使用单一的尺度即物种的尺度与环境进行物质和能量的交换外,它不能越雷池一步与它物和周围环境发生能动的关系;就同一个物种内个体与个体之间的关系而言,物种与个体的直接同一关系使之失去了个体的自主和差别;就与其他物种的关系而言,弱肉强食的自然规律支配着一切,根本不存在真正意义上的社会联系。

"物种思维"与物所具有的"封闭性"、"孤立性"和"无矛盾性"等存在特性是完全相一致的。形式逻辑的"同一律"、"矛盾律"与"排中律"所体现的正是物的存在特性。"同一律"与其自我同一性特征是相适应的,"矛盾律"与其片面性特征是相适应的,"排中律"与其封闭性与单一性特征是相适应的。一句话,"物种思维"所代表的是与物的存在相适应的思维方式。

然而,上述"物种思维"只适用于物的存在,而不能用之来理解和认识人的存在,否则必然会导致人的抽象化。

运用"物种思维"理解人的存在,意味着遵循着如下基本原则。首先,把人与其他存在物区别开来,寻求人区别于其他物的、唯有人才具有的特征和属性,其次,从人身上的诸多特征中寻找和发现最"本质"、最"根本"的内容,并把它确定为人之为人的本质规定。最终,以这种"人之为人"的本质规定为根据,就可获得关于人的"本真存在"的认识和理解。很显然,这种思维方式本来是与上述封闭的、孤立的、无矛盾性的物的存在相适应的,以这种思维方式来把握人,必然导致人的"物化",无论人与自然开放的一体化关系,还是人与人之间的开放的一体化关系,都将被割裂和瓦解为封闭、片面的、单一化和实体化的抽象存在。

正如前面所阐发的,人的生命存在与物有着根本不同。如果说物的存在是

---

① 《马克思恩格斯文集》第1卷,人民出版社2009年版,第162页。

自我封闭的，那么，人的存在则是面向整个世界开放的，其存在的特殊性不仅体现在他与其他物的区别和界限，更体现在他与自然、与他人的开放性的一体性关系之中。它打开了物种生命自我封闭的循环圈，使自己的世界与整个世界融为一体。因此，人之为人的独特性，不仅不在于物种思维所强调的物与其他物的隔离性与疏离性，恰恰相反，而是在于人与万物、与他人的相通性与相融性。在此意义上，要克服对人的抽象化理解，就必须超越人的自我理解上的"物种思维"，确立与人的生命存在特性相适应的哲学观点和思维方式。

马克思的"类"概念正是作为这样一种哲学观点和思维方式而产生的。它以"类思维"取代了"物种思维"，实现了对人的具体的把握。这一人的自我理解的深刻变革，为"人类命运共同体"奠定了坚实的思想基础。

具体而言，在人的自我理解上，"类思维"与"物种思维"将具有如下根本区别。

首先，"类思维"不是简单地寻求区别性，而是一种在区别性中同时又试图超越区别性并寻求统一性的思维，而这正是与人的存在特性相一致的。人来源于自然，在此意义上，她与其他物种一样，存在与其他存在者的区别和界限，但是，人的"类本质"在于它能够超越物种的区别的界限，与其他物，与其他人之间建立本质性的一体关系，它并不否定人与物、人与他人之间的差别性，但是，人之为人，恰恰在于它通过实践活动，向整个世界、向他人开放，并与之结成内在的否定性统一关系。这种关系，已完全超越了物与物之间封闭的、孤立的和隔离的关系，而成为既有确定区别，同时又本质性内在一体的"类"关系。

其次，"类思维"是一种体现着人的"自由自觉"本性的思维。它意味着，上述人与物、人与人之间的内在一体关系不是"自在"、"自发"地形成的，而是在实践活动中，通过人们的自由、自觉的创造性活动自为地建立起来的。这是"人生在世"对待和处理与世界关系的特有方式。马克思曾说道："动物和它的生命活动是直接同一的。动物不把自己同自己的生命活动区别开来。它就是自己的生命活动。人则使自己的生命活动本身变成自己的意志和意识的对象。"[①] 有意识生命活动表明人与物的根本区别不在于某种惟有人具有

---

① 《马克思恩格斯全集》第 3 卷，人民出版社 2002 年版，第 273 页。

的某种具体属性和特点，而在于其"自由"和"自主性"，正是这一独特的存在方式，使得其可以突破物种的局限，与万物和他人"结缘"而形成否定性的统一关系。

第三，"类思维"是一种把人的"个性"与"社会性"内在统一起来的思维。人与他人的社会化的一体性关系是以个人的独立性为前提并以其个性的充分发展为条件的，因而这种一体性关系是包含着个性、差异性和多样性的"具体的普遍性"或"丰富的统一性"。对于物而言，是不存在真正意义上的"个性"的，它们完全属于其所隶属的物种，被物种的共同规定性所宰制，因而对它而言只存在抽象的普遍性和单一的同一性。与此不同，人与人的社会化的一体性关系与个性的自由发展是相辅相成的、不可分割的辩证统一关系：个性得到自由发展的个人同时也是其"社会性"得到充分展现的个人，只有在个人越是发挥其自由个性的条件下，"自由人的联合体"才真正成为可能，另一方面，人与他人在实践活动中所生成的社会关系也构成了个人自由发展的条件，正如马克思所说的："只有在共同体中，个人才能获得全面发展其才能的手段，也就是说，只有在共同体中才能有个人自由。"①

从以上分析可以清楚地看出，马克思的"类"概念所彰显的"类思维"代表着一种完全不同于"物种思维"的理论原则与思维方式。它超越了物种思维封闭性、片面性和孤立性的理解方式，把人真正理解为在与他人内在统一的社会化的、一体性关系中生存发展的开放性和包容性存在。很清楚，这种新的哲学意识充分彰显了人类相互依存与命运与共的整体性与内在相关性。只有以这种哲学意识为根据，才能避免那种把人与人的关系割裂、孤立开来的观念和倾向，从而为"人类命运共同体"奠定坚实的思想基础。

三、马克思哲学的"类"概念为人类命运共同体提示了现实的可能道路

马克思哲学的"类"概念不仅蕴含着对于"人类命运共同体"的价值追

---

① 《马克思恩格斯选集》第1卷，人民出版社1995年版，第119页。

求，奠定了"人类命运共同体"的思想基础，而且还为"人类命运共同体"的生成提示了现实的道路，那就是必须消解种种把人与人隔离开来的抽象力量，破除"抽象对人的统治"，不断促进人与人之间的团结，推动人与人的自由联合，从而推动"人类命运共同体"成为现实的可能。

在历史和现实中，存在着种种把人与人隔离开来的、造成人与人相对立和冲突的抽象力量，这种抽象力量在前现代社会，最典型地表现为共同体中"支配一切的抽象权利"，在现代社会，则最典型地表现为"支配一切的资本逻辑"。

按照马克思的观点，从人的历史发展的角度看，前现代社会的根本特点是"以人的依赖性为前提的人的独立性"，马克思说道："我们越往前追溯历史，个人，从而也是进行生产的个人，就越表现为不独立，从属于一个较大的整体"①，这一更大的"整体"即是个人之上的"共同体"。与个人相比，"共同体"是真正自因自足的实体，而个人则是依附于这一实体的"偶性"和附属品；"共同体"是真正的目的和意义，个人只有在这一整体中通过"分享"整体所分配的角色和地位才能获得存在的价值和意义。可见，在共同体和个人关系中，只有前者是自足、自因和自由的存在，后者无条件地束缚于前者因而是微不足道的部分。马克思认为，这种"虚幻的共同体"对于个人来说，完全是"新的桎梏"。②

支配一切的"共同体的权力"形成了双重后果。一是造成了"抽象共同体对个人的控制"从而导致了共同体与个人的分裂，二是造成了"共同体的实体化"从而导致了不同共同体之间的分裂和对抗。

"共同体与个人的分裂"是共同体"支配一切的权力"的必然后果。相对于个人，"共同体"具有绝对的统治地位，与之相比，个人微不足道。马克思把"共同体"与"个人"之间的这种关系概括为"把社会当成抽象的东西同个人对立起来"，并把这种意义的共同体称为"虚幻的共同体"。究竟根本，"共同体"与"个人"的分裂实质上是人与人的分裂，这是因为，"虚幻共同体"之"虚幻"，就体现在"共同体"实质上是由共同体中占据统治地位的

---

① 《马克思恩格斯全集》第46卷（上），人民出版社1979年版，第21页。
② 《马克思恩格斯选集》第1卷，人民出版社1995年版，第119页。

"特殊阶级"和"利益集团"所代表的虚假的普遍性,"正是由于特殊利益和共同利益之间的这种矛盾,共同利益才采取国家这种与实际的单个利益和全体利益相脱离的独立形式,同时采取一种虚幻的共同体的形式"①,社会生活中占据统治地位的"特殊阶级"和"利益集团"把自身视为"共同体"的代表,"以便把自己的利益说成是普遍的利益",通过这种方式,使得他们对社会生活中其他个人的"实际的干涉和约束成为必要",在此意义上,"共同体"和"个人"的分裂实质上是共同体中一部分人对另一部分人的控制和支配并因此形成的分裂。

"共同体"与"共同体"之间的分裂与"共同体"与"个人"的分裂是内在关联在一起的。"共同体"的代表者把共同体视为满足自身利益的工具和手段,对于他们而言,"共同体"是其特殊等级的扩大和延伸,这使得其产生一种幻觉,即其私人利益与共同体的普遍利益具有一致性。以此为前提,他们必然把共同体视为实现其特殊利益的封闭整体,并把一切异于此其所属共同体的其他共同体视为其威胁。对此,康德在《历史理性批判》中曾在分析破坏"永久和平"的根源时,十分深刻地指出:"各个民族作为国家也正如个人一样,可以断定他们在自然状态之中(即不靠外部的法律)也是由于彼此共处而互相侵犯的",它们"要把自己的威严(因为人民的威严是一种荒谬的提法)置诸于完全不服从于任何外界法律的强制;而它的领袖的光彩就在于他自己不必置身于危险之中又有千千万万的人对他俯首听命,为着和他们本身毫无关系的事情去牺牲自己。欧洲野人和美洲野人的区别主要地就在于:美洲野人许多部落是被他们的敌人统统吃光的,而欧洲野人却懂得最好是用他们来扩充自己臣民的数目,因而也是继续扩大战争工具的数量"②,这即是说,由于抽象"共同体"的代表者把"共同体"视为自身之"私器",利用"共同体"的"臣民",在对其他"共同体"的占有和征服中,不断扩大和膨胀其特殊利益,乃是冲突、纷争和战争的根源。因此,"支配一切的共同体权力"引发"共同体"之间的分裂具有内在的必然性。

在马克思看来,"支配一切的资本逻辑"是现代社会占据统治地位的抽象

---

① 《马克思恩格斯选集》第1卷,人民出版社1995年版,第84页。
② [德]康德:《历史理性批判文集》,何兆武译,商务印书馆2009年版,第113—114页。

力量。马克思论述道:"个人现在受**抽象**统治,而他们以前是互相依赖的。但是,抽象或观念,无非是那些统治个人的物质关系的理论表现"①,这里所谓"个人受抽象统治",所意指的即是个人受"资本逻辑"这一抽象力量的控制。"资本逻辑"使资本的关系成为统治现实生活的"唯一的"的、绝对的关系,把人的生命中一切丰富的因素,社会生活中的一切内容,都还原和蒸馏为抽象的"交换价值"。它操控一切、使一切发生扭曲和颠倒,它如同传说中的巫师,把"一切人的和自然的特性变成了它们的对立物";更重要的是,资本的逻辑在根本上是一种社会关系的逻辑,在这种社会关系中,作为资本人格化代表的资本家为了其支配地位,必然会极力把资本逻辑的抽象统治永恒化,并因此把由资本逻辑所控制的社会状态宣告为完美的"千年王国",这一"千年王国"代表着理性的实现,因而也就意味着"历史的终结",对此,马克思这样概括道:"你们的利己观念使你们把自己的生产关系和所有制关系从历史的、在生产过程中是暂时的关系变成永恒的自然规律和理性规律。"②

"支配一切的资本逻辑"同样造成了双重结果。一是个人与个人之间的分裂,二是造成了以民族国家为主体的共同体之间的分裂。

"支配一切的资本逻辑"必然导致人与人之间的分裂。马克思指出:"在'市民社会'中,社会结合的各种形式,对个人说来,才只是达到他私人目的的手段,才是外在的必然性"③,"资本逻辑"使得人自由自觉的劳动退化为一种"抽象劳动","劳动"脱离了真实的劳动主体而成为了一种为劳动主体之外的神秘力量服务的工具,这种神秘力量就是"资本"和作为资本人格化身的"资本家",他的"劳动不属于他;他在劳动中也不属于他自己,而是属于别人"④,自由这一人权"不是建立在人与人相结合的基础上,而是相反,建立在人与人相分隔的基础上。这一权利就是这种分隔的权利,是狭隘的、局限于自身的个人的权利"⑤。"私有财产这一人权是任意地、同他人无关地、不受社会影响地享有和处理自己的财产的权利;这一权利是自私自利的权利。这种

---

① 《马克思恩格斯全集》第46卷(上),人民出版社1979年版,第111页。
② 《马克思恩格斯文集》第2卷,人民出版社2009年版,第48页。
③ 《马克思恩格斯选集》第2卷,人民出版社2009年版,第87页。
④ 《马克思恩格斯全集》第3卷,人民出版社2002年版,第271页。
⑤ 《马克思恩格斯全集》第3卷,人民出版社2002年版,第183页。

个人自由和对这种自由的应有构成了市民社会的基础。这种自由使每个人不是把他人看作自己自由的实现，而是看作自己自由的限制"①，很显然，建立在"人与人相分隔""自私自利的权利"基础上，人与人之间的关系必然处于分裂状态。

在现代社会，"支配一切的资本逻辑"是与"民族国家"这一共同体的形成内在地勾连在一起的，吉登斯曾指出："资产阶级的出现只会通过其所掌握的已经建立起来的以国家机器为基础的统治权来进一步促进其经济目标"②，只在"国家拥有行政权力，而且合法地垄断着相对完整的内部'秩序'"的条件下，资本逻辑运动所需要的基本前提才得以成立③。因此，"资本逻辑"与"民族国家"共同体二者乃是现代社会相互支撑的"制度丛结"。"资本逻辑"具有永无止境地扩张和膨胀自己的特点和性质，为了不断为产品和资本赢得新的市场，资本必然要求自己走出民族国家的界线，跨越民族国家的边界为资本寻求海外出路和空间，这即是说，"资本的国际扩张"是资本逻辑运动的必然结果。"资本的国际扩张"一方面表现为把"过剩资本"输出到落后国家，就像列宁指出的那样："只要资本主义还是资本主义，过剩的资本就不会用来提高本国民众的生活水平，而会输出到国外，以提高利润"④，这必然导致"先进国家"与"落后国家"之间的冲突与对立，另一方面，"资本输出国"之间为了争夺世界市场也难以避免地陷入激烈的争夺之中并因此导致其冲突与对立。因此，"支配一切的资本逻辑"按其本性不可避免地会导致以民族国家为主体的共同体之间的对抗与分裂。

很显然，在共同体"支配一切的权力"和"资本逻辑"等"抽象力量"的统治下，人失去了自由自觉的、开放的、与他人在实践活动中实现内在统一的性质，而成为孤立、封闭和排它性的抽象存在。很显然，在此条件下，通向"人类命运共同体"的道路必然被堵塞。这一点，只要反观当代世界和人们的现实生活，我们就可以深切地认识到，在今天阻碍"人类命运共同体"成为

---

① 《马克思恩格斯全集》3卷，人民出版社2002年版，第184页。
② [英]吉登斯：《历史唯物主义的当代批判》，郭忠华译，上海译文出版社2010年版，第188页。
③ [英]吉登斯：《民族—国家与暴力》，胡宗泽等译，生活·读书·新知三联书店1998年版，第192页。
④ 《列宁选集》第2卷，人民出版社1995年版，第578—579页。

可能的种种因素和力量中,马克思所指出和分析的上述两种抽象力量正扮演着关键的角色。可以说,在此问题上,马克思所给出的上述"病理学诊断"依然具有十分鲜明的当代意义。

因此,要超越上述人与人、共同体与共同体的分裂,推动"人类命运共同体"生成,首先必须超越"物种思维",唤醒和提升人的"类思维",并以此为引导,促进人与人之间、共同体与共同体之间的自觉联合,推动自觉的"类主体"的生成。正如前面已经指出的那样,"物种思维"的根本特点就是孤立性、封闭性和排他性,这是与物的存在方式相应的思维方式。从马克思的"类"概念所彰显的"类思维"出发,上述无论是"支配一切的共同体权力"还是"支配一切的资本逻辑"所造成的个人与个人的分裂和共同体与共同体的分裂,所体现的实质上正是"物种思维"。只有超越这种狭隘的思维方式,以"类思维"重新理解人与人、共同体与共同体之间的关系,"人类命运共同体"才能成为人们自觉追求的价值目标。

更重要的是要在实践活动中,不断祛除阻碍"人类命运共同体"生成的抽象力量,从而为"人类命运共同体"创造现实的条件。马克思说道:"建立在个人全面发展和他们共同的社会能力成为他们的社会财富这一个基础的自由个性"[①],克服了"以人的依赖关系"阶段和"以物的依赖性为基础的人的独立性"阶段的局限性,代表着可以预见的人类发展的最高阶段,在此阶段,人既不受超越个体生命之上的"抽象共同体"的支配,也不再由"支配一切的资本逻辑"支配,个人与个人之间、共同体与共同体之间的分裂将因此而被自由人的联合体所取代,只有在此条件下,"人类命运共同体"才真正成为现实的可能。为此,人们必须通过自己的创造性活动,切实地否定和消灭统治人的"抽象力量",为"人类命运共同体"开辟现实的道路。

---

① 《马克思恩格斯全集》第46卷(上),人民出版社1979年版,第104页。

第五章　马克思哲学的实践观点及其当代性

实践观点是马克思哲学根本的理论观点，这已成为学术界的基本共识。围绕着马克思哲学的实践观点，多年来学术界的许多学者已经进行了十分广泛和深入的探讨，取得了多方面的重要成果。我也曾从不同角度出发，对此进行过一些探讨。在本章，我们不准备对马克思哲学的实践进行全方位的解读和阐释，而只是围绕马克思哲学的实践观点与马克思哲学中有着重要地位的理论问题的关系，从几个重要视角对其进行进一步的探讨。

第一节　马克思哲学的实践观点及其唯物论基础

一、抽象化"物质"还是知识化"实践"：对马克思哲学唯物论基础的重新思考

众所周知，唯物论是马克思哲学的重要理论基石。但在马克思主义哲学发展史上和苏联传统教科书体系之中，存在着将抽象物质以及由此衍生的知识化实践作为马克思哲学唯物主义基础的误解，并由此造成了许多理解上的困难。从马克思哲学的实践观点出发，对此进行理解和阐释，仍然是一个重要的理论

任务。

长期以来，对马克思哲学的唯物主义基础存在着一种误解：抽象"物质"以及由此产生的知识化"实践"，这两者是相互独立、相互补充的。无论是在马克思主义哲学史上（例如梅林、普列汉诺夫等），还是在传统教科书体系之中，抽象物质观充斥在具有客观性的"自然哲学"领域。一旦回到与主体相关的认识领域，实践作为获得知识的动力、源泉、目的以及检验标准这些作用彰显出来。在"自然哲学"领域（推广到社会历史领域）强调物质运动及其规律，在人的认识领域强调人的实践活动；前者是客观领域；后者是主观领域；前者是不以人的意志为转移的客观自然（社会历史只是客观自然的特殊状态），而后者从属于前者，是人的主观能动性的产生场所；本体论之于物质，认识论之于实践。

第一，抽象"物质"观。近代自然科学的发展，使整个世界越来越清晰地展现为一幅由客观物质运动所构成的画面。这一时期的唯物主义者吸收了自然科学的成果，不再是将朴素直观的具体事物作为世界的本体、本原，而是将表述事物的普遍性质（客观性）的"物质"作为世界的统一性根据。这一时期，出现了"世界是机器"以及"人是机器"的典型论断。整个世界是客观存在的、不以人的意志为转移的。世界就像是一个大机器，而人只是这个大机器里的小零件，遵循客观规律和程序运动着，这就是抽象物质观的典型表述。抽象物质观承认一个客观物质世界（客观自然）的存在，相比人类社会来说，客观自然或客观物质世界具有本原地位，人类社会只不过是客观物质世界中的一种特殊形态。

在马克思主义哲学发展史上，存在着对马克思唯物主义基础的退行性理解，即把马克思哲学的唯物主义基础理解为抽象"物质"——18世纪法国唯物主义的唯物论基础，将马克思的新唯物主义理解为对旧唯物主义或一般唯物论的方法论的补充或"天才的修正"（"自然的辩证法"或"主体—客体的历史辩证法"），以"物质"为本体，用辩证法将其"生动"起来。梅林在《保卫马克思主义》中提到，历史唯物主义是"对自然科学主义的'补充'，代表这种自然科学唯物主义的就是与黑格尔斩断一切关系之后的费尔巴哈"[①]。并

---

① ［德］梅林：《保卫马克思主义》，吉洪译，人民出版社1982年版，第146页。

且，他认为，"机械唯物主义在自然科学范围内是科学研究的原则，一如历史唯物主义在社会科学范围里一样。"① 这两句话有如下几层含义：（1）自然科学唯物主义是基础，历史唯物主义仅仅是补充；（2）费尔巴哈的唯物主义等同于机械唯物主义；（3）自然领域和历史领域是分开的不同的领域，且自然领域具有更为优先的地位；（4）马克思的历史唯物主义的基础就是费尔巴哈的自然科学的唯物主义或机械唯物主义。由此，可以得出结论：马克思所实现的哲学革命仅在于从费尔巴哈的立场出发并将其推广到历史领域。而对于费尔巴哈的所谓一般的唯物主义（抽象物质观）立场，马克思是非批判的和全盘接受的。在普列汉诺夫的著作中，同样可以看到类似的观点，他说："关于主体与客体的统一的学说、思维与存在统一的学说，同样为费尔巴哈和马克思及恩格斯固有的，这也是17世纪和18世纪最杰出的唯物主义者的学说。"② 这意味着，17世纪以来的唯物主义学说（包括费尔巴哈、马克思及恩格斯在内）都是关于主体与客体、思维与存在的学说。并且关于这种学说，马克思和恩格斯与近代17世纪以来的唯物主义是一致的。"马克思的认识论实际上就是费尔巴哈的认识论，只不过因为马克思做了天才的修正而更加深刻罢了。"③ 换言之，马克思哲学与近代唯物主义哲学没有本质的区别，他们都是在近代二元论——知识论哲学的基本建制之中解决主体与客体、思维与存在的关系问题，马克思只不过是做了些"天才的修正而使其更加深刻罢了"，即应用辩证法使由物质构成的世界生动起来。物质是质料，辩证法是形式，物质和辩证法的结合使得潜在变成了现实。传统教科书体系承袭了抽象物质观，表面上回答了客观自然领域的问题以及客观化的社会历史领域的本体问题。不过它没有将抽象物质观或自然观贯彻到认识论领域，而是意图将实践作为求得知识的重要环节从而超越被动反映论。这是它站在马克思哲学所实现的革命地基上，因而优于18世纪法国机械唯物主义和17世纪杰出的唯物主义的地方。

第二，由抽象物质观所衍生的知识化"实践"。知识化"实践"实际上是指传统教科书体系更多地将实践理解为求真活动的环节。传统本体论领域的问

---

① ［德］梅林：《保卫马克思主义》，吉洪译，人民出版社1982年版，第163页。
② 《普列汉诺夫著作选集》第3卷，汝信等译，人民出版社2009年版，第146页。
③ 《普列汉诺夫著作选集》第3卷，汝信等译，人民出版社2009年版，第147页。

题被抽象物质观"解决"之后,在认识论领域超越旧唯物主义被动反映论的意图为实践提供了知识化的空间和扮演重要角色的舞台。实践成为了认识真理过程的一个环节。实践活动具有客观实在性、自主能动性、社会历史性。首先,实践活动是人改造世界和认识世界的客观物质活动,实践活动是人凭借自身感性的存在通过感性的中介去改造感性的世界。因此,实践活动具有客观实在性和直接现实性;其次,实践作为人的客观物质活动是人的主观能动性的寓所和根源。实践是人的存在方式,正是在实践活动中,人与其他自然物脱离开来而成为人。正是在这种对象性活动中,人具有了与动物有别的主观能动性;第三,实践活动是作为实践主体的人在一定历史结果和前提下进行的创造活动,并且这种创造活动成为历史经常的前提和结果。同时,人的实践活动又产生了人的交往关系和生产关系——人的社会关系,而这种生产关系和交往关系又反过来影响和制约着实践。因此,实践是历史的,也是社会的,人的实践活动具有社会历史性。正是由于实践活动具有客观实在性或直接现实性、主观能动性和社会历史性,传统苏联教科书将实践活动作为主体与客体、思维与存在统一的中介、作为认识的环节。由于作为认识世界的中介和环节的实践活动的特性,认识不再是对外在客观世界的被动反映和直接映像,也不是意识领域的玄思与冥想,而是人脑对外部世界的能动反映,认识的内容是客观的,形式是主观的。把实践活动作为认识的中介和真理的寓所(将实践知识化)是传统教科书体系承袭抽象物质观而又意图超越被动反映论的合乎逻辑的结果。知识化"实践"很好地补充了物质本体论,回答了与主体密切相关的认识论问题,表面上超越了近代机械论唯物主义的被动反映论。这样,在马克思哲学内部,在传统本体论领域和认识论领域分别出现了两个核心范畴"物质"和"实践","实践"范畴从属于"物质"范畴。正如人类社会不过是客观自然的一种特殊形式一样,物质是本体,人的实践活动是客观物质运动的一种特殊状态。这就产生了疑问:既然实践具有如此重要的作用(主体与客体、思维与存在统一的中介),为什么物质是本体,而实践活动只是认识论领域的核心范畴?

综上所述,在传统苏联教科书体系中,抽象物质观以及由此衍生的知识化实践分别成为马克思哲学本体论和认识论的两个不同领域的核心范畴,它们是互相独立、互为补充的。在传统本体论领域"物质"是世界统一性的根据；在认识论领域，"实践"具有不可替代性的作用并作为核心范畴突显出来，人的实践活动以真理为目标，而真理又寓于实践活动之中。在传统本体论领域（客观自然以及客观化的社会历史领域）其唯物主义基础是"物质"，保证了其"唯物主义"的阵营；在有关主体的认识领域则突出强调"实践"，将实践知识化，意图超越近代机械唯物主义的被动反映论。这样，在传统教科书体系内部，对于马克思哲学的唯物论基础的理解就存在着内在的矛盾：即物质和实践谁更加重要的问题。同时，物质的抽象化和实践的知识化也会导致理解上的许多困难。

二、抽象物质观与知识化实践的前提性反思

在传统本体论领域的抽象物质和在认识论领域的知识化实践的设置，造成了对马克思哲学的理解的理论困境。一方面，强调物质是马克思哲学的唯物主义基础、物质是本体；而另一方面，在认识论领域，起作用的反而不是物质本体，而是人的实践活动。并且，这种理解方式不仅无法解决各自领域的问题并造成各自领域的理解困难，而且还导致了对马克思哲学的真实基础的遮蔽。与此同时，抽象物质观与知识化实践有其深刻的理论前提，即知识论哲学观、知性形而上学的思维方式、实体论本体论和理论理性原则。通过对该种理解方式的理论局限的解剖和理论前提的梳理，可以发现理解马克思哲学的唯物主义基础的最恰切的角度：生存论角度。

首先，抽象物质观在传统本体论领域所造成的理论困境。

第一，抽象物质观造成客观自然和属人自然的二元对立。抽象物质观承认一个不以人的意志为转移的客观物质世界的存在，会导致客观自然领域与人类社会领域的分裂。抽象物质观实际上仍然是在主客、心物二元对立的框架之内去探究世界的统一性问题，在此框架之内，仍然存在人的主观意识如何切中不以人的意志为转移的、脱离人而存在的客观自然的问题。在教科书体系中，通

过被知识化的实践来回答这个问题。同时，将客观自然与属人自然、物质运动与实践活动的关系描述为包含与被包含的关系。这样既"解决了"本体问题，又解决了认识问题，但这仍然存在无法解释的地方。既然客观自然的范围大于属人自然的范围，属人自然仅是客观自然的一种特殊存在形式，那么客观自然与属人自然的交集才是真正人所属的世界。即使以此为前提，按照康德的话说，交集以外的"物自体"可以思考，但无法被认识。那为什么要从一个不可认识的、不以人的意志为转移的世界的本质及其规律出发去探究人类社会的规律（或者认为人类社会的规律无非是自然规律的特殊形式并包含于其中），而不从可被认识和改造的属人自然（人类社会）本身出发去认识和改造人所处的世界？另一种合理的解释是，并不存在脱离于人的自然，人所认识和改造的自然不是单纯客观的自然，而是客观自然和人类社会二者的统一体，即"人化了的自然"。自然不过是"人的无机身体"。相反，"抽象地理解的、自为的、被确定为与人分隔开来的自然界，对人来说也是无"[①]。第二，抽象物质观导致宿命论，掩盖人的主体性。抽象物质观认为存在在人之外的、不以人的意志为转移的客观自然，并且相比人类社会具有本原地位。既然属人自然相比客观自然只具有从属地位，那么人类社会也同客观自然一样具有不以人的意志为转移的客观规律，历史如同一辆自动行驶的火车，作为乘客的人无法改变火车的方向。人只不过是社会历史规律的表现者，也就无所谓主体性可言。因此，悬设一个客观自然本体，并以此说明作为客观自然特殊形式的人类社会，必定会掩盖人的主体性。

第三，仍然是在传统形而上学的框架内理解马克思哲学，物质成为永恒基础和不变真理，遮蔽了马克思哲学的批判和革命的向度，是对马克思哲学的反向逆行。将客观物质或客观自然理解为马克思哲学的基础仍旧是在旧唯物主义的地基上理解马克思哲学，忽视了马克思哲学在哲学史上所实现的"立脚点"的位移。马克思哲学的革命被狭隘地理解为运用黑格尔的辩证法改造了旧唯物主义的唯物论基础，使之生动起来，并以此出发推广到社会历史领域。

第四，以抽象物质或外在于人的客观自然作为本体，必然导致"物活论"

[①] 《马克思恩格斯文集》第1卷，人民出版社2009年版，第220页。

思想。把外在于人的客观自然界或抽象物质作为本体，同时又想超越机械唯物论而诉诸辩证法使物质和自然界动起来。然而，传统教科书认为辩证法的客观性不在于人变革自然界的实践活动中，而在自然界本身之中，企图在自然界中寻求"纯粹客观的辩证法"，并作为解释世界的原则，从而陷入了"物活论"。

其次，知识化"实践"在认识论领域的理论困境与局限。

第一，对马克思哲学真理观的片面化理解。知识化实践承认一个外在于人的客观自然的存在，将实践活动理解为求知过程的环节，去追求客观规律和真理，忽视了人的实践活动更为根本的意义——人的存在方式。与此相应，将真理理解为事物的客观本性，将求真活动理解为认同客体、适应外部世界、实现客观本性。求真活动被理解为一种单纯的求知活动，而忽略了生存和创造的向度。"人的求真不简单是一种认知活动，而且是一种实际的创造活动；人所追求的真理也不单纯是为了适应自然、认同客观，而是贯注着人的理想、追求的一个创造性目标。"① 真理不仅仅是一种知识性目标，更为重要的是一种创造性的目标。

第二，容易将马克思的实践革命理解为认识论革命，而不是生存论革命，导致对马克思哲学实践概念理解的片面化。马克思的实践概念不仅仅处在认识论领域，而是贯穿哲学的全部领域。实践作为人的本源性存在方式，首先是一个生存论概念，然后才是认识论概念。

最后，抽象物质观以及由此衍生的知识化实践作为马克思哲学的本体论和认识论两个不同领域的基础，不仅会造成在各自领域的理解困难，而且会造成马克思哲学唯物主义的生存论基础的遮蔽以及马克思哲学的内在对立。抽象物质观和知识化实践实际上是从近代形而上学的基本建制"二元论—知识论"的立场出发理解马克思的新唯物主义必然导致对最为根本的批判和革命向度的遮蔽，导致对新唯物主义生存论根基的遗忘。因此，必须理清抽象物质观和知识化实践的理论前提，从而破除对马克思哲学的唯物主义基础的误解，从生存论的角度理解马克思新唯物主义的生存论根基。

抽象物质观和知识化实践有其深刻的理论前提，其中有四个最重要的理论前提：知识论哲学观、知性形而上学的思维方式、实体论本体论和理论理性的

---

① 高清海：《哲学的奥秘》，吉林人民出版社1997年版，第104页。

原则。

第一，知识论哲学观的前提。近代哲学自觉地意识到没有认识论的本体论无效，因而将哲学的目光首先转向人的认识领域，解决人的认识何以可能的问题。笛卡尔采取普遍怀疑的方法，将认识内容（认识客体）排除出去，确立了认识形式"我思"（认识主体）作为一切知识的根基，由此开创了近代哲学。因此，知识论哲学的一个重要特征就是以主体和客体的二元对立为前提，去追求主体与客体、思维与存在的统一。抽象物质观和知识化实践秉承了这种知识论哲学观的前提，首先承认一个脱离于人而存在的客观自然，造成人类社会与客观自然的对立；然后，通过作为认识活动重要环节的实践去认识客观自然的运动及其规律，并推演到人类社会。因此，知识论哲学观的前提首先表现为主体与客体、客观物质世界与人类社会历史领域、客观自然与属人自然的二元对立。其次但也是更为重要的是，知识论哲学的前提表现为追求"真理"，实现主体与客体、思维与存在、客观自然与属人自然的统一。认识到"真理"也就实现了它们的统一。知识化的实践便很好地体现了这一前提，实践是在与认识的关系中托出的，人的实践活动中实践过多地被强调为认识的环节。

第二，知性形而上学的思维方式的前提。知性思维是一种追求确定性的思维，在经验生活中，人们通过排中律、同一律等去认识对象。知性思维的杰出运用领域是自然科学领域，科学家通过实验证明的方法，去确证和规定对象，发现自然现象背后的规律。而所谓知性形而上学的思维就是知性思维在传统形而上学领域内的应用所产生的思维方式，这种思维方式追求永恒的、终极的真理。抽象物质观就是这样的不变的、永恒真理。物质与意识相对立、客体与主体、客观自然与属人自然的对立之中，"物质"和客观自然成为永恒真理的一方。例如，如前所述，在普列汉诺夫那里，马克思新唯物主义的基础就是17和18世纪杰出唯物主义者和费尔巴哈唯物主义的基础，他们全部画上等号了。数百年间唯物主义一直没有根本性的发展，从17世纪和18世纪唯物主义那里开始，唯物论的基础似乎就变成了永恒真理，后来者所实现的变革无非是外在性的修饰和补充，即应用辩证法使有物质构成的世界生动起来。对此，高清海先生曾经提到，"以往哲学只能或者把属人世界合并到自然世界之中，或者把自然世界熔化于属人世界之中，都不能从否定性的关系中，把它们统一起来，这是它们的根本局限"①。

第三，实体论本体论的前提。知性思维在经验生活和自然科学这些追求确定性的领域使用是合法的使用，不仅符合经验生活，而且构成自然科学的精髓；但是，知性思维超越经验生活和自然科学领域在传统形而上学或本体论哲学的使用就成为了非法的使用。知性形而上学的思维方式追求确定性和固定性，在传统本体论领域的使用，必然会将某种东西看作是永恒不变的实体或终极存在。因此，知性形而上学的思维方式必然导致实体形而上学或实体本体论。在主客、思存、心物二元对立的结构之下，要么将物质当成永恒不变的终极实体，要么将精神当作永恒不变的终极实体，从而掩盖了本体论领域的生存论向度：人的实践活动的终极自我关怀和人文解放意蕴。因此，实体论本体论构成了抽象物质观和知识化实践的本体论前提。

最后，理论理性原则的前提。抽象物质观和知识化实践是理论理性原则的前提。理论理性强调人的理智和理性首要的目的就是去寻求真理，逻辑和理智先于生存。以此为前提，必然将马克思哲学的唯物主义基础理解为抽象"物质"，并把辩证法视为关于物质运动最普遍的规律，将实践强调为认识的动力、源泉以及检验真理的标准。

综上所述，将马克思哲学的唯物主义基础理解为抽象物质并在认识论领域突出强调被知识化的"实践"的作用，仍然是在近代哲学"二元论—知识论"的基本建制之中理解马克思哲学，遮蔽了马克思哲学的生存论基础及其批判和革命的向度，会导致对马克思哲学的诸多理解困难。同时，也造成了在马克思哲学内部认识论和本体论的脱节，是在马克思哲学基础上的逆向退行。因此，要理解马克思哲学的真实基础，必须摆脱"二元论—知识论"哲学范式，理解马克思新唯物主义的"新"的哲学范式——生存论。

三、实践观点与马克思的新唯物主义

通过上面对抽象物质观以及由此衍生的知识化实践的理论局限以及理论前

---

① 高清海：《哲学与主体自我意识》，北京师范大学出版社2017年版，第4—5页。

提的梳理，可以发现，从抽象物质或纯粹客观自然出发去理解马克思哲学的唯物主义基础，仍然是在旧唯物主义的基础上乃至传统哲学的视域中理解马克思哲学。它仍与旧唯物主义乃至传统哲学分享着相同的理论前提：知识论哲学观、知性形而上学的思维方式、实体论本体论和理论理性原则。同时，也造成相似的后果，即自在世界与自为世界、客观自然与属人自然的二元对立。

关于抽象物质观与知识化实践的理解极易忽视马克思新唯物主义所实现的哲学路线的变革和哲学论题的转换，从而遮蔽马克思哲学的新唯物主义基础。

因此，对马克思新唯物主义与以往一切旧唯物主义的比较分析和对马克思批判旧唯物主义实质的深入分析，可以知道，"唯物主义不应以'物质'这个'抽象体'，而应以'实践的具体性'作为自己'真正的对象和出发点'"①。马克思新唯物主义作为一种现代的新的哲学范式其根基是人的现实存在，而非客观自然或抽象物质。

在《神圣家族》中，可以清楚地看到，新旧唯物主义的不同首先体现在人的机械性和人的自主性。马克思对旧唯物主义"漠视人"的机械性进行了批判，注重对"充满诗意的感性光辉"的考察，但在旧唯物主义的基础之上，这种"充满诗意的感性光辉"最终以物活论告终。其次，马克思更加重视了旧唯物主义对于人以及人类社会的考察。例如，马克思提到旧唯物主义关于教育、环境和人的关系等理论，甚至在该节的结尾部分，马克思摘录了爱尔维修、霍尔巴赫以及边沁三位旧唯物主义者关于人的利益的论述片段。因此，可以看到，马克思不仅批判了旧唯物主义的机械性，而且关注了法国唯物主义中直接汇入 19 世纪社会主义和共产主义的部分，马克思要建立的是一种共产主义者的"实践的唯物主义"。由此可知，马克思哲学的唯物论基础不是 18 世纪法国唯物主义的基础——机械性的"物质"。"自从发现神圣家族的秘密在于世俗家庭之后，对于世俗家庭本身的批判就应当从理论上进行批判，并在实践中加以变革。"② 改变由人的实践活动所构成的"世俗家庭"成为了哲学的理论旨趣和哲学内容。

在《1844 年经济学哲学手稿》（以下简称《手稿》）中，马克思关注的重

---

① [德] A. 施密特：《马克思的自然概念》，吴仲昉译，商务印书馆 1988 年版，第 2 页。
② 《马克思恩格斯文集》第 1 卷，人民出版社 2009 年版，第 504 页。

点不再是法国旧唯物主义的机械物质观,而是与人道主义相吻合的费尔巴哈的唯物主义。在《手稿》中马克思肯定费尔巴哈"建立了真正的唯物主义和实证科学"①,对费尔巴哈的"感性"予以了高度的赞同。当然,在《手稿》中,马克思还未能完全摆脱费尔巴哈旧唯物主义的影响,但可以看到马克思在赞同费尔巴哈唯物主义的"感性"范畴的同时,已经开始了他对于市民社会经济基础的考察和批判。

马克思主义哲学成熟的标志性文件《关于费尔巴哈的提纲》(以下简称《提纲》)更是清楚地表明了马克思对旧唯物主义的生存论批判的立场。马克思在对旧唯物主义的生存论基础的批判之中发现新唯物主义的真实根基。马克思哲学不是在知识论上实现"实践转向",而是转换了哲学的路线和论题,即新唯物主义的首要论题就是"改变世界"从而实现全人类的解放。因此,马克思在《提纲》中提到:"以往的哲学家只是以不同的方式解释世界,而问题在于改变世界。"②因而体现在《德意志意识形态》中,就是对"受到迄今为止一切历史阶段的生产力制约同时又反过来制约生产力的交往形式"③——市民社会的批判。体现在《资本论》中,就是对市民社会的政治经济学批判。通过对旧唯物主义"立脚点"的考察和批判,揭示了在"存在着阶级和阶级对立"的市民社会中的人的异化、资本的逻辑以及抽象对人的统治。从而在批判旧世界中,马克思发现了其新唯物主义的"立脚点"——"人类社会或社会化的人类"。

马克思对旧唯物主义批判的实质是对其生存论根基或哲学"立脚点"的批判,由此可知,马克思的哲学视野是人的现实生存活动。马克思哲学已经根本变革了哲学的根基:从抽象物质到人的实践活动。这种实践活动不仅仅是认识世界的环节,不能仅仅把它当作"认识论里对认识的真理性事后登场行使'否决权'作用的知识论概念"④。这种实践活动作为人的本源性存在方式是"历史之谜的真正解答"——人与自然、人与人、人与自我的否定性统一关系

---

① 《马克思恩格斯文集》第1卷,人民出版社2009年版,第200页。
② 《马克思恩格斯文集》第1卷,人民出版社2009年版,第506页。
③ 《马克思恩格斯文集》第1卷,人民出版社2009年版,第540页。
④ 贺来:《辩证法的生存论基础》,中国人民大学出版社2004年版,第146页。

的产生根源。

从人与自然的关系看,实践活动使人从自然物中脱离出来而成为人,同时,又使自然成为人的"无机身体"。一方面,"一当人们开始生产自己的生活资料的时候,这是由他们的肉体组织决定的,人本身就开始把自己同动物区别开来"①。正是在实践活动中,造就了人的身体机能和主观意识,产生了人所寓居的人类社会,使自然界与人类社会分化;另一方面,又正是在实践活动中被分化的世界重新获得了统一。

从人与人的关系看,实践活动使人与人之间紧密联系起来,人与人的交往与联系通过社会关系这种具体表现而成为可能。人不是"遗世独立"的原子式的存在,而是自我与他人的共在。

从人与自我的关系看,作为实践主体的人在认识世界和改造世界的客观物质活动中实现了自身的自然性与超自然性、现实性与理想性的统一。实践活动作为人的本源性存在方式构成了人与自然、人与人、人与自我的否定性统一基础。

由此可知,这种生存论的实践构成了马克思哲学的唯物主义基础。与此同时,人与自然、人与人、人与自我的动态的否定性同一关系又只能寓居于社会关系(实践活动的产物和场所)之中。对此,马克思指出:"自然界的人的本质只有对社会的人来说才是存在的;因为只有在社会中,自然界对人来说才是人与人联系的纽带,才是他为别人的存在和别人为他的存在,只有在社会中,自然界才是人自己的合乎人性的存在的基础,才是人的现实的生活要素。只有在社会中,人的自然的存在对他来说才是人的合乎人性的存在,并且自然界对他来说才成为人。因此,社会是人同自然界的完成了的本质的统一,是自然界的真正复活,是人的实现了的自然主义和自然界的实现了的人道主义。"② 而作为马克思哲学唯物主义基础的人的实践活动正是寓居于当时的"市民社会"之中,但马克思不仅仅着眼于当时的"市民社会",而且立足于未来的"人类社会"。因此,这种生存论的基础体现在其哲学"立脚点"上就是"人类社会"。

"旧唯物主义的立脚点是市民社会;新唯物主义的立脚点是人类社会或社

---

① 《马克思恩格斯文集》第1卷,人民出版社2009年版,第515页。
② 《马克思恩格斯文集》第1卷,人民出版社2009年版,第187页。

会化的人类。"① 在《提纲》中的这一论断,具有以下三层含义:

第一,哲学的"立脚点"不再是内在性的"自我意识",也不再是外在性的客观自然,哲学的"立脚点"从天国下降到了人世。哲学的"立脚点"不在是于世之外的"自我",也不再是非人的自然。按照海德格尔的话说,哲学的"立脚点"是人与世界的共在。按照马克思自己的话说,"人不是抽象的蛰居于世界之外的存在物,人就是人的世界"。这是对哲学"立脚点"的彻底性变革,它改变了人们对待哲学的态度。

第二,不同于旧唯物主义的"立脚点",马克思哲学的"立脚点"不再是"存在着阶级和阶级对立"的"市民社会",而是"社会化的人类或人类化的社会",即"自由人的联合体"。在市民社会中,人处于一种"异化"状态:在物质生活中被"物化",成为"拜物教"的忠实而又虔诚的信徒;在精神生活中,人为种种抽象力量所统治,成为"单向度"思考的人。

第三层含义是,从时间观念上来说,马克思哲学的"立脚点"是着眼于当下现实,立足于将来。不同于旧唯物主义立足于当时资本主义占统治地位的"市民社会",马克思的哲学"立脚点"则是在批判旧世界中发现新世界,是超越当时的"市民社会"且必将到来的"社会化人类或人类化社会"。所以马克思的新唯物主义是着眼于当时,立足于将来的。

人的实践活动构成了马克思哲学的唯物主义基础,这种生存论实践寓居于人的社会关系之中。因此,马克思的唯物论基础体现在哲学"立脚点"上就是"人类社会"。

第二节 马克思哲学实践观点的认识论意蕴

在上文,我们从马克思哲学的唯物主义基础的角度,探讨了实践观点的意义。与此同时,实践观点在哲学史上的重大变革意义在认识论领域同样有着十

---

① 《马克思恩格斯文集》第1卷,人民出版社2009年版,第506页。

分重要的体现,它推动了认识论基本范式的重大转换,开辟了认识论的新视野,对此进行深入探讨,不仅对于推动认识论研究,而且对于深化全部马克思哲学的研究都具有十分重要的意义。

一、实践观点对近代认识论的"主体自我中心困境"的超越

实践观点的认识论意义首先体现在于,它自觉把实践活动理解为人本源性的存在方式,并由此实现了对近代认识论的"主体自我中心困境"的超越。

"主体自我中心困境"是近代认识论的理论前提所必然引发的哲学困境。黑格尔曾对近代认识论的理论前提作过这样的揭示:"近代哲学的原则并不是淳朴的思维,而是面对着思维与自然的对立"①,近代哲学的"全部兴趣仅仅在于和解这一对立,把握住最高的和解,也就是说,把握住最抽象的两极之间的和解。这种最高的分裂,就是思维与存在的对立,一种最抽象的对立;要掌握的就是思维与存在的和解"②。这即是说,近代哲学之超出古代哲学,就在于它不再无反思地来"直接断言""存在",而是"意识到了思维与存在的对立",意识到了"必须通过思维去克服这一对立,这就意味着把握统一"③。正是在此意义上,哈贝马斯指出,近代认识论实质上是一种把"意识哲学"作为第一哲学的新型形而上学。这一新型形而上学的根本任务就是要在"意识哲学"的层面上解决"思维"与"存在"关系这一重大矛盾。

以"思维"与"存在"的二元对立为前提,从主观性的"思维"出发,寻求"思维"与"存在"的统一,这必然要求近代哲学回应和解决这样一个重大课题:如何从主观思维和意识出发,证明外部世界的存在?对这一重大课题,海德格尔曾这样表述道:"这个进行认识的主体怎么从他的内在'范围'出来并进入'一个不同的外在的'范围?认识究竟怎么能有一个对象?必须

---

① [德] 黑格尔:《哲学史讲演录》第4卷,贺麟、王太庆译,商务印书馆1978年版,第7页。
② [德] 黑格尔:《哲学史讲演录》第4卷,贺麟、王太庆译,商务印书馆1978年版,第6页。
③ [德] 黑格尔:《哲学史讲演录》第4卷,贺麟、王太庆译,商务印书馆1978年版,第7页。

怎样设想这个对象才能使主体最终认识这个对象而且不必冒跃入另一个范围之险?"①

面对这一课题,近代认识论陷入了无法克服的深刻困境。与古典形而上学不同,近代认识论不再把"思维与存在"的统一性作为不自觉的前提,而是试图实现对古典形而上学的根本性翻转,从人的意识和思维出发把握存在,然而,正如海德格尔所指出的那样,当它这样提出问题时,"它的立足点是在主体之中的,是在'我之内'的"②,以此为出发点,一切"存在"只有被意识所把握,或者说只有被纳入人的意识领域,才能被人所认识,"某物"总是进入人的意识领域为人所认识到的"某物",认识的对象一开始便是"意识对象"。这意味着,"存在"实质上是"意识"中的"存在",是人的思维和意识所建构的对象。按照这一逻辑,所谓思维与存在的统一不过是思维的自我同一,而不是思维和与之相异的"存在"的统一。当贝克莱说"存在就是被感知",当康德论证时间和空间是意识的先天直观形式而非"存在"本身的存在形式时,正深刻地体现了这一逻辑。

可见,近代认识论哲学以思维与存在、主观与客观的二元对立为前提,把"思维主体"作为"思维"与"存在"统一的根据,由此必然使"存在"成为"主观意识"的"内在"对象。在此条件下,"外部世界"问题是不可能得到切实的证明的。海德格尔把这称为"哲学的耻辱",并指出:"'哲学的耻辱'不在于至今尚未完成这个证明,而在于人们还一而再再而三地期待着、尝试着这样的证明。"③ 这就是近代认识论的"主体自我中心困境",它充分暴露了近代认识论哲学范式的根本缺陷,表明近代认识论是一种无根的、抽象的认识论。如何超越这一困境,成为哲学史上的重大课题。

马克思实践观点的认识论意义首先就体现于它在一个新的理论基础上,为克服"主体自我中心困境"开辟了全新的理论视野。

---

① [德]海德格尔:《存在与时间》,陈嘉映、王庆节译,生活·读书·新知三联书店2006年版,第71页。
② [德]海德格尔:《存在与时间》,陈嘉映、王庆节译,生活·读书·新知三联书店2006年版,第235页。
③ [德]海德格尔:《存在与时间》,陈嘉映、王庆节译,生活·读书·新知三联书店2006年版,第236页。

第五章 马克思哲学的实践观点及其当代性

从实践观点出发，近代认识论哲学的"主体自我中心困境"的根源得到了深刻的揭示：把认识活动从构成其本源性根基的实践活动中脱离开来，使之成为一个独立自足的领域，必然导致这一深层困境。在马克思看来，认识活动是根植和内在于实践活动的内在环节，这不仅是说，实践活动是认识活动的基础，因为当这样表述时，仍然是把"实践活动"与"认识活动"当成彼此外在、性质不同的两种活动，而是彰显了这样一种深刻的洞见：实践活动作为人本源性的生存活动，对于人的全部生活和活动具有"总体性"和"统率性"的基础性作用，人的认识并非实践之外独立的活动形式，而是内在于实践活动并始终受实践活动所规定的派生性活动，对此，马克思论述道："动物和自己的生命活动是直接同一的。动物不把自己同自己的生命活动区别开来。它就是自己的生命活动。人则使自己的生命活动本身变成自己意志的和自己意识的对象。他具有有意识的生命活动。这不是人与之直接融为一体的那种规定性。有意识的生命活动把人同动物的生命活动直接区别开来"①，这即是说，"意识"是人的生命活动，即实践活动的内在规定，它与实践活动不是"外在"的关系，而是实践活动这一"总体性"活动须臾不可分离的"内涵性"向度。海德格尔曾从此在的"在世"结构出发，批评以往哲学把认识理解为"主体"与"客体"之间的一种外在关系，"漏过了认识主体的存在方式问题"，并认为"认识是此在在世的一种样式"②，当马克思哲学以实践观点为根据理解人的认识活动时，它更加深刻地洞察到：近代认识论的根本错误在于遗忘了实践活动这一人本源性的存在方式，强调只有从实践活动这一基底的"在世"方式入手，认识才能获得自身坚实的根基。

把认识活动把握为实践活动的内在环节，认识论的一系列前提性问题都将发生根本的范式转换，近代认识论的"主体自我中心困境"在这种转换中将得到根本性的超越。

首先，在实践观点的视野里，认识主体不再是近代认识论所理解的抽象的"我思主体"，相反，它强调人只有作为"实践主体"才可能成为现实的"认

---

① 《马克思恩格斯全集》第3卷，人民出版社2002年版，第273页。
② ［德］海德格尔：《存在与时间》，陈嘉映、王庆节译，生活·读书·新知三联书店2006年版，第71页。

识主体",或者说,只有"实践主体"才是真正意义上的"认识主体"。从实践观点出发,从来不存在先验的"我思主体",相反,认识主体是人的实践活动的历史中形成和发展的结果。马克思认为:"不仅五官感觉,而且连所谓精神感觉、实践感觉(意志、爱等等),一句话,人的感觉、感觉的人性,都是由于它的对象的存在,由于人化的自然界,才产生出来的。五官感觉的形成是迄今为止全部世界历史的产物"①,因此,认识主体不是先验的、实践活动之外的抽象存在物,而是在实践活动中生成的"现实的人"。现实的认识主体首先具有"历史性",在我们进行认识之前,实践活动所形成的生活方式、历史传统、文化习俗、观念积淀等就已经构成我们认识活动成为可能的基本条件和背景。其次,现实的认识主体是"社会性","社会性"是实践活动的根本特性,内在于实践活动的认识活动必然也具有社会性的品格,马克思指出:"当我从事科学之类的活动,即从事一种我只在很少情况下才能同别人进行直接联系的活动的时候,我也是社会的,因为我是作为人活动的。不仅我的活动所需的材料——甚至思想家用来进行活动的语言——是作为社会的产品给予我的,而且我本身的存在是社会的活动;因此,我从自身所做出的东西,是我从自身为社会做出的,并且意识到我自己是社会存在物"②。在此意义上,近代认识论所悬设的脱离历史和社会的"我思主体"不过是一个非现实的虚构。

同时,从实践观点出发,认识的对象也不再是近代哲学所理解的是非历史的、现成的抽象客体,而是在实践活动中所形成的历史性的、具体的对象。在《关于费尔巴哈提纲》第一条,马克思说道:"从前的一切唯物主义——包括费尔巴哈的唯物主义——的主要缺点是:对对象、现实、感性,只是从客体的或者直观的形式去理解,而不是把它们当做人的感性活动,当做实践去理解,不是从主体方面去理解。因此,结果竟是这样,和唯物主义相反,唯心主义却把能动的方面发展了,但只是抽象地发展了,因为唯心主义当然是不知道现实的、感性的活动本身的"③,而把现实当作感性的实践活动去理解,也就是要自觉地意识到:人的认识对象"决不是某种开天辟地以来就直接存在的、始

---

① 《马克思恩格斯全集》第 3 卷,人民出版社 2002 年版,第 305 页。
② 《马克思恩格斯全集》第 3 卷,人民出版社 2002 年版,第 301—302 页。
③ 《马克思恩格斯文集》第 1 卷,人民出版社 2009 年版,第 503 页。

终如一的东西,而是工业和社会状况的产物,是历史的产物,是世世代代活动的结果……甚至连最简单的'感性确定性'的对象也只是由于社会发展、由于工业和商业交往才提供给他的"①,因此,人们的认识活动的对象并非与抽象的"我思主体"相对立的"现成存在者",而是已经进入社会历史领域的、打上人的实践活动烙印的社会历史性存在。

对"认识主体"和"认识客体"的上述理解,意味着马克思哲学在人与世界关系问题上,完全超越了"思维"与"存在"关系问题上抽象二元对立的理解模式,而是把人与世界理解为在实践活动中的否定性统一性关系,二者处于能动的相互规定和相互作用之中。一方面,实践活动是一种"主观见之于客观"的对象化活动,人的主观目的性通过实践活动在自然界中被对象化,另一方面,它又是一种"客观向主观"生成的活动,自然界在实践活动中转化为人的"无机身体",使之成为人的现实生活世界的内在环节。这即是说,实践活动扬弃了主观性与客观性各自的片面性,实现了这两个方面的统一。正是在此意义上,马克思说道:"主观主义和客观主义、唯灵主义和唯物主义、活动和受动,只是在社会状态中才失去它们彼此间的对立,从而失去它们作为这样的对立面的存在;我们看到,理论对立本身的解决,只有通过实践的方式,才是可能的。"② 这即是说,从实践观点出发,"外部世界"的实在性已成为实践活动的内在规定,这不是一个理论上进行"论证"的问题,而是一个已经内在地包含在实践活动中并由实践活动所现实地证明了的问题。马克思强调:"人的思维是否具有客观的真理性,这不是一个理论的问题,而是一个实践的问题。人应该在实践中证明自己思维的真理性,即自己思维的现实性和力量,自己思维的此岸性。关于思维——离开实践的思维——的现实性或非现实性的争论,是一个纯粹经院哲学的问题。"③ 这意味着,从实践观点的视角看,"主体自我中心困境"是一种由"理论优先"思维方式虚构出来的"经院哲学"问题,是"在想象中脱离生活的性质和根源的哲学意识"。从理论优先的思想禁锢中解放出来,确立"实践优先"的观点,近代认识论深陷其中的

---

① 《马克思恩格斯文集》第1卷,人民出版社2009年版,第155页。
② 《马克思恩格斯全集》第3卷,人民出版社2002年版,第306页。
③ 《马克思恩格斯文集》第1卷,人民出版社2009年版,第500页。

"主体自我中心困境"被消解了,主观与客观、思维与存在的内在统一成为人的生存实践活动的"题中应有之义"。

可见,把认识把握为人本源性的、现实的实践活动的内在规定,使认识论摆脱了抽象性和无根性,克服了"主体自我中心"这一深层理论困境,这充分体现了马克思哲学实践观点所具有的认识论意义。

二、历史唯物主义、辩证法与认识论的三者一致:认识论的崭新存在样式

实践观点的认识论意义更进一步体现在它把认识论与历史唯物主义、辩证法内在统一起来,结束了认识论的思辨形态,确立了认识论的崭新的存在样式,即作为人和社会自我认识和自我理解的历史认识论。

在马克思主义哲学发展史上,列宁曾对认识论有过一段著名的论述:"虽说马克思没有遗留下'逻辑'(大写字母的),但他遗留下《资本论》的逻辑……在《资本论》中,唯物主义的逻辑、辩证法和认识论(不必要三个词,它们是同一个东西)都应用于同一门科学,而唯物主义则从黑格尔那里吸取了全部有价值的东西并发展了这些有价值的东西"[1],在此,列宁指出,马克思哲学的认识论具有特殊的存在样式,它与作为马克思哲学中的其他两个重要维度,即"唯物主义的逻辑"与"辩证法"具有内在的一致性,这改变了以往的认识论与其他二者相互割裂的弊病,实现了认识论的重要变革。

然而,以往人们在阐发列宁上述论述的时候,常常脱离马克思的实践观点,局限于近代认识论的框架,在抽象认识论的水准上理解上述"三者一致"的原则,结果使得它所具有的重要意义被深深掩蔽起来而不能得到充分的显现。

我们认为,列宁所说的"唯物主义的逻辑"应被理解为马克思哲学的历史唯物主义,"辩证法"所指的应是马克思的历史辩证法,"认识论"与这二

---

[1] 《列宁全集》第55卷,人民出版社1990年版,第290页。

者的一致，意味着历史唯物主义和历史辩证法同时就是马克思哲学的认识论，或者说，历史唯物主义和历史辩证法本身就具有认识论的意义。

认识论与历史唯物主义、辩证法的"三者一致"，基于它们共同的主题，即如何理解和把握现实的人及其历史发展。对现实的人及其历史发展的认识，是传统认识论所忽视和难以解决的重大问题。这一问题的困难，源于这一认识对象的特殊性。马克思哲学的历史唯物主义揭示了人及其历史发展所具有的这种特殊性质，而历史辩证法则为把握这种特殊性质提供了与之相应的思维方式，正是在历史唯物主义与历史辩证法的这种内在统一中，马克思哲学的认识论意蕴得到了充分的彰显。

对人特殊的生存和发展方式的自觉揭示，是历史唯物主义的重大主题，正是在此意义上，恩格斯把历史唯物主义规定为"现实的人及其历史发展的科学"①。在他看来，人与其他存在物的根本区别在于，他是通过自己的实践活动生成自身并形成属于自己的历史，对此，马克思说道："可以根据意识、宗教或随便别的什么来区别人和动物。一当人开始生产自己的生活资料的时候……人本身就开始把自己和动物区别开来"②，"个人怎样表现自己的生活，他们自己也就怎样。因此，他们是什么样的，这同他们的生产是一致的——既跟他们生产什么一致，又和怎样生产一致，因此，个人是什么样的，这取决于他们进行生产的物质条件"③，这意味着，人不是如自然物一般的受纯粹的机械因果必然性支配的"现成存在者"，而是禀赋"自由本性"的、自我创造的存在物，他不是如自然物一样被动地接受大自然所规定的一切，而是通过实践活动创造属于自己的生活世界。正是因为人的这种自由的、自我超越和自我否定的生存特性，人才会具有真正的"历史性"。

历史唯物主义把实践活动理解为人本源性的生存方式及其历史性的基础，彰显了人的现实生活世界多重矛盾的否定性统一本质。实践活动作为人的感性对象化活动，既是分化自然也是统一自然的活动。实践活动这种双重关系和双重性质决定了人的现实生活世界的矛盾性质。人的现实世界既不是单纯的自然

---

① 《马克思恩格斯文集》第4卷，人民出版社2009年版，第295页。
② 《马克思恩格斯文集》第1卷，人民出版社2009年版，第519页。
③ 《马克思恩格斯文集》第1卷，人民出版社2009年版，第520页。

界，只有通过实践活动，"自然界"才能转化为人的"无机身体"，成为人的现实生活世界的现实内容，同样，人的现实生活世界也不是单纯的观念世界，观念世界同样只是体现着人的意志、目的和理想的主观世界，只有通过实践活动，它才能摆脱其主观性，获得直接的现实性。因此，人的现实生活世界是一个由人的实践活动所创造的由各种矛盾关系所构成的双重性矛盾世界，自然性与观念性、因果性与目的性、必然性与自由性，等等，这些彼此矛盾的因素和力量否定性地统一在一起，构成人的现实世界的复杂性和丰富性面貌。

历史唯物主义把实践活动理解为人的本源性存在方式，揭示了人的生存发展的社会性和历史性品格。人的实践活动不是"鲁滨逊式的孤独个体"，相反，"在社会中生产的个人，——因而这些个人的一定社会性质的生产，当然是出发点"①，历史唯物主义对人的实践性存在方式的自觉，同时也是对人的社会存在本性的自觉。人作为社会性的存在物，意味着其生存发展不可避免地受制于它所处的社会关系的性质，不断超越和否定旧的社会关系的束缚，创造与人的生存发展相适应的新型社会关系，构成人的生存发展的历史性的最集中的表现。

历史唯物主义所揭示的上述现实的人及其特殊存在和发展方式，实证科学的认识方法是难以把握的。实证科学遵循着形式逻辑的同一律、排中律和不矛盾律，代表着一种非此即彼的知性化思维，正如恩格斯指出的："他们在绝对不相容的对立中思维，他们的说法是：'是就是，不是就不是；除此之外，一切都是鬼话'"②；同时，它要把历史发展中的变化和差异消解掉，寻求超时间和超历史的普遍规定性，因而代表着一种"非历史性的思维"；而且，实证科学还代表着一种"肯定性思维"，它把认识对象当成现成的事实接受下来，去寻求对其"如实"的、"客观"的把握。无可否认，实证科学的这种认识方式"在相当广泛的、各依对象性质而大小不同的领域中是合理的"③，但是，对于上述禀赋自由本性、矛盾本性、社会历史本性等特殊品格的现实的人及其历史发展，如果运用实证科学的认识逻辑，就将遇到"惊人的变故"。

---

① 《马克思恩格斯文集》第 8 卷，人民出版社 2009 年版，第 5 页。
② 《马克思恩格斯文集》第 9 卷，人民出版社 2009 年版，第 24 页。
③ 《马克思恩格斯文集》第 9 卷，人民出版社 2009 年版，第 24 页。

正是在此问题上,辩证法体现出其特殊的认识论意义,历史唯物主义、辩证法与认识论的三者一致的原则也因此呈现出其完整的内涵。

与实证科学非此即彼的知性化认识逻辑不同,辩证法要求把"矛盾"置于核心地位。在马克思之前,黑格尔把"矛盾"视为精神的本性,认为"自己二元化自己,自己乖离自己,自己发现自己,自己回复自己"①的这种"对立统一"性质是精神活动的根本品性。在马克思看来,黑格尔实质是以一种逻辑的、思辨的抽象化方式表达了人的生命活动的矛盾性以及在矛盾运动中自我创造和自我超越性质。马克思扬弃了黑格尔对于"矛盾"原则理解的神秘性,把辩证法思维方式奠基于人本源性的生命存在和活动方式,从而使人生命存在的"矛盾"本性获得了理论自觉。

与实证科学非历史性的认识逻辑不同,辩证法恰恰是以"巨大的历史感"为根本特征的,它"彻底否定了关于人的思维和行动的结果具有最终性质的看法"②,认为"历史同认识一样,永远不会在人类的一种完美的理想状态中最终结束,完美的社会、完美的'国家'是只有在幻想中才能存在的东西,相反,一切依次更替的历史状态都只是人类社会从低级到高级的无穷进程的暂时阶段"③。正是在此意义上,马克思强调,他只知道一门唯一的科学,即"历史科学"。历史原则是辩证思维的重要原则。

与实证科学"肯定性"的认识逻辑不同,辩证思维把"自我否定"视为自身的重要认识原则。马克思明确说道:"辩证法在对现存事物的肯定的理解中同时包含对现存事物的否定的理解,即对现存事物的必然灭亡的理解;辩证法对每一种既成的形式都是从不断的运动中,因而也是从它的暂时性方面去理解;辩证法不崇拜任何东西,按其本质来说,它是批判的和革命的"④,并认为黑格尔辩证法所留下的最重要的遗产是"作为推动原则和创造原则的否定性的辩证法"。"否定性"是辩证法的重要思维特质。

辩证法所体现的上述认识特征,正是与历史唯物主义所揭示的现实的人及

---

① [德]黑格尔:《哲学史讲演录》第1卷,贺麟、王太庆译,商务印书馆1978年版,第28页。
② 《马克思恩格斯文集》第4卷,人民出版社2009年版,第269页。
③ 《马克思恩格斯文集》第4卷,人民出版社2009年版,第270页。
④ 《马克思恩格斯文集》第5卷,人民出版社2009年版,第22页。

其历史发展所呈现的特点相适应的,可以说,辩证法提供了一种符合人的生存发展本性的认识逻辑。列宁曾提出过"辩证法也就是马克思主义的认识论"①的著名论断,只有从上述辩证法特殊的认识逻辑与人特殊的生存发展逻辑的深层"同构"性这一角度,这一论断才能获得完整和深刻的理解。

从上述讨论我们可以看出,以实践观点为基础,以现实的人及其历史发展为主题,马克思哲学的认识论是奠基于历史唯物主义和历史辩证法的,或者说,历史唯物主义和历史辩证法本身就是马克思哲学的认识论,在与历史唯物主义和历史辩证法的"三者一致"中,马克思哲学的认识论获得了崭新的存在样式。

三、认识的前提批判与认识论的人文解放旨趣

马克思哲学认识论的特殊存在样式决定了它在理论功能上也必然超越了近代认识论的狭隘性与抽象性,这集中表现于它通过对人类认识的前提性批判,体现出鲜明的人文解放旨趣。

马克思哲学对人类认识的前提批判,特别地指向两个重要方面。第一,指向把某种认识形式夸大为脱离实践活动的、自足自因的绝对的"知识帝国主义"或"学科中心主义";第二,指向把观念普遍化并统治现实生活的抽象意识形态。

把某种认识形式夸大为脱离实践活动的、自足自因的绝对,这在近代以来最突出的表现是把实证自然科学视为全部知识的典范、标准和尺度,认为它具有衡量和裁判其他知识形式的至上权威性。马克思哲学充分肯定实证自然科学在社会历史发展中所起的革命性作用,但它认为,实证自然科学如果脱离人的现实的实践活动并被绝对化为一种统治性的知识形式,那么,它就有可能成为阻碍人的自由和解放的抽象力量。

---

① 《列宁全集》第 2 卷,人民出版社 2012 年版,第 559 页。

在马克思看来，实证自然科学在根本上是一种"社会性"的活动，因而其存在和发展均受社会关系的制约和规定。对此，马克思说道："甚至当我从事科学之类的活动，即从事一种我只在很少情况下才能同别人进行直接联系的活动的时候，我也是社会的，因为我是作为人活动的"，"如果没有工业和商业，哪里会有自然科学呢？甚至这个'纯粹'的自然科学也只是由于商业和工业，由于人们的感性活动才达到自己的目的和获得自己的材料的"①，因此，它并非独立于社会生活、对其他人类知识形态和现实生活享有支配地位的权威，只有先澄清人的社会生活及其性质，实证自然科学知识对人的现实生存和发展意义才能得到适当的评估和确定。

正是基于这一立场，马克思在《资本论》中对于科学技术在资本主义社会中的消极作用进行了深刻的批判性反思。在资本主义社会关系中，科学及其技术运用并没有给人带来自由和幸福，相反，它们成为了一种损害人、折磨人的力量："科学、巨大的自然力，社会的群众性劳动都体现在机器体系中，并同机器体系一道构成'主人'的权力"，"变得空虚了的单个机器工人的局部技巧，在科学面前，在巨大的自然力面前，在社会的群众性劳动面前，作为微不足道的附属品而消失了"。② 科学与资本的合作与共谋，使科学成为一种支配和控制劳动者的统治形式，它不仅没有推动人的自由和解放，反而蜕变为"侵吞身体和精神上的一切自由活动"，使工人的劳动成为"毫无内容"的异化力量。因此，科学的正负功能，始终是由它所建基于其上的社会生活本质和社会关系性质决定的。

因此，哲学认识论的一个重要功能就是从社会生活的现实根基出发，消解"科学技术决定论"的幻觉，引导人们通过社会生活和社会关系的变革，驯服科学及其技术运用的非理性后果，从而建立人与科学及其技术运用之间的"自由"关系，引导科学及其技术成为推动人走向自我解放的积极力量。在此意义上，马克思哲学并非流俗所认为的那样是"技术决定论"和"经济决定论"，恰恰相反，马克思以对人的现实生活的理解为依据，通过对实证自然科学的认识前提批判，彰显出自觉的人文解放旨趣。

---

① 《马克思恩格斯文集》第 1 卷，人民出版社 2009 年版，第 528 页。
② 《马克思恩格斯文集》第 5 卷，人民出版社 2009 年版，第 487 页。

不仅如此，马克思哲学对人类认识的前提批判进一步体现在它对人的认识和观念的意识形态批判上。在马克思看来，人的认识和观念并不是脱离实践活动的独立王国。然而，在历史发展中，人的认识和观念却总有一种僭越自身界限，颠倒观念与生活关系，产生观念支配世界的幻觉。对此，马克思论述道："迄今为止人们总是为自己造出关于自己本身、关于自己是何物或应当成为何物的种种虚假观念。他们按照自己关于神、关于标准人等等观念来建立自己的关系。他们头脑的产物不受他们支配。他们这些创造者屈从于自己的创造物。他们在幻象、观念、教条和臆想的存在物的枷锁下日渐萎靡消沉，我们要把他们从中解放出来。我们要起来反抗这种思想的统治。"① 当虚假观念成为统治人们的抽象力量时，它们就成为了马克思所谓的"意识形态"。通过"意识形态批判"，破除其对现实生活的遮蔽和扭曲，这是人类认识前提批判的重大主题。

马克思哲学立足于历史唯物主义观点，首先揭示了抽象观念成为"意识形态"的深层根源，揭穿其独立性和普遍性幻象的秘密。在马克思哲学看来，导致这种幻象的不是"纯粹理性的谬误"，而是现实生活及其社会关系本质。"抽象的观念，无非是那些统治个人的物质关系的理论表现"②，在社会生活中占据统治地位的阶级总是使自己的思想占据统治地位，进而，这种占据统治地位的思想把自身与进行统治的个人割裂开来，仿佛它获得了一种脱离物质关系的并对现实生活具有统治地位的独立性与普遍性。这就是抽象观念成为"意识形态"的深层秘密。

进一步，马克思哲学通过对人的现实生活实践与认识、观念和思想之间基本关系的重新理解，为破除意识形态幻象确立坚实的基点。要破除意识形态的幻象，关键在于确立这样的历史观："我们的出发点是从事实际活动的人，而且从他们的现实生活过程中还可以描绘出这一生活过程在意识形态上的反射和反响的发展。甚至人们头脑中的模糊幻象也是他们的可以通过经验来确认的、与物质前提相联系的物质生活过程的必然升华物。因此，道德、宗教、形而上学和其他意识形态，以及与他们相适应的意识形式便不再保留独立性的外观

---

① 《马克思恩格斯文集》第1卷，人民出版社2009年版，第509页。
② 《马克思恩格斯文集》第8卷，人民出版社2009年版，第59页。

了。它们没有历史,没有外观,而发展着自己物质生产和物质交往的人们,在改变自己这个现实的同时也改变着自己的思维和思维的产物。不是意识决定人们的生活,而是生活决定意识。"① 立足于这一基本立场,意识形态的幽灵般的独立性将不复存在。不仅如此,马克思从实践观点出发,还为彻底根除意识形态的幻象提供了现实的途径:意识形态不能靠单纯的理论批判来克服,而只能"通过实际地推翻这一切唯心主义谬论所由产生的现实的社会关系,才能把它们消灭"②,通过实际地改造与变革意识形态幻象得以产生的现实土壤,在根本上消解意识形态对现实生活的统治。

从以上论述可以看到,由于马克思哲学的认识论与历史唯物主义和历史辩证法的深层一致,这使得对人类认识的前提批判构成其内在的思想维度。通过对人类认识的前提批判,反思扭曲和遮蔽人的现实生活的抽象观念,揭露其有限性与虚幻性,提升人们对于现实的人及其历史发展的自我意识,从而为"实际地改变和变革现存事物"、人的自由和解放提供重要的思想力量,这是马克思哲学认识论独特的理论功能,正是在这里,它区别于近代抽象认识论的人文旨趣得到了充分的体现。

第三节 马克思哲学的实践观点与价值独断主义的终结

在上文,我们分别从唯物论、认识论的角度探讨了马克思哲学实践观点的重要理论内涵和意义。事实上,实践观点的理论内涵和意义同样体现在价值论问题上,而且在此方面,其可阐发的内容极为丰富。在此无法进行全面的展开讨论,而只是从其中一个角度,即实践观点对于终结价值绝对主义,从而为我们今天深入推进价值论问题的理解所具有的重大意义这一角度探讨实践观点的价值论意义。

在《20世纪的哲学基础》一文中,伽达默尔这样说道:"20世纪最为神秘、

---

① 《马克思恩格斯文集》第8卷,人民出版社2009年版,第152页。
② 《马克思恩格斯文集》第8卷,人民出版社2009年版,第172页。

最为强大的基础就是它对一切独断论,包括科学的独断论所持的怀疑主义。"①虽然20世纪已经过去,但这一论断对于今天的哲学思考而言,仍具有重要的启发性。伽达默尔所说的当代哲学对"一切独断论"的怀疑主义,自然也包括对"价值独断主义"的质疑和批判。对"价值独断主义"的批判性反省,应是20世纪以来哲学"最为神秘、最为强大的基础"的重要组成部分。立足于马克思哲学的实践观点,吸收当代哲学的反思成果,深刻反思价值独断主义的内在困境,是一个十分重要的理论和现实意义的课题。②

一、"价值独断主义"及其深层悖论

所谓"价值独断主义",所指的是在对待价值观念时,脱离人现实的实践活动及其历史条件,把某种价值原则和理念视为无条件的绝对力量,认为它对于人们的观念、行动、生活具有终极的决定性地位和权威的理论倾向与思想观念。具体而言,它建立在三个基本的前提性预设基础之上。第一,它相信,诸种不同的、异质性的价值信念中,必然存在一个终极的、起决定作用的价值尺度和原则,这一终极价值尺度和原则构成所有不同价值信念的根据和基础,或者说,不同的、异质性的价值信念最终能够被归结和统一为这一终极尺度和原则,对无条件的终极价值原则的追逐和偏执,是价值独断主义的重要特质。第二,与第一点内在相关,它相信,以这一终极的、决定性作用的价值尺度为基础,将为所有不同的、异质性的价值信念排定一个等级明晰、尊卑有序的分层和等级体系,上位价值拥有对下位价值的解释权和统率权,下位价值则必须无条件地服从和遵照上位价值的规范和指导。第三,绝对的无条件的价值尺度和原则拥有超越时空历史条件的普适性和客观有效性,它作为价值制高点,具有超越历史性的真理性和客观性,因而构成现实生活中人们在一切时间和地点都应该遵循和服膺的思想和行为根据。

---

① [德] 伽达默尔:《哲学解释学》,夏镇平、宋建平译,上海译文出版社1994年版,第128页。
② 国内学者如李德顺先生曾从价值哲学视角出发对价值独断主义进行了深入的分析。本文认为,价值独断主义不仅是价值哲学课题,同时更是哲学本身的重大课题。

上述价值独断主义的产生，在人的生命存在中有着深刻的根源，借用康德的表述，它体现了人的"自然倾向"。这种"自然倾向"即是人生在世寻求绝对坚实的、确定性的生存根基的内在冲动和需要。杜威曾指出，"人生活在危险之中，便不得不寻求安全。人寻求安全有两种途径。一种途径是在开始时试图同他四周决定着他的命运的各种力量进行和解。这种和解方式有祈祷、献祭、礼仪和巫祀等。不久，这些拙劣的方法大部分被废替了。于是人们认为，奉献一颗忏悔的心灵较之奉献牛羊更能取悦于神旨。虔诚与忠实的内心态度较之外部仪礼更为适合于神意"[1]，如果说在前现代社会，宗教作为人们价值信念的集中体现和表达，满足了人们对于"安全感"和"确定性"的生命欲求和心理需要，那么，在"后宗教"的现代社会，通过确立某种绝对的、终极的价值原则和信仰，在价值信念上为自身确立坚实的、至上的、不可动摇的阿基米德点，以克服怀疑主义和相对主义的幽灵的威胁，就成为人们在危机四伏的世界中获得"安全感"的重要保障。

承认"价值独断主义"在人的生命存在中有其深层的根源，认为它体现了人的精神本能和自然倾向，并不意味着它具有无需反省的自明性和正当性。正如康德在批判独断形而上学时所深刻指出的那样，人的精神本能和自然倾向并不表明其理所当然和天经地义，恰恰相反，通过自觉的前提性批判，揭示这种自然倾向中所蕴含的无法克服的幻觉和内在困境，从而捍卫人们健全而理性的思想和生活，正是哲学的重大使命。

价值独断主义的幻觉和困境首先体现在，它以追求无条件的总体性的价值规范和原则为旨归，这是对每一个不同个体、不同民族、不同社会共同体实际生活的僭越。在《纯粹理性批判》中，康德通过对纯粹理论理性的批判，揭示了其企图超越人的感性经验去把握"无条件的总体"并因此必然导致不可克服的"先验幻象"和"二律背反"。康德主要是从认识论角度对独断形而上学的僭越及其困境进行理性批判，事实上，价值独断主义也存在着类似的僭越，那就是它企图超越人们的实际生活经验和现实生活世界去寻求无条件的价值总体，必然导致人的价值生活的虚幻和抽象，并陷入无法克服的自我悖论与

---

[1] [美]约翰·杜威：《确定性的寻求》，傅统先译，上海人民出版社2005年版，第1页。

冲突。最典型的诸如共同体主义与个人主义的悖论、自然主义与人本主义的悖论、自由与平等的悖论、保守主义与激进主义的悖论、义务论与功利论的悖论等，这些都充分表明，这些悖论中的任何一方面如果试图摆脱"他者"而成为绝对的"无条件总体"，其结果必然导致另一方面的"逃逸"和"反叛"，使得这一绝对的"无条件总体"暴露出其无法弥合的缝隙和裂口，正因如此，虽然历史上不同的价值体系试图扮演无条件的价值总体的角色，但正如黑格尔曾指出的那样，它们"坚执片面的知性规定，而排斥其反面。独断论坚执着严格的非此即彼的方式"，"坚持各分离的规定，当作固定的真理"①，由此所造成的后果有两个，一是必然导致康德所说的"怀疑主义"和"无政府状态"："在独断论的统治下，起初乃是专横的。但是由于那时的立法还带有古代野蛮的残余，她的帝国就因内战的频仍，而逐渐变为完全无政府的状态；而怀疑主义者们，这种游牧民族，由于藐视一切生活的安定，就不时把所有的文明社会破坏掉"②，通过怀疑主义，解构和消解价值独断主义的专制，以一种极端的方式为被价值独断主义所控制和扭曲的其他价值释放空间；一是必然导致彼此对立的价值体系外在的敌对和争斗，独断价值体系所支配和控制的其他价值在对它的反抗、叛逆和消解中，形成另一与之相对立的、可能同样是独断的另一价值体系，于是不同价值体系"不得分的游戏"的彼此对峙和战争成为不可避免的结局，从而充分暴露了价值独断主义的虚幻和佞妄。

价值独断主义把某种价值规范和原则置于终极的、不容置疑的至高点，并以此为根据建立起一个价值的等级体系，这在深层所体现的是一种传统形而上学的思维方式和理论逻辑，这种思维方式和理论逻辑必然把价值独断主义引向价值虚无主义的终局。当代哲学的反思成果已经向我们深刻地论证和揭示，传统形而上学思维方式和理论逻辑的根本特点是抽象性和独断性本质。所谓抽象性和独断性，是指它从某种先验原则出发理解现实生活并因此导致现实生活的瓦解和分裂，正如后文将进一步讨论的那样，人的现实生活是一个由多重矛盾关系所构成的复杂的、丰富的关系网络，但形而上学思维方式和理论逻辑却把

---

① [德]黑格尔：《小逻辑》，贺麟译，商务印书馆1987年版，第101页。
② [德]康德：《〈纯粹理性批判〉解义》，韦卓民译，邓晓芒校订，华中师范大学出版社2000年版，第4页。

这一切都还原和归结为某个先验的原则,并由它来规定和解释现实生活的全部内容,很显然,这是一种"主宾关系"的根本颠倒,它以抽象的超感性世界代替和遮蔽了人们真实的现实世界,因而本质上是以否定和消解现实世界为归宿的,正是在此意义上,尼采、海德格尔等当代哲学家已经十分深入地论证了以形而上学思维方式和理论逻辑所确立的价值独断主义的虚无主义本质。价值独断主义看到了现实生活的丰富和复杂性,但它不能接受、肯定这种丰富性和复杂性对于人的生命存在所具有的真实价值,而是把否定和瓦解现实生活世界的丰富性和复杂性的"另一世界"视为真实价值的渊薮,在此意义上,价值独断主义所体现的形而上学思维方式和理论逻辑,已经内在地决定了价值虚无主义的终局。以高调的价值理性姿态出场,却以否定一切真实价值的虚无主义收场,这就是价值独断主义的理论逻辑所内蕴的不可克服的内在的自反性悖论。如果以这种价值独断主义引导现实生活,必然导致人的真实价值的遮蔽和扭曲。海德格尔在批判反思价值独断主义所遵循的形而上学思维方式和理论逻辑所导致的现实后果时,曾十分深刻地指出:"虚无主义是一种历史性的运动,而并不是何人所主张的何种观点和学说","从其本质上看,毋宁说,虚无主义乃是欧洲历史的基本运动。这种基本运动表明这样一种思想深度,即,它的展开只能引起世界灾难"①,这即是说,价值独断主义的虚无主义本性不仅体现在理论上,更体现在历史运动中。如果反省近代以来人类历史发展过程,我们能够深刻地理解和领会价值独断主义所造成的消解和毁灭价值的虚无主义后果。

从以上简要讨论,我们可以看到,价值独断主义既是一种在人的存在中有着深刻根源,同时又是一种抽象的、包含着深层悖论的价值立场。这一点在下文的讨论中还将得到进一步的揭示。

二、价值独断主义与现代社会
人们现实生活的内在冲突

前文在一般性的理论层面对价值独断主义的内涵及其困境进行了分析。我

---

① 《海德格尔选集》下卷,孙周兴选编,上海三联书店1996年版,第772页。

们已经提到，价值独断主义与人的现实生活的冲突是其内在困境的实质和根源。现在我们将进一步从现代社会人们的现实生活的特点出发对此进行更具体的探讨。

现代社会人们的现实生活的一个首要特点是它存在着不同的活动主体，既有"个人"主体，又有"社会"主体、"国家"主体、"民族"主体和"人类"主体，如果说前者是"单数"主体，那么，后者则是由复数个人在复杂关系中形成的"共同"主体。这就意味着，当我们讨论价值问题的时候，我们无法忽视的一个前提性的事实是：价值是有其特定的承载者的，或者说，价值总是由特定的"主体"来承担的。现实生活中"主体"的多种形态，意味着价值承担的"主体"的差异性。价值承担的"主体"的差异性，决定了价值规范内涵不可能像价值独断主义所预设的那样，可以把不同的价值主体所承载的价值归结和还原为一终极的、唯一的价值，并以此为根据形成一个涵盖和笼罩其他价值的价值等级体系，而是应自觉地承认，差异性的价值主体有着各自相对独立的、不能彼此相互代替的价值规范要求，在此意义上，价值独断主义与现实生活中价值承载主体的多样性和差异性这一基本实情在根本上是相冲突的。

不同价值承载主体所要求的与之相应的相对独立的价值，这一点在我们所主张的社会主义核心价值观中得到了深刻体现。社会主义核心价值观对于价值承载主体的多样性和差异性有自觉的认识，它把价值承担主体相对界划为国家、社会和公民三种基本类型，并分别赋予其不同的价值观内涵，"富强、民主、文明、和谐"是国家主体的价值取向，"自由、平等、公正、法治"，是社会主体的价值取向，"爱国、敬业、诚信、友善"，是公民主体的价值取向。虽然这三种价值主体所承载的价值规范之间有着十分丰富的关联，但不可否认的是，它们有着不尽相同的、不能彼此取代的价值规范内涵。

承认不同价值承载主体及其与此相应的价值规范内涵，实质上意味着不同的价值承载主体有着相对独立的追求目标，有着属于自己的差异化的责任与权利。就此而言，价值绝对主义的重要错误之一就是对这一现实生活实情的遮蔽和忽视，沉迷和执着于寻求和确立某种绝对的超越和抹杀一切差异化的价值承载主体的无条件的"总体性价值"，从而暴露出其与人们的现实生活实情相冲突的本性。由于不能区别不同个人主体、社会主体、国家主体、民族主体、人类主体等这些不同主体的差异性，极端自由主义把本来属于"个人主体"的自由等价值普遍化和绝对化，使之成为社会、国家、民族等主体也应无条件服从和遵循的价值，而民族主义、国家主义等则把本来属于"共同体"主体的"共同善"等价值普遍化和绝对化，遮蔽个体生命所特有的价值规范要求，等等，即是这种误置和僭越的典型表现。

现代社会人们现实生活的另一个重要特征是，它是由多个不同生活领域内在复合而成的，既有属于个人的私人生活领域，又有超个人的公共生活领域，公共生活领域又可大致区分为社会、政治、经济、文化等更具体的领域，毫无疑问，这些领域作为人的现实生活的组成部分，它们之间并非绝对独立，而是有着十分密切的复杂关联。但同样不能否认的是，所有这些领域确有其不可彼此取代的自律的空间和活动本性，因而它们有着各自相对独立的价值目标。这一点随着从传统社会向现代社会的变迁和转型，已成为现代人生活的基本现实。正如有学者已经系统论证的那样，从传统社会向现代社会的转型和变迁，是一个从"领域合一"到"领域分离"的过程，如果说在传统社会，政治领域成为支配性和主宰性的领域，政治生活的价值目标对于人们的全部生活发挥着统率性的支配作用，但现代社会则使经济、文化乃至个人的私人生活领域等从中分化出来，使自己成为了相对独立的存在和活动领域，并因此获得自己特殊的价值规范内涵：公正或正义是政治领域最根本的价值规范目标，效率是经济领域最重要的价值规范目标，自我是文化领域最重要的价值规范目标，等等。这并非说它们之间是绝对分离、没有交集的孤立的价值规范目标，而是强调，倘若把它们之间的异质性和多样性平整抹杀，把它们还原和化约为某种绝对主义的价值原则，那就等于把现代社会倒退到传统社会的僵化和封闭状态。在此意义上，可以说，价值绝对主义与传统社会的社会结构和人们的生存方式是相适应的，然而，随着人类进入现代社会，价值绝对主义已经失去了其现实生活基础，它与现代社会人类文明所取得的重要历史性成果在根本上是相冲突的。

对此，当代诸多重要思想家已经有十分深刻的揭示。例如丹尼尔·贝尔在《资本主义文化矛盾》中，揭示了经过几百年的历史演变，现代社会生活中政治、经济、文化这三大基本领域已经形成相对独立,各遵循其轴心原理,以不同节律交错运转的基本态势,对此,无法再用某种整全性、绝对性的原则来强制性地归一为某一终极原则,以这种观点为基础,他形成了其经济上的社会主义、政治上的自由主义和文化上的保守主义的"领域分殊"的价值立场。虽然我们对于贝尔具体的价值立场的选择可以持批判态度,但他关于现代社会结构分化的洞察的确揭示了现代社会的重大趋向和特质。沃尔泽在《正义诸领域》这一当代政治哲学的名著中,明确指出,在现代社会,"垄断一种支配性的善的要求——当精心策划为了公共目的时——构成了一种意识形态"①,他从分配正义的角度强调,从来不存在一个适用于所有分配领域的单一价值标准,现实生活中分配的领域,包括"成员资格、权力、荣誉、宗教权威、神恩、亲属关系与爱、知识、财富、身体安全、工作与休闲、奖励与惩罚以及一些更狭义和更实际的物品——食物、住所、衣服、交通、医疗、各种商品,还有人们收集的所有稀奇古怪的东西",等等,都不存在唯一的垄断性的分配标准与价值尺度,不同的领域遵循着与之相应的价值规范与分配原则,这即是沃尔泽所主张的"多元正义"与"复合平等"。沃尔泽的分析视角主要局限于政治哲学的分配正义视角而非现实生活的所有方面,但他对现代社会的领域分化以及与这一趋向相应的价值规范的分化的探讨,应该是深具启示性的。

现代社会人们的现实生活还有一个不可忽视的特征,那就是韦伯、伯林、罗尔斯等当代思想家所揭示的"世界的祛魅"及其所导致的"诸神的冲突"这一特殊的现代性现象,这从另一个重要视角显示了价值独断主义与现代社会人们现实生活的内在矛盾。

马克斯·韦伯曾指出,现代社会之区别于传统社会,有两个最为基本的特点,第一便是"理性化",第二便是由这种理性化所导致的"世界的祛魅"。世界的"祛魅",消解了统一的宇宙秩序和通过这种宇宙秩序所设定的价值原则,赶跑了前现代社会人们可信奉的"唯一的必然之神",从而使"诸神的争斗"难以避免,你"侍奉这个神,如果你决定赞成这一立场,你必得罪所有其他的神",这里有"不同的神在相互争斗……那些古老的神,魔力已逝,于

---

① [美]迈克尔·沃尔泽:《正义诸领域》,褚松燕译,译林出版社2002年版,第13页。

是以非人格力量的形式，又从坟墓中站了起来，既对我们的生活施威，同时他们之间也再度陷入了无休止的争斗之中"。① 虽然在理论背景和理路上，伯林与韦伯有着重大不同，但他同样揭示了人们价值选择的内在冲突以及这种冲突无法被还原为某种终极的、绝对的价值的基本事实，他指出："人类的目标是多样的，它们并不都是可以公度的，而且它们相互间往往处于永久的敌对状态。假定所有的价值能够用一个尺度来衡量，以致稍加检视便可决定何者是为最高，在我看来这违背了我们的人是自由主体的知识，把道德的决定看作是原则上由计算尺就可以完成的事情。"② 罗尔斯深受伯林影响，在《政治自由主义》一书中，他指出，在现代社会具有首要意义的"第一个事实"是："在现代民主社会里发现的合乎理性的完备性宗教学说、哲学学说和道德学说的多样性，不是一种可以很快消失的纯历史状态，它是民主社会公共文化的一个永久特征。在得到自由制度的基本权利和自由之保障的政治条件和社会条件下，如果还没有获得这种多样性的话，也将会产生各种相互冲突、互不和谐的——而更多的又是合乎理性的——完备性学说的多样性，并将长期存在"③，这一事实即是"理性多元论的事实"，它意味着，什么是以及如何达到"本质性的人性"，什么是"至善"以及如何达到这种"善"，什么是终极的"真理"以及如何抵达这一"真理"，什么是社会历史的"终极的完美目的"以及如何实现这一"终极目的"，等等，在现代社会里存在着不可还原的"多样性"和"异质性"。因此，关于人性、至善、真理与完美目的等不再有统一的、为所有人一致接受、遵循和贯彻的普遍性的、唯一的终极答案，这一"理性多元论"的事实，是生活在现代社会的每一个人都必须面对且必须接受的"客观实情"。

韦伯、伯林与罗尔斯的上述观点，从不尽相同的角度揭示了现代社会人们现实生活的一个基本实情：在"诸神冲突"的条件下，价值绝对主义试图以一种形而上学的思维逻辑去强制性地寻求适用于任何情境的终极价值原则，实质是为现实生活设置一张普罗克汝忒斯之床，强制性地屏蔽和扭曲了鲜活的现

---

① ［德］韦伯：《学术与政治》，冯克利译，生活·读书·新知三联书店1998年版，第40—41页。
② ［英］伯林：《两种自由概念》，见［英］伯林：《论自由》，胡传胜译，译林出版社2003年版，第244—245页。
③ ［美］罗尔斯：《政治自由主义》，万俊人译，译林出版社2000年版，第37页。

实生活。

以上，我们从三个方面揭示了价值绝对主义与现代社会人们的现实生活之间深刻的内在矛盾。它们启示我们：二者在本质上是相冲突的，要回归和尊重现代社会人们的现实生活，就必须抛弃价值绝对主义。

三、以现实的人的实践活动为根据终结价值绝对主义

在上文中，我们从多个层面和角度分析了价值绝对主义的内在矛盾与困境，所有这些，实质上都根源于它脱离了现实的人的实践活动，遮蔽和忽视了人的实践活动的丰富性、具体性与复杂性，因此，对现实的人的实践活动的自觉，是消解和终结价值绝对主义的根本途径。

实践活动是人本源性的生存方式，这是马克思哲学在哲学史上的重要洞见。其最重要的贡献就是消解了从终极的先验原则和最高真理出发理解事物的思维方式和理论逻辑，要求从人实际的现实生活过程理解人、世界和人与世界关系等一切问题，这其中当然包括价值问题。如前所述，在价值绝对主义背后，起支撑作用的正是从终极的先验原则和最高真理出发的思维方式和理论逻辑，随着实践观点对这种思维方式和理论逻辑的消解，价值绝对主义也必然失去其存在的合法性。

从人的实践活动出发，必然承认人的生活实践活动最深层地规定了价值观念的内涵与表现形式。按照马克思哲学的观点，实践活动就是人的现实生活的展开和创造过程，它具有历史性、具体性与丰富性等最为基本的特点。实践活动的历史性意味着，人们的现实生活的展开和创造过程不是某种先验教条的产物，而总是发生在特殊的历史情境中，无论是个人、社会、民族和人类，所有不同主体的实践活动都总是受制于特定的历史条件，带着特定的"先在"、"先见"、"先握"而展开的，这决定了任何价值观念都必然打上历史的烙印而不可能是在任何时间和任何地方都适用的绝对的终极价值；实践活动的具体性意味着，实践活动总是有其特定的主体，这种主体或者是个人，或者是社会、

国家、民族和人类等共同体，不同主体的实践活动的目标和方式等都呈现出其各自异质性、多样性的特征，就此而言，实践活动在本质上具有摆脱和超越"本质主义"的生存论性质，"生成性"而非"现成性"构成了其独特品格，这就决定了价值观念不可能是一种由"同一性"逻辑所支配的抽象同质性原则，而总是呈现出与不同主体及其实践活动目标和方式相应的异质性与多样性；实践活动的丰富性意味着，实践活动是人的自由自觉的创造性活动，它与动物的不同之处在于，后者只按照一个物种的尺度进行生产，而人则能按照任何物种的尺度进行生产，克服由于某种外在抽象力量（例如私有制）所造成的人的"愚蠢而片面"①，创造着"具有人的本质的这种全部丰富性的人，创造着具有丰富的、全面而深刻的感觉的人"②，是实践活动的根本旨趣，人的实践活动的这一特点决定了对于现实的人而言，价值观念不可能是封闭而单一的，而是如同人的生命的丰富性一样，是多层次、多面向，并且是不断面向未来，处于生成和开放过程之中。

可见，实践活动的历史性、具体性和丰富性与价值绝对主义在本性上是不相容的，承认实践活动的历史性、具体性和丰富性，必然承认价值观念的历史性、异质性、多层次性、多面性以及开放创造性。价值观念所具有的历史性、异质性、多层次性、多面性以及开放创造性，所体现的是实践活动的内在本性，而正如前面所述，实践活动是人本源性的生存方式，因此，又可以说，价值观念所具有的这些特性，所体现的正是人的实践本性。在此意义上，实践活动是对价值绝对主义最具根本性的有力驳斥和否定。

以实践活动为根据驳斥和否定价值绝对主义，体现了人们在价值问题上思维方式和理论范式的重大转换，即从理论哲学的思维方式和理论范式向实践哲学的思维方式和理论范式的转换。

在人类历史上，形成了种种有代表性的价值理论体系，例如自由主义、功利主义、社群主义等，这些价值体系往往由哲学思想家们予以集中表述，无疑，这些价值体系凝聚了现实生活中人们的价值追求和选择，但是，一旦它们以一种理论体系的方式表达出来，就获得了一种独立于现实实践的外观，并似

---

① 《马克思恩格斯文集》第1卷，人民出版社2009年版，第189页。
② 《马克思恩格斯文集》第1卷，人民出版社2009年版，第192页。

乎获得了对于现代实践的引导和规范力量，影响和支配着人们对于价值观念的理解。脱离人现实的实践活动，把这种理论体系所代表的价值观念绝对化，正是价值绝对主义的最为重大的根源。

从实践观点出发，把价值理论体系所表达的价值观念和原则视为脱离生活实践的终极价值，并以之作为规范现实生活的价值引导，这是理论与实践关系的根本性颠倒和误置。如前所述，人的现实的实践活动总是历史性的、具体的、丰富的，然而以理论体系表达的价值观念却是非历史性的、抽象的、同质性的，以后者规范前者，也就是以"非历史性"的价值原则规范处于特殊的历史情境中的现实实践活动，以"抽象"的价值原则约束鲜活的、不断变动的现实实践活动，以"同质性"的价值原则主宰异质性、多层次和多面性的现实实践活动。于是，绝对主义的价值原则成为现实生活的出发点和归宿，这等于否定了现实的人的价值选择的可能性。恩格斯在批判海因岑时，曾这样论述共产主义价值观："共产主义不是教义，而是运动。它不是从原则出发，而是从事实出发。共产主义者不是把某种哲学作为前提，而是把迄今为止的全部历史，特别是这一历史目前在文明各国造成的实际结果作为前提"①，马克思在批判青年黑格尔理论原则的观念主义思维方式时，也这样论述共产主义价值理想："共产主义对我们来说不是应当确立的状况，不是现实应当与之相适应的理想。我们所称为共产主义的是那种消灭现存状况的现实的运动"②，在这些论述中，马克思和恩格斯所针对的正是这种绝对价值原则与现实生活运动之间关系的颠倒与误置，并鲜明地表达了超越这种思维方式和理论逻辑，从现实生活实践出发理解价值观念的思想自觉。

从现实生活实践出发理解价值理论体系及其价值理念和价值原则，并不意味着否认和抹杀后者的应有意义和重要性，而是要以人的现实生活为根据，摆脱其绝对主义与教条主义倾向，并以此为前提，重新定位其地位和作用。

这意味着，以生活实践为根基，要求我们重新理解价值理论体系所表达的价值原则的真实基础和实质，自觉认识到以理论体系体现的价值原则并非独立于生活实践的"独立存在"，而是以一种思想的方式对处于一定历史阶段人们

---

① 《马克思恩格斯文集》第1卷，人民出版社2009年版，第672页。
② 《马克思恩格斯文集》第1卷，人民出版社2009年版，第539页。

生活实践中价值追求和价值理想的系统化表达，恩格斯在评价近代启蒙思想家们所形成的以"理性"为核心的价值理想时说道："这个理性的王国不过是资产阶级的理想化的王国；永恒的正义在资产阶级的司法中得到实现；平等归结为法律面前的资产阶级的平等；被宣布为最主要的人权之一的是资产阶级的所有权；而理性的国家、卢梭的社会契约在实践中表现为，而且也只能表现为资产阶级的民主共和国"①，恩格斯把启蒙思想家的价值原则归结为现代资产阶级的社会生产和生活基础，即深刻地体现了这种分析和理解立场。沃尔泽曾指出："垄断一种支配性的善的要求……——构成了一种意识形态"，事实上，早在沃尔泽之前，马克思就已经揭示了这种脱离现实生活的抽象的意识形态本质。马克思论述道："迄今为止人们总是为自己造出关于自己本身、关于自己是何物或应当成为何物的种种虚假观念。他们按照自己关于神、关于标准人等等观念来建立自己的关系。他们头脑的产物不受他们支配。他们这些创造者屈从于自己的创造物。他们在幻象、观念、教条和臆想的存在物的枷锁下日渐委靡消沉，我们要把他们从中解放出来。我们要起来反抗这种思想的统治"②，当虚假观念成为统治人们的抽象力量时，它们就成为了马克思所谓的"意识形态"。通过"意识形态批判"，要破除意识形态的幻象，关键在于确立这样的历史观："我们的出发点是从事实际活动的人，而且从他们的现实生活过程中还可以描绘出这一生活过程在意识形态上的反射和反响的发展。甚至人们头脑中的模糊幻象也是他们的可以通过经验来确认的、与物质前提相联系的物质生活过程的必然升华物。因此，道德、宗教、形而上学和其他意识形态，以及与它们相适应的意识形式便不再保留独立性的外观了。它们没有历史，没有发展，而发展着自己的物质生产和物质交往的人们，在改变自己的这个现实的同时也改变着自己的思维和思维的产物。不是意识决定生活，而是生活决定意识。"③ 从这种观点出发，一切价值理论体系方式所表达的价值原则都失去了其独立性外观，人们将自觉意识到，它们实质上所体现的是人们实际生活过程中的生存发展要求以及其对于美好生活的希望，它们既以生活实践为根基，同

---

① 《马克思恩格斯文集》第9卷，人民出版社2009年版，第20页。
② 《马克思恩格斯文集》第1卷，人民出版社2009年版，第509页。
③ 《马克思恩格斯文集》第1卷，人民出版社2009年版，第525页。

时又通过对生活实践的自觉理解,成为生活实践的内在环节,推动人们的生活向未来敞开自我超越的空间。正是在对这种理论与实践关系的辩证理解中,人们对价值理想的理解和追求将彻底摆脱沦为僵化的先验原则的命运,而成为内在于现实生活并推动现实生活跃迁的真实力量。

第六章 马克思哲学的价值观及其当代性

马克思哲学的价值观是马克思价值哲学研究的重要内容,也是马克思哲学思想理论体系中的核心内容之一。马克思哲学的价值观是在它对现代社会的批判及其对未来理想社会的探寻中彰显出来的,它为我们理解现代社会的内在矛盾及矛盾的克服提供了价值坐标和价值范导。在本章,我们将围绕马克思哲学的价值观与现代社会和现代文明发展之间的内在关系,从三个具有重要理论与现实意义的角度做一探讨。

第一节 马克思哲学的现代性批判与现代社会价值规范基础的反省与重建

一、价值规范基础深层危机的反省:马克思现代性批判最基本"问题意识"

现代性的反省是马克思哲学的重大主题,这一点在国内哲学研究中得到了越来越多人的重视和认同。而在现代性批判和反省的诸问题中,最为核心的是这种批判和反省所依据的价值规范性基础,它最为集中和深刻地体现了不同哲学思潮对待现代性问题的根本立场和基本取向。本文将对马克思哲学现代性批判与反省所依据的深层价值规范基础进行探讨，我们认为，这是马克思哲学在今天最富理论魅力的内容之一，值得引起人们的高度重视。

作为现代性的深刻批判者和反省者，马克思哲学最富洞察力的地方在于，它直面并深入地揭示了现代性根基处最深层的危机，这一危机就在于"现代性方案"所试图确立并在社会生活中贯彻的价值规范基础失去了合法性与合理性，它不仅对人的现实生活不再具有约束力与感召力，而且成为了掩盖人现实的生存状况、阻碍人的自由发展的虚假的意识形态。对现代性价值规范基础所蕴含危机的深入反省，构成马克思现代性批判最基本的"问题意识"。

按照哈贝马斯的观点，在哲学史上，"现代性方案"的价值规范基础是由黑格尔第一次自觉提炼和表达出来的。黑格尔明确把"现代世界的原则"概括为"主体性的自由"，认为"主体的特殊性求获自我满足的这种法，或者这样说也一样，主观自由的法，是划分古代和近代的转折点和中心点"①。这种"主体性"原则包括四个方面的内涵：第一，个人主义：在现代世界中，所有独特的个体都自命不凡；第二，批判的权利：现代世界的原则要求，每个人都应认可的东西，应表明它自身是合理的。第三，行为自由：在现代，我们才愿意对自己的所作所为负责。最后是唯心主义哲学自身，哲学把握自我意识的理念乃是现代的事业。② 很显然，在这四重内涵中，第一方面所强调的是"个人本位"，第二方面所强调的是"理性"原则，第三方面强调的则是个人的"自由"，第四方面所强调的则是对上述三重内涵的自觉意识和自我确认。

"个人主体性"及其自由，作为"现代性方案"为现代人所确立的价值规范基础，试图取代中世纪上帝的神圣权威，为现代人的人生意义、道德价值、社会理想等奠定一劳永逸的根据。如果说在中世纪，上帝是社会和人们生活的意义根据和价值源泉，那么，"现代性方案"则要求人们从神意的统治下摆脱、解放出来，以个人主体性及其自由为根据，取代以往宗教所发挥的绝对的一体化力量。哈贝马斯指出："在现代，宗教生活、国家和社会，以及科学、

---

① ［德］黑格尔：《法哲学原理》，张企泰、范扬译，商务印书馆2009年版，第145页。
② ［德］于尔根·哈贝马斯：《现代性的哲学话语》，曹卫东译，上海译文出版社2004年版，第20—21页。

道德和艺术等都体现了主体性原则"①，正是这种"主体性"原则，支撑了宗教改革、启蒙运动和法国大革命，确立了现代文化形态。它相信，人的奴役根源于个人的自由和理性不能得到充分的伸张，通过"理性的启蒙"，主动地发挥和运用自己的理性，破除偏见、迷信和外在权威对人的控制，使人成为"自我立法"的真正自律、独立的理性主体，就能克服一切外在束缚、实现自我救赎和解放，并把中世纪置于彼岸的"天国"在此岸世界予以实现。

马克思哲学对现代性的批判和反省，在深层正根源于对上述现代社会价值规范基础的深刻怀疑，它所提出的根本问题是：现代性方案所宣称的"个人主体性"真实的社会生活基础是什么？它所提供的价值承诺是否具有它所声称的普遍性和永恒性？它所宣称的自由和解放，究竟是谁的"自由"和"解放"？

在马克思看来，这种个人的"主体性"及其自由只是一种"形式的自由"而非"实质的自由"，不仅如此，它还以"形式的自由"掩盖了"实质性的依附"和"实际的非人性"，因此，把它作为现代人和现代社会的价值规范基础，实质上是一种"意识形态的虚构"。

马克思是通过对资本主义及其市民社会的解剖具体展开对此的分析和批判的，在他看来，"抽象或观念，无非是那些统治个人的物质关系的理论表现"②，"现代性方案"对于以"个人主体性"及其自由的价值理念设定并非单纯的理论话语，而是有其深刻的社会生活土壤，它是资本主义发展所形成的市民社会的观念表现。

从历史角度看，资本主义市民社会瓦解了传统社会以"直接同一性"为本质的共同体形态，以"冷漠的分裂的个人"的关系取代了以人身依附为特征的抽象共同体，形成了一个由"毫不相干的个人之间的互相和全面的依赖"所组成的社会形态。马克思并不否认这种社会形态的转变对于人的解放所具有的重大推动作用，它使个人从人身依附的支配关系中摆脱出来，形成了与他人更为平等和开放的交往关系，个人也因此获得了更大的独立和自由空间。但马克思认为，这种个人的"独立"和"自由"在根本上具有形式性和外在性，个人并没有真正摆脱"依赖状态"。这是因为，在资本主义的市民社会中，真

---

① ［德］于尔根·哈贝马斯：《现代性的哲学话语》，曹卫东译，译林出版社2004年版，第122页。
② 《马克思恩格斯全集》第46卷（上），人民出版社1979年版，第111页。

正具有完全独立和自由性质的存在,并不是人,而是以"资本"形式出现的"物"。首先,资本主义市民社会形成的第一个前提是"自由"的、脱离了共同体的"工人"的出现,但这种"自由"的真实含义是:他在脱离共同体的同时,也失去了土地和财产等生产和生活资料,他唯一拥有的是自己的"劳动力",工人是"自由"的,他出卖自己的劳动时间并非由于强迫,但这种"自由"完全依赖于物,否则工人连生存都受到威胁。其次,资本主义市民社会形成的第二个前提是资本家占有"资本",以便他能在"自由市场"上"自由"地与工人签订契约,在"平等"的基础上进行交易,很显然,这种"自由"也完全依赖于物,否则资本主义的生产将成为不可能。再次,资本主义社会市民社会形成的第三个前提是"活动与产品的自由交换",无论是资本家与工人之间劳动力的买卖,还是市场上不同主体之间的商品交换,都体现出"平等"的形式,或者说,作为交换的主体,他们是"平等"的关系。但很显然,这种"自由"和"平等"关系同样是以对物的依赖为条件的。美国学者古尔德曾就这种人对物的依赖关系作过如下的概括:在资本主义市民社会中,人对物的依赖采取了三种形式:"第一,货币或交换的客体性;第二,与劳动对立的资本的客体性;第三,机器的客体性"[1]。因此,现代性所确立的个人主体及其自由价值并没有真正克服和摆脱人的依赖性。区别仅在于在前资本主义社会,个人匍匐于共同体的阴影之下,而在资本主义市民社会中,个人受物的力量所支配。正是在此意义上,马克思论述道:"这些外部关系决不是'依赖关系'的消除……个人现在受抽象统治,而他们以前是互相依赖的。"[2]

"个人现在受抽象统治",这是马克思对"现代性方案"的价值规范基础,即"个人主体性"及其自由的真实本质的根本诊断。在其他著述中,马克思几乎使用同样的语言,对此进行表述,例如,在《德意志意识形态》中,马克思说道:"在现代,物的关系对个人的统治、偶然性对个性的压抑,已具有最尖锐最普遍的形式"[3];在《共产党宣言》中,马克思再次表达同样的思想:"在资产阶级社会里,资本具有独立性和个性,而活动着的个人却没有独立性

---

[1] [美]古尔德:《马克思的社会本体论》,王虎学译,北京师范大学出版社2009年版,第26页。
[2] 《马克思恩格斯全集》第46卷(上),人民出版社1979年版,第111页。
[3] 《马克思恩格斯全集》第3卷,人民出版社1960年版,第515页。

和个性"①。这种统治人、使个人失去独立性和个性的"抽象力量"即是"资本"及其所代表的社会关系。

"资本"作为"抽象力量",首先意味着它是资本主义社会中统治人们全部生活的终极的"绝对存在",它主导着人与世界、人与人以及人与自身的关系,构成了全部社会生活的轴心原则,在此意义上,"资本"构成了资本主义社会中一切存在物的内在"本质"和"实体",一切存在物都必须在资本面前证明其存在的"目的"和"意义",否则就将失去其存在的价值和必要性。其二,它是一种吞噬一切的"同一性"和"总体化"力量,它把人的生命和社会生活中的一切丰富内容,都还原和蒸馏为抽象的"交换价值"。"它把人的尊严变成'交换价值',用一种没有良心的'贸易自由'代替了无数特许的和自力挣得的自由"②;最后,它是一种排他性的、体现着资产者特殊权力意志的力量。在马克思看来,资本不是物,而是体现着一定历史社会形态的生产关系,因此,资本的逻辑在根本上是一种社会关系的逻辑,在这种社会关系中,资本家作为"资本"的人格化代表,享有着"个人自由",而"他们之所以有个人自由,只是因为他们是这一阶级的个人"③,与此同时,大多数"无产者"则被排除在外,剥夺了真正的"个人自由"。就此而言,现代性方案关于"个人主体性"的价值承诺蕴含着一种特殊主义的权力关系,体现的是特殊者的特殊利益,因而实质上是一种充满压制性、排他性和垄断性的专制话语,以之作为现代人的价值规范基础和价值尺度,等于树立了一个虚假的偶像。

"个人现在受抽象统治",这一生存实情表明了现代性以"个人主体性"及其自由为核心的价值规范基础的局限性和虚幻性。它表明:"个人"并不是真正意义上的"主体",真正的"主体"是"资本"形态显现的"物",与之相比,个人则成为了物的"客体","主体"与"客体"产生了根本性的颠倒。以"个人主体性"及其自由作为现代社会价值规范基础,包含着不可克服的内在困境。

---

① 《马克思恩格斯选集》第 1 卷,人民出版社 1995 年版,第 287 页。
② 《马克思恩格斯选集》第 1 卷,人民出版社 1995 年版,第 275 页。
③ 《马克思恩格斯选集》第 1 卷,人民出版社 1995 年版,第 119 页。

二、超越"个人"与"共同体"的抽象对立：马克思对现代社会价值规范基础的重新奠定

把"个人主体性"及其自由这一现代性的核心价值理念置于资本主义市民社会的基础上，马克思揭示了它所具有的形式性与虚幻性。由此提出的重大课题是：究竟如何实现个人真实的而非形式的自由？如何克服个人沦为物的命运并使之成为真正自由、独立的存在？这意味着，必须重新寻求并奠定一种与人合理的生存方式相适应的新的价值规范基础。正是在对此问题的回应中，马克思的现代性批判体现了其最为深层的人文关怀与思想旨趣。

要实现个人真实的而非形式的自由，关键在于创造能够使个人真实的自由成为可能的社会关系。马克思说道："个体是社会存在物。因此，他的生命表现，即使不采取共同体的、同他人一起完成的生命表现这种直接形式，也是社会生活的表现和确证。"① 这种使个人真实的自由成为可能的社会关系，既不能以抽象的共同体为主导，也不能以抽象的"个人主体性"为原则，而必须超越二者的两极对立，寻求二者本质性的统一。马克思认为这种新型的社会关系形态就是"人类社会"或"社会的人类"，这是由充分"社会化"的个人所形成的新的共同体，即"自由人的联合体"，它构成马克思哲学区别于以"市民社会"为立脚点的"旧唯物主义"的"新唯物主义"的立脚点②，同时也包含着它为现代人奠定的价值规范基础的基本构想。

在马克思看来，无论是以抽象共同体主导的社会关系，还是以"个人主体性"为原则的社会关系，对个人来说，都不是真正自由和独立的社会关系，而分别代表两种片面的存在样式，扬弃二者的片面性，寻求一种既使个人实现充分的独立，同时又实现与他人一体性的社会关系，是确立新的价值规范基础的关键。

以抽象"共同体"为主导的社会关系形态是完全遗忘和抹杀"个人主体

---

① 《马克思恩格斯全集》第3卷，人民出版社2002年版，第302页。
② 《马克思恩格斯选集》第1卷，人民出版社1995年版，第57页。

性"所形成的社会结合形式,在此阶段,个人"表现为不独立,从属于一个较大的整体"①,这一整体即是个人之上的"共同体"。与个人相比,"共同体"是真正自因自足的实体,而个人则是依附于这一实体的"偶性"和附属品;"共同体"是真正的目的和意义,个人只有在这一整体中通过"分享"整体所分配的角色和地位才能获得存在的价值和意义,"共同体"是真正"自由"的存在,共同体和共同体的代表们按照自己的意志来行使对共同体成员的支配和统治,个人必须无条件地服务于这种支配和控制。可见,在共同体和个人关系中,只有前者是自足、自因和自由的存在,后者无条件地束缚于前者因而是微不足道的部分。马克思认为,这种"虚幻的共同体"对于个人来说,完全是"新的桎梏"②。

资本主义市民社会形态瓦解了抽象的共同体,但是,正如前面所分析的,它并没有使人摆脱依赖状态,区别仅在于它使个人从对共同体的依赖变成了对物的依赖,如果说在共同体阶段,只有共同体才是自足、自由的绝对存在,那么,在市民社会阶段,只有物才是自足、自由的绝对存在。以物的依赖为前提,个人的自由和独立只具有形式上的意义。在根本意义上,"个人主体性"原则在实质上不过是"资产者"的原则,它所代表的解放只是一种狭隘的解放,即"政治的解放",这种解放是一种把大多数"无产者"排除在外的、剥夺大多数人自由的解放:"自由这一人权不是建立在人与人相结合的基础上,而是相反,建立在人与人相分隔的基础上。这一权利就是这种分隔的权利,是狭隘的、局限于自身的个人的权利。"③"私有财产这一人权是任意地、同他人无关地、不受社会影响地享有和处理自己的财产的权利;这一权利是自私自利的权利。这种个人自由和对这种自由的应用构成了市民社会的基础。这种自由使每个人不是把他人看作自己自由的实现,而是看作自己自由的限制"④,很显然,建立在"人与人相分隔""自私自利的权利"基础上,个人不可能获得真正的自由与解放。

---

① 《马克思恩格斯全集》第46卷(上),人民出版社1979年版,第21页。
② 《马克思恩格斯选集》第1卷,人民出版社1995年版,第119页。
③ 《马克思恩格斯全集》第3卷,人民出版社2002年版,第183页。
④ 《马克思恩格斯全集》第3卷,人民出版社2002年版,第184页。

无论是共同体形态,还是资本主义市民社会形态,虽然表现各不相同,但有一点是共同的,那就是个人都处于"依赖状态"而非"自由个性"状态。既克服与个人相敌对的抽象共同体,又克服导致人彼此分裂的抽象的"个人主体性",在对二者的超越中,寻求和建立一种使个人获得真正自由和独立的社会关系,这就是马克思哲学根本的价值眷注。

这一探索的成果集中体现在马克思关于"自由人的联合体"和关于"人类社会"及"社会化的人类"的思想之中。在马克思看来,个人的发展是一个历史过程,"人的依赖关系(起初完全是自然发生的),是最初的社会形态,在这种形态下,人的生产能力只是在狭窄的范围内和孤立的地点上发展着。以物的依赖性为基础的人的独立性,是第二大形态,在这种形态下,才形成普遍的社会物质交换,全面的关系,多方面的需求以及全面的能力的体系。建立在个人全面发展和他们共同的社会生产能力成为他们的社会财富这一基础上的自由个性,是第三个阶段"[1],超越前两个阶段的片面性所建立的社会关系,第三阶段意味着超越前两个阶段的片面性,形成"这样一个联合体,在那里,每个人的自由发展是一切人的自由发展的条件"[2]。在这种"自由人的联合体"中,个人主体性与社会共同体的分裂将实现真正的和解和超越,它将在承认、保存和容纳个人主体性这一重大成果的前提下,既保证每一生命个体的自由,同时又实现人与人的联合与统一,对此,马克思论述道:"在真正的共同体的条件下,各个人在自己的联合中并通过这种联合获得自己的自由。"[3]

"自由人的联合体"这一崭新的价值规范基础,包含着一种对于人的主体性和个人自由的全新理解。它意味着,真正的个人自由不是建立在人与人相分隔的基础上,而恰恰以人与人的结合为前提的,它不再把他人看成自身自由的束缚和限制,而是看作自身自由的条件与实现,不再把个人看成独立自在、没有窗户的封闭单子,而是看成"他自己为别人的存在,同时是这个别人的存在,而且也是这个别人为他的存在"[4]。以这种对个人自由的全新理解为依据,

---

[1] 《马克思恩格斯全集》第46卷(上),人民出版社1979年版,第104页。
[2] 《马克思恩格斯选集》第1卷,人民出版社1995年版,第294页。
[3] 《马克思恩格斯选集》第1卷,人民出版社1995年版,第119页。
[4] 《马克思恩格斯全集》第3卷,人民出版社2002年版,第298页。

"个体的感性存在"与普遍的"类存在"之间的矛盾将真正得到克服和超越,个人自由与共同体的自由实现了一种内在的统一:一方面,"代替那存在着阶级和阶级对立的资产阶级旧社会的,将是这样一个联合体,在那里,每个人的自由发展是一切人的自由发展的条件"①,另一方面,"只有在共同体中,个人才能获得全面发展其才能的手段,也就是说,只有在共同体中才可能有个人自由"②。在此意义上,可以说,真正的个人自由以共同体的自由为条件,同样,共同体的自由也必须以个人自由的保障和实现为条件。正是在这种"个人"与"共同体"的互为条件和交互关系中,"自由人联合体"取代前现代社会的抽象"共同体",也取代现代社会抽象的"个人主体性"以及由此所形成的人与人之间的外在联系,成为走向新社会和新的人的存在状态的价值规范基础。

三、现代社会的价值规范基础:
马克思哲学与当代哲学的重要结合点

马克思哲学通过对现代社会价值规范基础的批判性反思,超越抽象的"共同体"与抽象的"个人主体性"的两极对立,确立了以"自由人的联合体"为核心的价值规范基础,这是马克思哲学在思想史上所做出的最为重要的理论贡献之一,也是它对当代社会最具有思想启示性和当代意义的内容。如果把马克思哲学的这一思想置于当代哲学围绕"价值规范基础"这一重大问题所展开的理论论争中,这种当代意义和启示性将得到充分的彰显和凸显。

如前所述,价值规范基础是现代性批判最为深层的课题,由于这一问题所具有的根本性与深刻性,使得对此的思考与探索,已成为当代哲学关注的思想焦点。综观不同哲学思潮的研究成果,我们可以发现,这些探讨与争论,在很大程度上都围绕着"个人"与"共同体"的矛盾关系展开,并因此形成了三种有代表性的思路。

第一种坚持"个人主体性"及其自由这一现代性社会价值规范基础的合

---

① 《马克思恩格斯选集》第 1 卷,人民出版社 1995 年版,第 294 页。
② 《马克思恩格斯选集》第 1 卷,人民出版社 1995 年版,第 119 页。

理性，它认为，从传统社会向现代社会的转型所确立的个人主体性及其自由，代表着人一劳永逸地摆脱了强制和束缚，获得了彻底的解放。很显然，这种立场体现出鲜明的"自由主义"倾向。无论是福山在《历史的终结》中所宣称的以"个人自由"价值为核心的自由资本主义成为"最后的统治形式"，还是诺齐克对不可侵犯的"个人所有权"的当代辩护，无论是哈耶克对以个人自由为根本价值的"自由秩序"的捍卫，还是伯林对摆脱任何一切外在强制的"消极自由"的论证，等等，都鲜明地体现了对现代社会价值规范基础的这种理解。美国哲学家霍尔姆斯在《反自由主义剖析》中对种种"反自由主义"的思潮和代表人物进行了一一反驳之后，说道："宗教狂热还没有从地球上消失；权威主义的政府、司法中的暴行、政治审查制度、非法操纵的选举以及对少数民族的压迫也没有消失。……这就是我们为什么要弄清楚自由主义过去曾面对，将来也还要继续面对的非自由主义力量的原因。"① 这是对"个人主体性"及其自由的当代合法性的典型表述。

与之相反，第二种态度则坚持以"共同体"取代"个人主体性"成为现代社会的价值规范基础。当代哲学中的社群主义即是其中的代表，在它看来，"个人主体性"已经完全失去了对当代人的约束力与规范性，并使当代人的道德与价值生活陷入了不可摆脱的深刻危机。这是因为，现代性关于"个人主体性"的理解，一开始就建立在一个虚构的本体论设定之上，即把个人视为可以独立于外在世界而自足存在的实体，他可以脱离社会共同体，作为先天的赋有选择能力的人而存在。以这种没有社会规定性的、没有必然的社会内容和社会身份的"自我"为出发点，一切道德价值判断都是自我"个人意志"的产物，于是，任何非个人的、具有普遍性和客观性的道德权威就彻底失去了存在的合法性，道德价值评价和判断已全然失去统一性并陷入了无休无止的分歧和争斗，很显然，站在上述社群主义的立场，"个人主体性"已经完全失去了作为现代社会价值规范性基础的资格。相反，以"共同体"为价值根据，个人依其在共同体中所扮演的角色，获得存在的价值和意义，共同体为所有成员提供和规定了生活的目的和行为的准则，以此为出发点，以个人主体及其自由

---

① ［德］斯蒂芬·霍尔姆斯：《反自由主义剖析》，曦中等译，中国社会科学出版社2002年版，第366—367页。

为取向所导致的现代性价值困境就将得到彻底的克服,当代人的精神生活和社会生活将因此获得坚实的价值根基。

第三种思路则试图调和"个人主体性"与"共同体"之间的对立和矛盾,在二者的张力中重建当代社会的价值规范基础。以哈贝马斯为代表的"交往伦理"价值观、罗蒂和霍耐特等人为代表的"相互承认"价值观等即持这种主张。哈贝马斯不同意海德格尔、德里达、福柯等人"抽象地否定自我关涉的主体"并因此宣告"主体性之终结"与"人之死亡",但同时他又充分意识到了"个人主体性"作为现代性价值规范基础所具有的内在困境,因此,他为自己设定的重要理论任务是实现"从以主体为中心向理性到交往理性的范式转变",从而"另辟一条走出主体哲学的途径"[1]。"交往理性"的概念既超越"以主体为中心的理性",避免"陷入以主体为中心的思维的窠臼",同时又避免否弃一切理性和价值规范基础的思想倾向,在"交往"中,一方面,"个体提出了不可替代的肯定立场或否定立场",因而它并不否定个人的"主体性",但另一方面,个人"只有在如下前提下才能保持自主:通过对真理的共同追求而与共同体保持联系",因此,个人不是脱离共同体的抽象实体,而是在主体间的交往互动过程中始终向共同体保持开放,在"我"与"他人"、"个人"与"共同体"的双向互动中:"社会化过程同时就是个体化过程,反之,个体化过程也是社会化过程"[2]。罗蒂、霍耐特等则以"相互承认"为价值核心,寻求个人与共同体矛盾的解决,在他们看来,社会生活的规范基础决不能建立在脱离他人、独白性的主体性以及由以此而形成的人与人之间"主客二元对立"的统治和控制关系之上,而在生成于主体间的相互承认之中,在相互承认之中,不断地扩大交往共同体的范围,减少侮辱、蔑视和暴力,不断地把"他"变成"我们",从而形成和创造更具包容性的共同体[3],这一点构成了社会生活最根本的价值追求。

很显然,马克思对于现代社会价值规范基础的理解既不同于"自由主

---

[1] [德]于尔根·哈贝马斯:《现代性的哲学话语》,曹卫东译,上海译文出版社2004年版,第352页。
[2] [德]于尔根·哈贝马斯:《现代性的哲学话语》,曹卫东译,上海译文出版社2004年版,第390页。
[3] [美]理查德·罗蒂:《真理与进步》,杨玉成译,华夏出版社2003年版,第141页。

义",也不同于"社群主义",而是体现出一种辩证和历史的眼光。他对"个人主体性"及其自由作为现代社会价值规范基础所具有的深层困境和局限性有着深入的理解,但并不因此主张回到否定"个人主体性"的"共同体"或"社群";马克思清醒地认识到了把"共同体"视为现代社会的价值规范基础,实质上是要让人回到前现代社会的"人的依赖状态",对此,马克思说道:"在发展的早期阶段,单个人显得比较全面,那正是因为他还没有造成自己丰富的关系,并且还没有使这种关系作为独立于他自身之外的社会权力和社会关系同他自己相对立。留恋那种原始的丰富,是可笑的,相信必须停留在那种完全空虚之中,也是可笑的"①,就此而言,"社群主义"实质是把前现代社会的"共同体"涂上了一层浪漫主义的油彩并使之理想化了。与此同时,马克思也反对把"个人主体性"及其自由视为终极的价值规范基础,在资本主义市民社会中,"个人独立性"是以受"物的限制"为前提的,个人从属于控制着他们的物的关系,真正的"自由个性"终成幻影。因此,"自由主义"把"个人主体性"及其自由绝对化,视之为不可超越的终极价值,实质上是把"被抽象所统治的个人"当成了"自由个性的个人"。

马克思与第三种态度一样,努力超越"抽象个体"与"抽象共同体"的两极对立,重新寻求和确立现代社会的价值规范基础,但与之相比,马克思哲学有着独特的立场和观点。第一,马克思"自由人的联合体"虽然体现着伦理向度并包含伦理内涵,但更多的是以现实的社会历史发展为依据的一种历史诉求,如前所述,现当代哲学无论是"交往理性"还是"相互承认"的主张,都具有鲜明的伦理意味,与此不同,马克思认为,"自由人的联合体"是历史发展的产物,是立足于现实社会生活和社会关系变迁的必然结果,对此,马克思明确说道:"全面发展的个人——他们的社会关系作为他们自己的共同的关系,也是服从于他们自己的共同的控制的——不是自然的产物,而是历史的产物。要使这种个性成为可能,能力的发展就要达到一定的程度和全面性,这正是以建立在交换价值基础上的生产为前提的,这种生产才在产生出个人同自己和同别人的普遍异化的同时,也产生出个人关系和个人能力的普遍性和全面性"②,

---

① 《马克思恩格斯全集》第 46 卷(上),人民出版社 1979 年版,第 109 页。
② 《马克思恩格斯全集》第 46 卷(上),人民出版社 1979 年版,第 108—109 页。

因此,"自由人的联合体"这一价值理想不是哲学的、伦理学的"理论悬设",而是有着深刻的社会历史根据和基础。其二,马克思的"自由人的联合体"不是以"语言学转向"为平台而是以尘世的、感性的实践活动为基地而显现出来的。当代西方哲学对价值规范基础的论证是以"语言学转向"的成果为出发点的,无论是"交往伦理学"还是"相互承认"理论,都充分利用了当代"语用学""语义学"等领域的研究成果,把语言层面的"交往"或"承认"视为其主要存在样式。而在马克思看来,语言并不是一个独立的特殊王国,而是现实生活和社会实践的产物,因而以"语言学转向"为平台,寻求超越"抽象共同体"和"抽象个体"的两极对立,实质上是把派生的东西当成了本源和首要的东西,因而它对价值规范基础的重建必然不能触及问题的根本。在马克思看来,新的价值规范基础是生存形态与生活方式的转换中显现出来的,是在"实际地反对和改变事物的现状"和使"现存状态革命化"的实践活动中得以生成的。换言之,"自由人的联合体"作为现代社会的价值规范基础,其深层根据在于现实的感性实践活动而不在于作为"现实生活表现"的语言中。

从以上的讨论中,我们已经可以看出,在当代哲学的多元景观中,马克思对现代社会价值规范基础的思考,显现出其独特的立场和意义。围绕着现代社会价值规范基础这一重大课题进行深入反思和研究,将为马克思哲学介入现代社会生活提供了重要的切入点,也将为马克思哲学与当代哲学进行深入对话,从而推动马克思哲学当代性提供关键的结合点和生长点。

第二节 马克思哲学与"个体化时代"的社会团结

一、"个体化"时代与现代社会中"社会团结"的危机

所谓"社会团结"(social solidarity),是指社会生活中由人与人的相互交

往和联系所形成的社会联结和统一性。对于任何一个社会来说，如果要保持稳定和长治久安，就必须用某种纽带把不同的人们联结起来，从而实现社会整合，对于个人而言，如果要实现自身的社会化和形成自己的人格，同样需要与他人的相互交往并在社会团结中获得自我认同。

在传统社会，"社会团结"并没有成为一个突出的课题凸显出来。按照滕尼斯的说法，在前现代社会，"相互之间的共同的、有约束力的思想信念作为一个共同体自己的意志，就是这里应该被理解为默认一致的概念。它就是把人作为一个整体的成员团结在一起的特殊的社会力量和同情"①，涂尔干在几乎同样的意义上指出，在传统社会，社会成员服从于以共同信仰和共同情感为核心的"集体意识"或"共同意识"，这种"集体意识"或"共同意识"超越"个人意识"而世代相继、代代相传，在其支配之下，个体人格完全统一于集体人格，个人成为整体的缩影，以之为基本纽带，整个社会内在地凝聚在一起，从而使整个社会团结为一个整体。可见，传统社会由于其同质性与未分化性，社会团结成为人们不予反思地接受并服膺的基本事实。

"社会团结"成为一个重大的理论和现实课题，是现代性的产物。按照黑格尔的概括，"现代世界是以主体性的自由为其原则的"②，"主体性的自由"意味着个人从他人的依赖关系中解放出来，成为独立的个体。现代社会开启了一个不断深化的"个体化"进程，它打破和超越了传统社会的社会秩序，改变了人与人之间的社会关系，从而使"社会团结"成为现代社会必须面对的一个重大挑战。

人们对于现代性的理解有着不同的视野。但是，"个体化"是现代性最为根本的特征，是人们的基本共识。从传统社会向现代社会的转型过程，在很大程度上就是一个个人从以"集体意识"为表征、以个人之上的"社会共同体"对个人的笼罩和支配的"机械团结"中摆脱出来，使自身获得独立性的过程。对此，鲍曼这样概括道："'个体化'在于，把人的'身份'从'既定的东西'转变为一项责任，要求行动者承担执行这项任务的责任，并对其行为的后果承担责任。换句话说，'个体化'在于确立自主的合法性。人的身份不再

---

① ［德］斐迪南·滕尼斯：《共同体与社会》，林荣远译，商务印书馆 1999 年版，第 63—64 页。
② ［德］黑格尔：《法哲学原理》，范扬、张企泰译，商务印书馆 1961 年版，第 291 页。

第六章 马克思哲学的价值观及其当代性

是与生俱来的。……一个人要成为他所是的那样,这是现代生活的特征,也只是现代社会的特征。……现代社会用强制性的、义务性的社会地位自决(self-determination),取代了社会地位的被决"①。个人从对共同体的依赖同时也从对他人的依赖关系中解放出来,成为"自决的主体",而且这一进程随着现代社会的演化不断深化,经历了从"反思性个体性"到"自反性个体性"的变迁和转型,从而使"个体化"成为理解现代性最为根本的奥秘。

所谓"反思性个体",是指早期现代性阶段,以"自我意识"为内在核心所形成的"个人主体",它把主观意识的"自我"实体化为"主体",强调自我意识的同一性,是保证其他一切存在者存在的最终根据,认为只要确立"作为突出的基底的我思自我,绝对基础就被达到了,那么这就是说,主体乃是被转移到意识中的根据,即真实的在场者,就是在传统语言中十分含糊地被叫到'实体'的那个东西"②。笛卡尔的"我思故我在"以一种哲学反思意识的形式表达了现代社会的这种信念,在此意义上,在笛卡尔那里,"自我"实体成为了建构全部存在的第一根据,一切客观存在必须呈现为人的思维领域中的意识事实,必须以"我的心"、"我的意识"作为先在的逻辑根据,才能和人显现出来,正是一种"反思性个体"为基石的现代性的时代精神的自觉表达。把具有"自我意识"的"个人"实体化为"主体",以之取代中世纪的上帝,使之发挥宗教等"集体意识"曾发挥的绝对的一体化力量,从而为现代社会和现代文化确立坚实的价值规范基础,一切社会制度,都必须以这种"个人主体"为尺度,作为自身正当性的终极根据,民族国家、法律制度、社会组织形式等,均为"个人主体"及其权力、自由和尊严提供条件和保障。

"自反性个体"是上述现代性逻辑演变的结果,以上述"个人主体性"为基石的现代性的深入展开,导致了与其原初设计相悖离的、自我矛盾的和冲突的悖论性后果。吉登斯、鲍曼、贝克等现代社会理论家均已指出,随着信息技术的发展和资本的全球流动,现代性已进入了新的阶段,无论这一阶段被命名为"高级现代性""晚期现代性""第二现代性"或"流动的现代性",都意

---

① [英]鲍曼:《个体地结合起来》,见[德]乌尔里希·贝克等:《个体化》,李荣山等译,北京大学出版社2011年版。
② [德]海德格尔:《面向思的事情》,陈小文、孙周兴译,商务印书馆1999年版,第75页。

味着一个新的"个体化"时代的来临：现代性以"个人主体"及其自由和权利为最高价值，但这种"自由"极端发展的结果，却使个人陷入了前所未有的不确定性、无向性与孤独，尤其随着全球化和消费主义的兴起和深化，"个人主体性"失去了其原初所向往和追求的"自由"与"独立"意蕴，而成为了全球化时代的"流浪者"和"观光客"，而消费主义则使消费成为了人生在世获得意义和价值的核心。"全球化"时代资本突破民族国家的藩篱而全球流动，个人从以民族国家为框架构建起来的交往模式、生活策略和生存方式"脱嵌"出来，被抛入到一个充满风险的更为广阔的时空中，与早期现代性时期相比，个体变得更加"自主"和"独立"，但这是一种完全失去"生活指南"参照的无向的自主性和独立性，最终，个人在资本逻辑的裹挟下，被消费主义的意识形态塑造和定位为"消费的个体"，"消费"成为界定"个体存在"的最根本方式，如果说在"反思性个体"那里，个体化通过"我思"来予以确证，那么，在"自反性个体"这里成为了"我消费故我在"资本主义社会后期的消费主义阶段，"较之任何其他已知的社会，包括过去的现代性，为人类自由提供了更大的空间"①，人们依赖于市场和消费行为，获得了前所未有的"自由"，然而，这种"自由"与"反思性个体"所设想的"自由"已经具有了很不相同的内涵。

　　无论是"早期现代性"还是"晚期现代性"，虽然"个体化"所呈现的内涵有着不同，但是，"个体化"构成了现代性的本质特征，这是一个不争的基本事实。正是这一基本事实，决定了社会团结成为现代人所面临的一个严峻挑战。

　　首先，"个体化"成为支配性原则，必然内在地蕴含着价值个体主义的兴起和价值共识的危机，从而使社会团结失去所必需的内在的精神纽带。如果说在传统社会，某种神圣的精神力量，例如宗教等"集体意识"充当着社会团结的精神纽带。然而，随着现代社会"个体化"趋势的深入，每一个生命个体把他的独立性看成绝对性的，把自身视为价值的最高主宰者和立法者。从这种价值个体主义立场出发，一切价值判断都是自我"个人意志"的产物，一

---

① ［英］泽格蒙特·鲍曼：《自由》，杨光、蒋焕新译，吉林人民出版社2005年版，第77页。

个人接受这种价值而拒斥另一种价值，最后的根据和权威完全是他自身，具有普遍性和客观性的道德权威就彻底失去了存在合法性，"道德行为者从传统道德的外在权威中解放出来的代价是，新的自律行为者的任何所谓的道德言辞都失去了全部权威性内容。各个道德行为者可以不受外在神的律法、自然目的论或等级制度的权威的约束来表达自己的主张……"①，"价值是由人的决定所创造的……每个人的良心都是不可被推翻的……而价值乃奠基于选择，它只能拥有纯粹主观的根据"②。很显然，价值个体主义必然使得价值判断失去统一性，价值信念必然陷入分歧和争斗，这里有"不同的神在相互争斗……那些古老的神，魔力已逝，于是以非人格力量的形式，又从坟墓中站了起来，既对我们的生活施威，同时他们之间也再度陷入了无休止的争斗之中"③，由此所导致的后果便是普遍性、公共性的价值共识与价值规范处于危机之中，而失去了普遍性、公共性的价值共识与价值规范，意味着社会统一性所必需的价值共契和精神基础随之消失，在此条件下，"社会团结"何以可能必然遭遇重大挑战。

其次，"个体化"的倾向由于其内蕴的"对象化逻辑"，导致人与他人之间的隔离、分裂和对立。"对象化逻辑"是一种"主客二元对立"的逻辑，"个体化"进程把个人主体确立为"主体"，总是与把自我之外的他者规定为"客体"不可分割地关联在一起的。立足于这种"自我"，一切自我之外的"非我"都是与"我"相对立并由"我"所规定和涵盖，与绝对第一性的、高于一切的"自我"相比，"非我"完全是一种派生的、外在的事物。可见，个人主体性原则体现着的是一种以自我为中心，把外在之物对象化的统治性原则。贯彻这种"对象化逻辑"，必然使得他人成为"我"的"他者"，人与人之间的关系成为一种互为对象性关系，从此出发是不可能建立一种主体间相互承认的团结关系的。对此黑格尔曾作过专门的探讨，他指出，"个人主体性"原则在实质上是一种"知性"的原则，这种知性原则表现为一种控制性、征服性的"暴力"，这种"暴力"体现在对他人的关系上，将把他人"作为客体

---

① ［美］A. 麦金泰尔：《德性之后》，龚群等译，中国社会科学出版社1995年版，第87页。
② 参见 Raymond Aron, *Main Current in Sociological Thought*, Middlesex Penguin Books inc, 1967, pp. 206、210。
③ ［德］韦伯：《学术与政治》，冯克利译，生活·读书·新知三联书店1998年版，第40—41页。

加以压迫",每个人不仅把社会共同体视为只具有工具性价值的东西,而且也把他人当作只具有工具性价值的东西,由此必然导致社会生活共同体的分裂和"伦理总体性"的瓦解,这一点在"市民社会"这一展现"个人主体性的舞台"中得到了最为集中的体现,"在市民社会里,每个人都以自身为目的,其他一切在他看来都是虚无。但是,如果他不同别人发生关系,他就不能达到他的全部目的,因此,其他人便成为特殊的人达到目的的手段。但是特殊目的通过同他人的关系就取得了普遍性的形式,并且在满足他人福利的同时,满足自己。但他又只能通过与别人的接触,才能明确他的目的的范围。因此,某些人就会将其他人当作实现目的的手段。但是,特殊目的又通过与他人的关系而获得普遍形式,并且在满足他人福利的同时,也满足了自己"①。在几乎相同的意义上,马克思指出:"在'市民社会'中,社会结合的各种形式,对个人说来,才只是达到他私人目的的手段,才是外在的必然性。"②可以清楚地看到,当"个人主体性"成为现代社会的支配原则时,所谓社会将成为一个为自利目的而进行合作的外在结合体并因此而丧失内在的统一性。

最后,"个体化"倾向必然助长社会成员对公共利益和公共事务的怀疑和冷漠,从而使人们失去对社会团结的愿望和信心,并因此成为社会团结的障碍。这一点在"个体化"的第二个阶段即"自反性个体性"那里体现得更为典型。当个人的存在完全被"消费"所界定时,他所关心的只可能是自己的利益和满足,对此,托克维尔在200多年前就极富预见性地指出,那将是一种新型的"专制":"那时候将出现无数的相同而平等的人,整天为追逐他们心中所想的小小的庸俗享乐而奔波。他们每个人都离群索居,对他人的命运漠不关心。……每个人都独自生存,并且只是为了自己而生存"③,这必然导致对超越个人的公共空间的削弱、侵蚀和瓦解。鲍曼对此的概括颇为准确:"因为单个的个体所关心的事情和他们的当务之急占据着公共空间,并宣称自己是公共空间唯一合法的占据者,把其他话语都从公共事务中挤出去了。'公'被'私'给殖民化了,'公共利益'退化成了关于公共人物私人生活的奇闻轶事,

---

① [德] 黑格尔:《法哲学原理》,张企泰、范扬译,商务印书馆1961年版,第197页。
② 《马克思恩格斯选集》第2卷,人民出版社1972年版,第87页。
③ [法] 托克维尔:《论美国的民主》下卷,董果良译,商务印书馆1989年版,第869页。

公共生活的艺术也缩减成了私人事物的公开展示和私人情感的公开表白。本身不容许做这样'简化'的公共问题，也变得不可理解。"① 在此条件下，个人与他人之间完全是外在的、偶然的、形式化的关系，是不可能形成真正的社会团结的。

通过以上分析，我们可以看到，构成现代性根本特征和倾向的"个体化"在把个人从人的依赖关系中解放出来，使个人获得前所未有的自主性和独立性的同时，却又使人与人的结合，即社会团结陷入了困境。

二、在差异性中寻求统一：社会团结成为可能的基本前提

现代性所导致的"社会团结"困境，作为现代社会最为突出的课题，一开始便得到了当代哲学和社会理论的关注。人们从不同视角，试图分析和理解社会团结困境的根源，并寻求克服这一困境、重建社会团结的可能方式和途径。

如前所述，社会团结这一课题的凸显，是现代性兴起和深化的产物，因而对社会团结的寻求，不能脱离现代性这一特殊的语境。在这一语境中，要寻求和实现社会团结的重建，所要回应的核心问题或基本主题是：究竟如何对待和解决个体性与社会的统一性这一基本矛盾？或者说，如何在个人的成长与维持一个社会的内在统一性这二者之间保持内在的协调？

如前所述，"个体化"是现代性的必然产物和根本特征，它导致了传统社会的以"集体意识"为纽带的社会团结的瓦解。因此，首先提出一个重大问题是：如果要在新的时代背景下重建社会团结，以一种什么态度对待"个体"并以一种方式安置"个体"？

在思想史上，围绕着这一问题，存在着两种迥异其趣的立场和观点。

第一种观点是以共同体主义或社群主义为代表的。主要指西方一些思想

---

① 见[德]乌尔里希·贝克等：《个体化》，李荣山等译，北京大学出版社2011年版，第26页。

家,企图通过恢复"社群"的权威,来克服"个体化"所造成的社会团结的瓦解。在它看来,社会团结瓦解的根源就在于个体自我"人格自足"这一虚假的前提,现代社会使整个社会共同体瓦解成了一个人们追求各自利益的竞技场,个人完全蜕变为一种脱离社会规定的"无标准的自我",而事实上,这种"自我"是根本不存在的,离开"社群",所谓"自我"只不过是一个毫无根据的幽灵。立足于这种存在论立场,他们进一步从价值论论证社群对于"社会团结"的重建所具有的根本意义。他们指出,既然个人总是生活在社群之中,那么,个人就不应该以个人自我私人的价值作为唯一的价值,而应该追求社群共同的善或共同的美德,用麦金泰尔的话讲,作为个人的自我的善和社群中其他成员的善应该是同一的,个人的善只有从他生活的共同体中才能得到切实的确实,并找到真正的归宿。个人正是在共同体中并通过共同体与其他成员实现了主体间的一致性,并真实地体验到一种休戚与共的"我们感"。为此,社群主义者主张在某种程度上恢复传统的社群制度和传统价值的约束力(麦金泰尔甚至希望像圣·本尼迪克特建立修士制度那样的教团共同体),来克服现代社会的分化以及由此所导致的"价值分化",并保证"价值共识"作为"社群"的内在构成要素所具有的合法性。

第二种观点与之相反,自由主义者则认为,社会团结的实现,不仅不应该以"共同体"对"个体"的颠倒与替代而实现,恰恰相反,要实现"社会团结",必须坚持和进一步深化个人的自主性,使其更充分和全面地发挥。在它看来,脱离个人自由的"共同体",不仅不能实现社会团结,恰恰相反,它有可能成为压制性和危险的价值而成为社会团结的敌人。对个人自由的强调,并不意味着与社会共同体普遍利益相矛盾,对此,霍尔姆斯概括道:"自由主义者一直对共同利益有着清楚的概念,正义、自我管理以及和平共处的成果,都是共同利益。的确,它们都被个人享受着,但是是联合地、而不是原子化地。"① 因此,只有以个人的自由和权利为基础,才能寻求实现社会团结的途径,罗尔斯说道:"我们希望在理论基础上是个人主义式的正义理想来说明社会的价值,制度上的、社群性的以及结社性的活动的内在价值。为了清晰以及

---

① [德] 斯蒂芬·霍尔姆斯:《反自由主义剖析》,曦中等译,中国社会科学出版社 2002 年版,第 281 页。

其他的理由，我们不想依赖一个未经界定的社群概念，或是假定社会是一个有机的整体，有着它自己的生命，且有别并优于所有它的组成分子彼此之间的关系。因此，我们首先必须举出最初的境况这个契约上的构思……从这个构思，无论它看起来是多么个人主义式的，我们最终必须说明社群的价值"①，这个构想即是自由主义的以"社会正义"为根据所实现的社会统一和社会团结：一方面，必须承认个体化以及与此相应的价值分化是一个不可逆转的事实和过程，另一方面，通过社会制度层面的社会正义的追求，保证整个社会的统一性。社会正义作为既包容个人，同时又超越个人的普遍性的价值而成为社会团结的基石和保障。

以上两种有代表性的立场的根本分歧在于对"个体"及其地位的不同理解和安置。共同体主义试图通过强调共同体的整体价值和地位，把共同体的价值置于个体之上，要求个体对社会整体的内在的实质性的义务和责任，以此重建社会团结。而与此不同，自由主义则把共同体主义的这一理路视为一种幻觉，而是要求在个人自由和权利置于优先地位的前提下，把"社会正义"确立为"社会团结"的纽带。

共同体主义和自由主义对社会团结的上述解决途径，虽然在思想前提上大相径庭，但陷入了同样的问题与困境，那就是二者均没有真正以一种合理的方式面对和解决在当代语境中实现社会团结所要处理的基本矛盾，即差异性与统一性、特殊性与普遍性的矛盾。

共同体主义以传统共同体为立足点，以弱化和消解个体的特殊性和差异性为前提，来寻求社会的统一和团结，这一思路完全忽视和抹杀了现代社会条件下差异性与统一性、特殊性与普遍性的矛盾。这里所谓现代社会条件，即是前面所论述的"个体化"成为现代社会的基本趋势和本质特征这一基本事实，黑格尔一再指出，"主体的特殊性求获自我的满足的这种权力，或者这样说也一样，主体自由的权利，是划分古代与近代的转折和中心点"，正是因为对这一基本事实的深刻而自觉的认识，黑格尔这位一心要克服由"主体性"的知性逻辑所导致的现代社会统一性瓦解的哲学家也不得不承认："国家的目的就

---

① [美] 罗尔斯：《政治自由主义》万俊人译，译林出版社2000年版，第34页。

是普遍的利益本身，而这种普遍利益又包含着特殊的利益，它是特殊利益的实体"①，以忽视和抹杀现代性所带来的个体化以及与此相关的对特殊性、差异性等为代价所建立的社会团结，只能是前现代社会的，如古斯巴达的等级制度或者古印度种姓制度那样的"内部腐化"或"完全蜕化"的状况。很显然，这种状况所代表的"社会团结"，在现代社会条件不仅是不可能的，而且是灾难性的。

自由主义以现代化个体化的趋势为立足点，对其历史成就予以无限的信任，以此为前提，来寻求社会团结和统一，这一思路的根本缺陷在于它对于现代社会个体化所造成的消极后果，尤其对于社会团结带来的挑战缺乏正面和切实的认识和自觉。这突出地表现在两个方面。首先，它混淆了"正义"与"社会团结"这两个不同概念，把二者不恰当地等同起来。"正义"固然可以作为公共政治原则，成为整个社会的某种价值共识，但是如前所述，正义代表着一种承认和尊重"理性多元论"的宽容文化，对多样性和差异性的尊重和承认，既可能导致人与人之间的承认、协商和交流，也可能表现为对他人的冷漠、无视和排斥，也就是说，差异性和多样性并不一定自然而然带来社会的统一和团结，事实上，它也经常是隔阂、分裂和冲突的重要根源。更重要的是，自由主义赖以成立的前提是追求个人利益和权利的个人，在此前提下，所谓正义，实质上是维护和捍卫个人利益的工具和手段，是为了避免不正义给个人利益所带来的不利后果，这固然是现代社会的重大成就，但另一方面，也必须承认，以此为前提所建立的社会统一性和社会团结只具有工具性而不具有本体性的意义和价值，而这一点，正是自黑格尔以来对现代性及其个体性倾向进行反省和批判的各个理论传统从不同角度所关注的中心。就此而言，自由主义以"个人"为出发点追求"社会团结"必然面临深层的困境。

从以上的分析可以看出，在现代社会语境中寻求"社会团结"，无论从脱离差异性和特殊性的社会整体出发，还是从以个体化为根据的差异性和特殊性出发，都是无法实现的。我们首先必须自觉地承认：人类进入现代社会，这是社会历史发展的重大进展，"个体化"作为现代性的最根本特征，也构成了现

---

① [德]黑格尔：《法哲学原理》，张企泰、范扬译，商务印书馆1961年版，第269页。

代性最为重大的成就。对此,我们应该坚持一种历史的态度予以切实的认可。但另一方面,我们又必须面对现实,清楚地看到现代性的个体化倾向的消极面以及它给社会团结所带来的重大困境和挑战。在现代社会个体化成就的基础上,克服其消极面,重建社会团结,这是我们所应采取的现实态度。为此,必须超越自由主义和共同主义所代表的两极对立,探求在差异性中寻求统一性,在特殊性中寻求普遍性的现实途径。

三、社会团结与"个体观"与"社会观"的重塑

在当代语境中实现社会团结的重建,最基本的前提是改变现代性以来所形成的实体化的个体观与社会观,从而超越"个体"与"社会"二者的抽象对立。实体化的个体观与社会观使"个体"和"社会"成为彼此隔绝、相互对立的两极,这既是对真正的"个体"本质的遮蔽,也是对"社会"本质的遮蔽,埃利亚斯说得好:"为要清楚地表明这些现象,达致对它们的理解,就必须放弃那种拘执于单个的孤立实体的思想,从而过渡到一种处于联系和功能之中的思考。"① 通过对个体观与社会观的重塑,将推动人们获得这样的自觉理解:真正的个体化与真正的社会化实质上是一而二、二而一的统一过程,正是在二者的这种统一中,个人在保持其自由和自律的同时又避免"个体化"所造成的对社会团结的分裂与损害,社会在保持其内在团结的同时又避免自身固化为与个体相敌对的抽象实体。以这种个体观和社会观的变革为前提,社会团结才真正成为可能。

如前所述,现代性所建构的"个体主义"相对于前现代性的社会整体主义,是对社会整体主义的超越和克服而产生和凸显的,可以说,"个体主义"成为了现代性的意识形态。迪蒙曾指出过,当我们谈到"个体"时,我们经常所指的是两种不同的东西:我们身外的客体或某种特殊的价值,前者是指经

---

① [德] 诺贝特·埃利亚斯:《个体的社会》,翟三江、陆兴华译,译林出版社2003年版,第22页。

验个体，它说话、思考、具有意志，即我们在一切社会里见到的人类的个体样本；后者则是指伦理生物，它独立自主，因此是非社会的，它负载着我们的最高价值，首先存在于有关人和社会的现代意识形态中。① 这即是说，现代性所建构的"个体主义"并不反映事情本身的面貌，而代表着一种意识形态的建构。作为"意识形态"，个体主义必然代表着一种虚假的普遍性，它遮蔽个体真实的存在，也扭曲了个人与他人的、与社会的真实关系。

与这种个体主义的意识形态不同，我们认为，个人并非遗世独立的孤独存在，相反，与他人的"共在"构成个人最为基本的存在方式。个人的自由与奴役、解放与束缚、幸福与不幸、冲突与团结都与这种人特殊的存在方式内在地关联在一起，可以说，与他人的"共在"构成人生在世不可超越和逃避的命运。正是在此意义上，马克思才说道："个体是社会存在物。因此，他的生命表现，即使不采取共同的、同他人一起完成的生命表现这种直接形式，也是社会生活的表现和确证。人的个体生活和类生活不是各不相同的，尽管个体生活的存在方式是——必然是——类生活的较为特殊的或者较为普遍的方式，而类生活是较为特殊的或者较为普遍的个体生活。"② 从这种观点出发，个体主义意识形态的产生，并不表明个体果真如它所宣称的那样具有独立性与实体性，恰恰相反，个体主义意识形态的产物，正是某种特定的社会关系形态和人们的共在方式的产物。中世纪"人的依赖关系"所代表的社会关系使得社会成为抽象的东西与个体对立起来，个体主义对个人的强调，是把个人抬高到一个高于抽象社群的规范性标准和价值的地位上，其目的并非提出一个实证的或历史性的主张，而是针对个人无条件地服从抽象的实体化社群的人身依附关系，在此意义上，霍尔姆斯的说法是正确的："个人主义从未与所有形式的社群对立，而只是与诸如派别、宗族、世袭等级制度和狭隘的乡村生活等令人窒息的或极权主义的类型对立。"③ 可见，个体主义的产生，恰恰是人的"共在"作为人的基本存在方式的证明和特殊体现。

---

① ［法］路易·迪蒙等：《论个体主义：人类学视野中的现代意识形态》，桂裕芳译，译林出版社2014年版。
② 马克思：《1844年经济学哲学手稿》，人民出版社2000年版，第84页。
③ ［美］斯蒂芬·霍尔姆斯：《反自由主义》，曦中等译，中国社会科学出版社2002年版，第364页。

个体主义把个人从人的依附关系中解放出来，其目的是为了使人获得独立和自由。但试图把个人从人的共在状况和社会关系中摆脱出来，把个体实体化来实现个人的自由和独立，实质掩盖了这种实体化个体所蕴含的对他人的冷漠、对立和冲突的社会关系，马克思曾对此有过十分深刻的揭示："自由这一人权不是建立在人与人相结合的基础上，而是相反，建立在人与人相分隔的基础上。这一权利就是这种分隔的权利，是狭隘的、局限于自身的个人的权利"，"这种自由使每个人不是把他人看做自己自由的实现，而是看做自己自由的限制"。① 因此，当个体主义沉浸于自身的独立性与实体性时，实质上这种独立性和实体性是人与他人的分隔、对立的"共在"和社会关系为前提和根据的。这种人与人共在的方式和社会关系的性质注定了个人不可能得到真正的自由和独立，也注定了社会团结的瓦解和危机。

因此，<u>重塑个体观和社会观，重新理解人的共在方式和人与人的社会关系，是重塑社会团结的关键</u>。

重塑个体观，最根本的就在于克服把个体的自由和独立建立在个人与他人的分离、对立和分裂前提之上的个体主义意识形态，并形成这样的基本观念：个人只有在与他人的互依性关系中，才能获得真正的自由和独立。

所谓"互依性关系"，是与人与人之间"形式性"与"工具性"关系相对而言的人与人的共在方式和社会关系，前者即是前面所描述的把他人视为工具和手段的相互分裂和对立的关系，"互依性"关系超越了这种形式性和工具性关系，它首先意味着，每一个人不再被视为形式性和手段性的工具，而成为了一种互为目的性的关系，正如马克思所说的：在这种关系中，每个人的"个性的对象如何是他自己为别人的存在，同时是这个别人的存在，而且也是这个别人为他的存在"②，每个人既是"为别人的存在"，同时这个"别人"也是"为他的存在"，个人与他人之间真正成为一种互为目的性的关系；更重要的是，"互依性关系"意味着，每个人的自由和独立是在推动和促进他人的自由和独立的过程中实现的，也就是说，个人的自由和独立不在于摆脱他人而独立，真正的"个性"不在于与他人相隔绝的"孤独自我"，更不是在与他人的

---

① 《马克思恩格斯全集》第3卷，人民出版社2002年版，第183、184页。
② 《马克思恩格斯全集》第3卷，人民出版社2002年版，第298页。

隔离、分裂和对立中获得，而是在与他人的相互合作、彼此成全、双向促进中实现和完成的，甚至可以说，推动和促进他人的自由发展，构成自我自由和独立的基本条件，在此意义上，这种新型的"个体主义"，不是"自负"的、"占有性"的"个体主义"，而是"合作的个体主义"和"为他人的个体主义"。

在现代性语境中反思现代性个体主义的深层局限，试图从上述"互依性关系"视角出发重新理解和定义个体及其自由，已成为许多哲学家共同的努力。黑格尔通过对现代性的反省，是最早对此进行深刻思考的哲学家，黑格尔对个体主义意识形态所导致的人与人的分裂和对立以及由此所导致的社会团结的瓦解有着十分深刻的反省，明确论证了个人只有在伦理共同体中，在个人的自主性与对他人和共同体的依赖性这二者的统一中，才能获得现实的自由；在黑格尔之后，马克思把"建立在个人全面发展和他们共同的社会生产能力成为他们的社会财富这一基础上的自由个性"① 视为人的发展的未来理想，在一个新的基础上延续和深化了黑格尔的主题，即个人只有在与他人的社会性统一性关系中，实现"自由人的联合"，才能真正形成自己的"自由个性"。在当代哲学中，列维纳斯所呼吁的"对他人的责任"，哈贝马斯关于"真正的个性化与真正的社会性具有内在的统一性"的观点、霍耐特关于"个人与他人的相互承认"以及在这种"相互承认"中成就个人自由和尊严的思考、贝克关于在"第二次现代性"背景下"要成为个体，你就得去建构和创造你的主体间性"② 的新型伦理构想，等等，都从不同视角展示了在当代社会和理论语境中"重建个体化"的重要理论探索。

以上述"互依性关系"为基础重构"个体观"，为克服现代性由于"个体化"所导致的社会团结危机提供了现实的途径。以"互依性关系"为根据，每一个体不再是与他人隔离、分裂和对立的抽象实体，而成为与他人相互依赖、相互负责、相互促进的内在融合和联合关系，这意味着人与人的新型的"共在方式"和社会生活形式的生成。这种"共在方式"和社会生活形式，表明每个人都与其他人内在地关联在一起，成为同一个"命运共同体"中的成员，此时，社会生活获得了一种"具体的普遍性"，也就是说，"不是通过使

---

① 《马克思恩格斯全集》第46卷（上），人民出版社1979年版，第104页。
② ［德］乌尔里希·贝克等：《个体化》，李荣山等译，北京大学出版社2011年版，第246页。

一切人具有同一品质而规定的普遍性，而是在个人之间的具体差异充分实现的意义上的普遍性。那么，普遍性就是一个开放的总体概念。在这个总体中，类的潜在可能性通过每一个人的自由发展得到实现。在那里，每一个人多方面地自由发展，并且多方面地与他人联系。在这种意义上，这种普遍性是具体的、有差异的普遍性"①，在这种"具体的普遍性"中，个人的特殊性与社会的共同性、个人的"主体性"与"主体间性"、个人的自由和独立与社会的和谐和统一等之间克服了"个体主义"意识形态所造成的分裂和对立，而实现了内在的融合和统一。正是在这种融合和统一中，现代性的社会团结危机实现了内在的克服和超越。

无疑，上述对通过对"互依性关系"的阐释，重塑"个体观"并超越现代性"个体主义"意识形态的思考，是我们在价值理想的层面所做出的努力，其目的是通过这种反思，使人们自觉认识到现代性语境中社会团结困境的深层根源，并探求消解这一深层根源、重建社会团结的现实途径。这一价值理想的实现，需要人们通过人们的社会实践活动，切实地消除现实生活中妨碍这一价值理想的抽象力量，培植和滋养使这一价值理想生根发芽的现实因素，从而不断推动这一价值理想的实现，正如马克思所指出的："理论的对立本身的解决，只有通过实践方式，只有借助于人的实践力量，才是可能的；因此，这种对立的解决绝对不只是认识的任务，而是现实生活的任务。"②

第三节 "关系性价值观"：
"价值观间"的价值自觉

由于"价值观"在人与社会发展中所扮演的重要角色并发挥的特殊功能，人们在探讨人与社会发展问题时，"价值观"始终是不可忽视的中心议题之一。但是人们在围绕"价值观"问题进行梳理、反思和重构等工作之时，往往忽视了一个前提性课题，那就是如何处理不同"价值观"之间的关系，这

---

① [美]古尔德：《马克思的社会本体论》，王虎学译，北京师范大学出版社2009年版，第34页。
② 《马克思恩格斯全集》第3卷，人民出版社2002年版，第306页。

本身就是一个比具体的"价值观"更根本的"价值观"问题。这里试图提出"价值观间"和"关系性价值观"这两个概念，并围绕这两个概念，探讨"关系性价值观"的价值自觉对于人与社会发展所具有的重要意义。

一、比"价值观"问题更重要的是"价值观间"问题

　　人之为区别于其他存在者，在于他能够通过自觉反思，形成"自我意识"。而在构成人的"自我意识"的内容中，价值观无疑居于核心地位。价值观是关于人对于自身生活的意义、目标和理想的基本信念，是对何为应该追求的生活方式、何为有意义的思想和行为等问题的自觉理解。一旦形成这种自觉理解和基本信念，人们就会把它辐射到人与他人、人与世界、人与自身的关系问题上，规定其"在世"的基本姿态和定向。在此意义上，价值观集中体现着人的生命觉解和生存意向，构成人"安身立命"的终极眷注和根本关怀。

　　价值观在人的自我意识中所具有的这种特殊作用，既是人性的体现，同时也是人和人的社会和文明陷入危险的重要根源。从来造成困难的是人自己，价值观作为人的自我意识的核心，无疑是人区别于其他存在物的根本之处，人的思想、言说、行动与生活，其区别于动物，最根本之处就在于它具有"自由自觉"的性质，在价值观的引导下展开思想和言说，进行行动和生活。但是，也正是由于价值观的特殊性质和功能，为人与人、人与自然的冲突，也为不同文化、文明、社会、民族和国家之间的分裂和矛盾埋下了隐患。动物之间的冲突和斗争主要是源于占有食物、生存领地、实现物种繁衍等生物本能和欲望，它不拥有"价值观"也不会因为"价值观"的不同而与其他动物物种发生冲突与争斗，只有人才会超出生物本能的欲望，由于"价值观"的分歧和冲突而导致不同价值主体之间的矛盾、分裂和冲突。

　　"价值观"所带来的这种风险，源于它所具有的独特性质及其所具有的特殊功能。

　　首先，"价值观"不同于普遍性的客观知识，它总是打下了价值观的承载

者,即价值主体的烙印,体现着其特有的生存选择和意向,因而价值观总是具有"向来我属"的主观性。这种主观性既体现在个人的价值主体,也体现在社会共同体的价值主体,既体现在某种文化和文明的价值主体,也体现在国家和民族的价值主体等不同层面的价值主体身上。对于个人而言,价值观生成于其个人生活中对于自身思想、行动和生活的合法性根据的追问之中,每个人都会以不同方式追问以"应以何种方式和态度"面对世界和他人、"人为何而活"等问题并不断地寻求答案,它或者从个人的生活经验和人生阅历中,获得对于生活意义和生活目的的体悟并把它提升为其自觉服膺的价值观,或者从人类文化已有的精神传统和思想资源中获得启迪和激励,后者以各种不同途径滋润着个人的心灵,激发其对于自身生命意义的体会,无论哪种途径,最终所孕育和确立的价值观必然具有"为己"的性质和意义。对于文化和文明共同体、民族和国家等共同体而言,价值观是其实现共同体的自我认同,实现共同体的内在团结的重要纽带,任何共同体存在与发展的一个重要前提是通过某种内在的纽带,把不同的个人团结起来,保证共同体的内在向心力与凝聚力。为此,文化、文明和社会生活共同体需要一种能形成这种向心力与凝聚力的"凝固剂"或"水泥"。共同体的价值观所发挥的正是这样一种"凝固剂"和"社会水泥"的功能,它要通过对人们共同信奉和服膺的价值目标的培育和生成,维护社会生活共同体的团结,就此而言,各个层面的共同体所形成的价值观虽然具体内容不尽相同,但它们都是围绕共同体自身的目的和需要所形成的,因而不可避免地具有特殊主义的性质。

其次,价值观不同于普遍性的客观知识,它具有差异性和异质性。如上所述,价值观既然是与价值主体内在关联在一起,而价值主体又有着不同的形态和层次,不同形态和层次的主体的价值观还有着各自的诉求和内容,这就决定了价值观的差异性和异质性。对于个人来说,不同个体生命的价值观无法彼此替代,而是不尽相同的,正是在不同价值观的指引和规划之下,每个人才有不同的人生选择并由此造就了不同的生命历程;对于文化、文明和社会共同体而言,不同共同体由于其特有的历史和文化传统、生存境遇、现实挑战等,必然做出不同的价值选择并形成不同的价值认同,因此产生多种多样的价值观,可以说,一个共同体与另一个共同体的界线和区分集中体现在其各具个性的价值观。因此,无论是个人的价值观,还是共同体的价值观,都必然具有差异性和异质性。

第三,由于上述价值观的特殊主义性质及其差异性和异质性,必然导致了价值观的排它性和难以兼容性,并因此使得价值观之间不可避免存在并产生分歧甚至分裂和冲突。如前所述,价值观体现着人与共同体的价值信念和生活理想,是其思想、观念和行为的最深层根据,这意味着,对于个人和共同体而言,价值观具有"整全性"和"终极性",一个人或共同体接受了某种价值观,就很难接受和服膺另一种与之不同的价值观,正如韦伯所言,你将侍奉这个神,如果你决定赞成这一立场,你必将得罪所有其他的神。① 在此条件下,当多种不同的价值观相遇之时,不可避免地产生重大的分歧和矛盾,韦伯用"诸神之争"来描述这种不同价值观的纷争,伯林用"价值的冲突"来概括这种不同价值观的冲突,罗尔斯用"理性多元"来表述这种价值观的多元化以及由此所导致的分裂,所有这些,均是当代思想家们从不同视角对价值观的分歧、矛盾和冲突的揭示。亨廷顿在《文明的冲突与世界秩序的重建》中,更把"价值观"视为一种文明的核心的组成部分,"价值观的冲突"构成"文明的冲突"的重要根源和表现②,尽管人们对于亨廷顿"文明冲突观"有着诸多争议,但不可否认,他关于价值观的冲突在文明的冲突中所起的特殊作用的分析是值得重视的。

价值观的这种排他性和难以兼容性以及由此所导致的价值观之间的矛盾、分裂和冲突性质,是我们的现实世界和当代社会所面临的最为深层和最为重大的挑战和危险之一。在人的所有观念中,价值观居于最为内核的地位,对价值观的坚持和执着即是对其生命意义和生存根基的坚守和捍卫,在此意义上,价值观的矛盾和冲突实质是事关生命意义和生存根基的矛盾和冲突。如果用黑格尔的表述,这是涉及不同主体之间"相互承认"的斗争,如果说动物之间由于对欲望对象的占有而发生争斗,那么,由于价值观的分歧所产生的"相互承认"的斗争则成为人与人、不同文化共同体之间斗争的特殊形式。这种斗

---

① [德]马克斯·韦伯:《学术与政治》,冯克利译,三联书店1998年版,第44页。
② 参见[美]亨廷顿:《文明的冲突和世界秩序的重建》,周琪等译,新华出版社2019年版,第20页。

争如果不能得到合理的调节，就将导致人们的现实生活陷入难以克服的分裂和对立，从小处说，人与人之间的交往将因此而被扭曲，从大处说，不同民族、国家和文化共同体之间的交往将因此而被撕裂。在微信朋友圈，你们可以看到"人与人最大的距离是价值观"之类的感慨，日常社会生活中因价值观的分歧冲突而产生的同学反目、朋友成仇、兄弟阋墙，即是这种矛盾和分裂的一个缩影；同样，在不同民族、国家和文化形态之间诸多争端背后，我们更可以看到价值观的冲突在其中所扮演的重要角色和所发生的重大作用。

上述价值观的矛盾、分裂和冲突给人们的现实生活所带来矛盾、分裂和冲突，不是偶然的现象和事件，而是有着深层的人性根据和现代社会背景。从人性根据来说，正如前所指出的，依靠价值观引导和规范生活是人的生命存在方式的独特表现和本性，就如马克思所言，"人类是悬挂在自己编织的意义之网上的动物"，正因为此，不同个人、共同体的存在才呈现出各不相同的丰富样式，当这样不同生命存在方式在特定条件下相遇时，很难找一个可公共的、像自然科学那样的普遍性原则使之实现内在的公度和统一，个人和共同体在"各美其美"，即服膺和追随自己的价值观的时候，经常把其他价值观视为"他者"和"异数"而难以自觉地做到"各美他美"，捍卫自己的价值观经常需通过区别甚至排斥其他价值观而获得自我肯定和自我认同，因此，价值观的冲突是只有人才会具有的冲突形式；从现代社会背景来说，价值观的分歧和冲突是传统社会向现代社会变迁的内在组成部分，像滕尼斯、涂尔干、马克思等经典现代社会理论家曾充分揭示的那样，如果说在传统社会，唯一的、绝对的价值观占据支配和统治地位从而实现整个社会的"机械团结"，那么，现代社会则意味着"唯一必然之神"的祛魅和消失，取而代之的是，"一切坚固的东西都烟消云散了，一切神圣的东西都被亵渎了"，价值的分化成为现代社会的重要特征和基本趋势，同时，现代社会也突破了传统社会封闭的、狭隘的民族的地域局限性，不同文明、民族和国家之间的世界性交往变得前所未有的频繁和普遍，使得不同价值观的碰撞成为一个恒久的事实，因此，价值观的冲突并因此对现代社会生活产生的巨大影响，是与传统社会向现实社会的变迁这一进程相伴随的，它既是现代社会的结果，也成为现代社会诸种冲突的重要根源。

承认价值观的冲突给人们的现实生活和社会发展所带来的冲突风险，并不意味着对它的被动接受。价值观所带来的冲突和风险需要价值观自身来调节和化解。为此,我们直面"价值观间"问题,寻求和确立一种处理和协调不同价值观之间关系的价值观,我称之为"关系性价值观"。

二、"关系性价值观":
"价值观间"的价值自觉

面对上述价值观的冲突及其所带来的分裂和对立风险,应该采取何种应对之道?要回答这一问题,同样不可避免地涉及价值观的问题,但对此问题的回答所呈现的价值观,不是前述的具体以个人或以共同体为价值主体的价值观,而是事关不同价值主体所持的价值观之间的关系,它与前述以个人或共同体为载体的价值观有着不同的层次和着眼点:如果说前者是以单一的主体为载体,那么,后者则是以多元、异质主体之间的关系为载体,它的关注点是:应确立何种价值观,使差异、异质的价值主体之间减少和克服分裂和冲突,实现彼此之间的良性共存和互动?这一层面上的价值观,我们姑且称之为"关系性价值观"。

"关系性价值观"是在面对"价值观间"这一问题,与"两极对立"的独断性价值观不同的价值观。

从思想史和人类社会发展史来看,面对"价值观间"这一重大问题和挑战,存在着两种典型的价值观的选择。

一种是试图通过取消和终结异质性和多样性价值观,确立一种绝对的、终极的、普遍化的价值观,并以此为根据,克服异质性价值观的"离心力"以及由此所导致的分裂和冲突,实现不同价值观的"内在统一",从而回应和解决"价值观间"这一重大问题和挑战。以柏拉图为例,他在《理想国》中说道:"对于一个国家来说,还有什么比闹分裂化一为多更恶的吗?还有什么比讲团结化多为一更善的吗?"① 他最为关心的问题是如何找到一个一劳永逸的

---

① [古希腊] 柏拉图:《理想国》,郭斌和、张竹明译,商务印书馆2009年版,第197页。

途径和纽带,来避免"化一为多"的"分裂"而实现"化多为一"的"团结",从而实现人们之间的"苦乐同感、息息相关"。① 柏拉图的这种思路为回应价值观的分裂和冲突以及由此所导致的社会生活的分裂和冲突风险奠定了经典的思维方式并对后世产生了深远的影响。中世纪的"普遍神学"、启蒙思想家主张的"理性王国"、近代以来关于人类历史和未来的种种乌托邦设想,等等,都内在地设定和承诺着一个普遍性的、终极的、必然性的价值秩序,它将彻底超越和扬弃异质性的价值观及其所产生的诸种矛盾和冲突,使后者回归和统一于一个圆融无碍的终极的、绝对的价值尺度和原则。因此,这种价值原则和尺度代表着"化多为一"的"绝对善",以此为基础,价值观之间的分裂和冲突将被消融,全部社会生活也将结成一个有机的整体。

可见,上述对价值观之间冲突的解决之道所遵循的是以一种"以一驭万"的传统形而上学思维方式,这种思维方式相信,所有差异性、异质性的价值观都能够被纳入一个统一的、终极的价值图式和价值体系,后者作为"元价值观"或"元价值叙事"构成了前者的母体和归宿。在哲学史上,这种形而上学思维方式即是前述柏拉图主义,或者说就是海德格尔所概括的"本体—逻辑—神学",其根本特点是从一种一元性的终极实体出发,消解和抹杀现实世界的矛盾性和丰富性,表现在价值观问题上,这种思维方式要把彼此不同、矛盾和内在"不和"的价值观还原和化约为唯一的、终极的"元价值观"。

那么,这一思想路径是否可以真正处理好前述价值观之间的分裂和冲突并避免由此所导致的社会生活的分裂和冲突风险呢?答案显然是否定的。当代哲学对传统形而上学思维方式的批判成果充分表明,这种对价值观的多样性和异质性以及价值观之间矛盾和冲突的回应和解决方式,实质上是以终极的、同一性的价值实体统摄和吞噬了价值观之间的异质性和矛盾性,它并没有真正回答和解决问题,而是以一种独断和独白的方式取消和掩盖了问题。它并没有真正面对"价值观间"随着现代社会价值观的分化和冲突愈加明显和严峻的趋势,它不仅不能真正回应价值观的冲突,相反,由于其实体主义的、瓦解矛盾的独断立场,它将进一步加剧和激发价值的分裂和冲突,落实在实践中,将导致罗

---

① [古希腊]柏拉图:《理想国》,郭斌和、张竹明译,商务印书馆2009年版,第200页。

尔斯所说的"压迫论的事实",使现代社会陷入倒退和僵化。

与上述理路不同,另一种回应和解决方式并不寻求某种具体价值观之上并统率各种异质性价值观的某种超级的、终极的价值观,而是自觉地认识到:价值观的异质性以及因此所产生的价值观的冲突,这是人与社会生活的常态,更是现代社会不可回避的基本现实。因此,正确的态度是一种关系性的"共在式思维"取代上述实体化的"独白式思维",在自觉承认价值观异质性和价值观冲突的基本事实的前提下,寻求合理的处理和回应方式,这即是本书所强调的"关系性价值观"。

"关系性价值观"所强调的是:面对价值观的异质性及其冲突,我们需要寻求一种协调价值观间关系的价值观,或者说,一种处理价值观之间关系的更高层面的价值观。由于价值观的异质性和价值观的冲突对人们的现实生活所带来的重大影响,因此,如何协调价值观之间关系,使之共在中保持良性的互动,这本身就是一个价值观问题,"关系性价值观"就是关于"价值观间关系"的价值观。

在人类思想史上,"关系性价值观"一直是不同民族和文明的思想家们自古以来就思考和探索的重大主题。中国儒家创始人孔子的核心概念"仁",不是某种普通的价值观,而是一种"关系性的价值观",孔子说道:"夫仁者,己欲立而立人,己欲达而达人,能近取譬,可谓仁之方也",这即是所谓"忠"的价值原则,强调只有以端正之心对待他人的价值观点和价值立场,承认他人的价值立场的合理性,自己的价值理性才能得到确证,只有"成人之美",才能"成己之美",与"忠"的价值原则内在相关的是"恕"的价值原则,即"己所不欲,勿施于人",它强调不要把自己不愿意接受的价值观点强加于他人,而应站在对方的价值观立场上设身处地地考虑和理解他人,只有允许他人"各美其美",才能彼此"和谐共在"。可见,"忠恕之道"的重点不在于提供诸种价值观中之一种,而是处理和协调不同价值观关系的"关系性价值观",正是在此意义上,孔子把"忠恕之道"称为"仁之方":"仁"之为"方",即是处理不同价值观和有着不同人价值观的人们之间关系的"方法"或"原则",究其实质,这种"方法"或"原则"就是我们所说的"关系论价值观"。哲学史家们常说,孔子在不同语境中对"仁"有着不同的表述,而没有提供一个关于它的统一定义,之所以如此,根源就在于"仁"这一概念所着眼的不是某种特殊的价值观,而是着力于回应"价值观间"问题并处理这一问题的价值原则。

同样是孔子,在《论语》中提出了"君子和而不同,小人同而不和"的观点,它把"和"与"同"提升到区别于君子和小人之分的道德价值高度。但这里的"和"与"同",同样不是指向某种普通的或特殊的价值观,而是价值观间的关系性价值观。在《国语·郑语》中,记载西周史伯之言:"夫和实生物,同则不继。以他平他谓之和,故能丰长而物归之;若以同裨同,尽乃弃矣",孔子继承并深化了史伯等人的这一思想并对"和"与"同"这两个概念进行了重新阐发。如果说史伯的"和实生物"强调的是异质性事物的共存、融合对于"万物丰长"的繁盛丰富、生机勃勃的局面所具有的重要意义以及抽象同一性原则的支配将导致事物单调、颓败和僵死的后果,那么,孔子则把"和"与"同"上升为处理异质性的价值观之间的价值原则,"和"意味着:不同的价值观念在相互对待时,应该尊重彼此,在和谐共生中求同存异,并在相互激发中,拓展新的价值视域,与此同时,拒斥取消不同价值观的差异,用某种绝对原则统摄和化约异质性价值观的绝对同一性的独断的价值立场。因此,"和而不同"就成为了处理和协调不同"价值观间"问题的一种重大价值原则或"关系性价值观"[①]。

西方哲学的思想家们对于如何处理和对待不同价值观关系同样留下了许多深刻的思考。

在古希腊,亚里士多德在其伦理学中,提出过与中国古代哲学家相近的"中庸"思想,虽然亚里士多德所说的"中庸"主要指对两极对立的品质之间保持"适度"和"中道",以避免"过度"与"不及","德性是两种恶即过度与不及的中间"[②],但如果把这一原则运用于"价值观间"问题上,很显然不难得出这样的观点:当不同价值观陷入非此即彼的分裂和冲突时,不能以两极对立的方式,以一个极端支配和压制另一个极端,而必须在两极之中寻求必

---

① 《中庸》进一步把"和而不同"从一种价值观提升为"本体论"和"世界观":"中和者,天下之大本也;和也者,天下之达道也。致中和,天地位焉,万物育焉"。
② [古希腊]亚里士多德:《尼可马可伦理学》,廖申白译,商务印书馆2017年版,第50页。

要的张力与适度的平衡。事实上,在亚里士多德之前,苏格拉底就通过对"辩证法",即"对话"的实践,就如何对待和处理包括不同价值观在内的不同观点进行了深刻的思考,苏格拉底以"自知自己无知"为前提,通过与别人的"对话",进行着他的"辩证法"的实践,其最根本的旨趣即在于揭露雅典人的盲目自大,并试图使他们从自以为是的独断中清醒过来,这即是说,"辩证法"始源的理论旨趣即在于通过"对话"和"论辩",使自诩具有绝对不容挑战的观点和信念呈现其有限性,从而放弃其唯我独尊的立场,向其他不同的观点和立场保持开放和宽容的态度,从本文所关注的主题这一视角看,"辩证法"即彰显着一种处理和协调包括价值观在内的异质性观点的"关系性价值观",它要求对不同价值观采取宽容和对话态度,对以独断、独白和霸权的方式对待价值观之间关系的思想立场保持警惕和拒斥。①

在现当代西方哲学中,寻求处理和协调不同价值观之间关系的"价值观",成为诸多哲学家的一个重要课题。伽达默尔从哲学阐释学的视野出发,对于"视界融合"与"对话逻辑"在"精神科学"的重建中根本意义的创造性阐发,哈贝马斯对独白式"主体"的批判性和反思对"交往理性"与"商谈伦理学"的论证,罗尔斯在承认现代社会"理性多元"事实的前提下对"重叠共识"和"公共理性"的阐述、阿伦特对极权主义及其价值逻辑的深入揭示和他对"公共领域"中不同视点、异质性价值观之间交流和互动及其对人的自由所具有的意义的探讨,勒维纳斯对消解一切异质性因素的总体性形而上学的批判及其对"他人面孔"的敞开,等等,虽然其各自的理论背景和思想理路不尽相同,但是,他们均自觉地意识到:第一,价值观的分化和异质化以及由此可能产生的社会生活的分裂和冲突风险是现代社会一个必须面对的基本现实,哈贝马斯曾通过对黑格尔的现代性概念的讨论,说道:"时代精神走出了总体性,精神自身发生了异化这样一种状况,正是当前哲学研究的前提",所谓"精神自身的异化",在这里所指的是现代世界的"主体性原则",

---

① 辩证法在其后的发展历程中,一度被形而上学的实体主义所支配,辩证法与形而上学的合流,使辩证法这种宽容、对话的精神隐而不彰,拯救辩证法的这种精神,已成为建构辩证法的当代形态的一个重大课题。

"不仅是理性自身,还是'整个生活系统'都陷入分裂状态"①,"主体性原则"意味着,在现代世界中,"所有独特不群的个体都自命不凡"②,"自命不凡"的"主体"把自己的价值观视为所有的"主体"都具有规范力量的普遍性价值观,其结果必然导致不同主体的价值观之间的相互冲突并导致现代生活的分裂,如何克服这种由于"知性的力量"所造成的分裂和对峙,实现二者的和解,是哲学最重大的课题。第二,面对异质性的、相互分裂甚至冲突的价值观,不能以一种传统形而上学的"独白"的、"独断"的方式去寻求价值观的"强制性统一",而应探求和确立一种协调异质性价值观间关系、推动其和谐共存并良性互动的"关系性价值观",前述这些思想家们所呈现的,正是围绕这一课题所取得的一些代表性的思想成果。

三、现代社会寻求"关系性价值观"的三个重要面向

在上述讨论中,我们围绕着"关系性价值观",对哲学史上一些有代表性的人们在此层面上进一步提出种种不同的具体观点。那么,在现代世界,我们如何探求并确立"关系性价值观"?这无疑是一个十分复杂而巨大的课题,在此无力展开深入阐释,只能就"关系性价值观"的几个最基本的重要面向作一简要探讨。

首先,对不同价值观及其主张者自由的相互尊重,应成为"关系性价值观"的基本内容。

对不同价值观及其主张者自由的相互尊重,这是价值观的差异性和异化性的合法性基础,离开对彼此自由权利的尊重,价值观的差异性和异质性就将失去存在的正当性根据。因此,价值观的差异性和异质性存在不得以损害彼此的自由权利为界限,否则,它就将陷入自我否定的内在矛盾和悖论。如前所述,价值观的差异性和异质性,今天已成现代文明社会的常态。但自觉意识并承认

---

① [德] 哈贝马斯:《现代性的哲学话语》,曹卫东译,译林出版社2004年版,第25页。
② [德] 哈贝马斯:《现代性的哲学话语》,曹卫东译,译林出版社2004年版,第20页。

这一状态的合理性,这是现代文明社会经过长期奋斗和争取才获得的重大成就。事实上,价值观的差异性和异质性,以及由此所可能发生的价值冲突,这是自人产生以来就与人类历史相伴随的现象,但在前现代社会,这一现象被视为弃之而后快的"恶",抹平和消解价值观的差异性和异质性,避免其分裂和冲突,从而防范其成为社会共同体的离心力量,成为传统社会整个文化、政治和社会生活的首要目标。与此不同,现代社会摆脱了"一神教"的迷恋和偏执,价值的差异和异质被视为一个合理的正当性原则,价值的分歧和冲突被视为人们必须直面的基本现实。这一转变之成为可能,一个基本前提就是对不同价值观主体自由的承认和尊重,只有在这种对彼此自由价值的尊重的条件下,才有了现代社会对不同价值观的宽容,才有了价值观的异质性和差异性的存在。

更重要的是,对不同价值观及其价值主体彼此自由的相互尊重,是面对"价值观间"问题,处理不同价值观之间关系,尤其是在处理不同价值观之间矛盾和冲突时不能突破的价值底线。现代文明社会宽容异质性的价值观的存在,但这不意味着它允许任何一种价值观都有其存在的合法性,一种价值观及其主张者只有在其主张和实践不损害其他价值观及其主张者的自由的时候,它才能获得存在的权利,这也就是说,现代文明社会虽然宽容不同的价值观的存在,也承认彼此间难以避免的分歧和矛盾,但是,现代文明社会不能宽容破坏和否定彼此自由的价值观,不能宽容任何一种价值观及其主张者在伸张并实践自己价值观时,以损害其他价值观及其主张者的自由为前提和代价。否则,现代社会的价值宽容精神就会陷入自我否定和自相反对的悖论。在此意义上,价值多元主义与自由是内在统一的,国外一些学者用"自由多元主义"来表述这种统一性①,可谓十分恰切。在此意义上,对不同价值观及其主张者的自由的尊重,是人们处理"价值观间"问题必须坚持的基本价值原则。

对"自由"的上述理解实际上已经蕴含了"关系性价值观"的另一重内涵,对不同价值观及其主张者的自由的"相互尊重",要求不同价值观及其主张者之间的"共存"与"相互承认","共存"与"相互承认"构成"关系性

---

① 参见[英]乔治·克劳德:《自由主义与价值多元论》,应奇等译,江苏人民出版社2008年版。

第六章　马克思哲学的价值观及其当代性

价值观"的重要维度。

真正的自由不是单一主体的孤立的、与人隔绝的"占有式"自由，而是主体之间的"交互式"的自由，这是当代哲学所取得的重要洞见之一。把孤立的主体实体化，视之为价值原则的唯我独尊的制定者和颁布者，这种对自由的理解，必然形成对他者的"支配性"和"控制性"关系，导致对他者自由的损害和侵犯，其最终也必然使自身的自由成为幻觉。真正的"自由"不在于摆脱他者而独立，而是只有在与他者的开放性关系中才能生成。在此方面，黑格尔通过对现代性的反省，是最早对此进行深刻思考的哲学家，霍尔盖特中肯地指出，在黑格尔那里，"并不只有在不受限制的个体选择中，在对自我满足不受约束的追求中才能发现自由，我们还可以在正义的政治制度中，与法律一致的生活中发现自由"[1]，这也即是说，黑格尔明确提出了要在个人的自主性与对他人和共同体的依赖性这二者的统一中，重新理解"个人自由"的内涵；马克思更进一步对近代以来建立在"人与人相隔离基础上"的自由观的形式性和虚假性进行深刻的批判，并从自由个人之间的"互依性关系"或"联合关系"角度对"交互性自由"的阐发，马克思把"建立在个人全面发展和他们共同的社会生产能力成为他们的社会财富这一基础上的自由个性"[2] 视为人的发展的未来理想，实际上在一个新的基础上延续和深化了黑格尔的主题：个人只有在与他人的社会性统一性关系中，实现"自由人的联合"，才能真正形成自己的"自由个性"。在当代哲学中，哈贝马斯关于"真正的个性化与真正的社会性具有内在的统一性"的观点、霍耐特关于"个人与他人的相互承认"以及在这种"相互承认"中成就个人自由和尊严的思考、贝克关于在"第二次现代性"背景下"要成为个体，你就得去建构和创造你的主体间性"[3] 的新型伦理构想，等等，都从不同角度阐明了真正的自由只能存在于不同主体之间的互依性关系之中这一思想。

以这种对自由的全新理解方式为基点，面对"价值观间"问题，处理异

---

[1] ［英］斯蒂芬·霍尔盖特：《黑格尔导论：自由、真理与历史》，丁三栋译，商务印书馆2013年版，第183页。
[2] 《马克思恩格斯全集》第46卷（上），人民出版社1979年版，第104页。
[3] ［德］乌尔里希·贝克等：《个体化》，李荣山等译，北京大学出版社2011年版，第246页。

质性价值观之间的关系，一个重要前提就是确立不同价值观主体之间相互依存的"相互共存"和"相互承认"的价值观。它意味着，不同主体所持有的价值观，都是其生命意义和人生态度的自我理解，它不能代替，更不能取代其他价值主体对生命意义和人生态度的理解，异质性的价值观只有在与其他价值观的"共在"和"相互承认"中，才能在"美美与共"，即保证不同价值观及其主张者"共同自由存在"的同时，保证自身的"自由"存在。离开与"他者"的"共在"和对其他价值观的承认，其自身也将失去"自由"伸张的空间，与此相关的，不同的价值观主体之间，无论是个人之间，还是共同体之间，才能避免在相互贬低、蔑视甚至相互对立中陷入"你死我活"的争斗并因此导致社会生活共同体和人类共同体的分裂和瓦解。伽达默尔曾就对话成为可能的前提条件作过深入的探讨，他指出，"善良意志"是一切真正意义上的对话和沟通的前提条件，所谓"善良意志"，就是克服自己的狭隘性和有限性以理解他人的意志，它意味着愿意开放地面对和倾听"他者"所要说的一切东西，并在此过程中让对话双方跨越彼此之间的沟壑，从而使人们之间达成创造性的共识。① 哈贝马斯在与伽达默尔颇为相近的意义上，把"真诚性""真实性"与"正确性"视为"对话"或"商谈"的规范性要求，霍耐特更进一步把"爱""法律"和"团结"确立为不同价值观主体之间实现"相互承认"的基本方式并以之作为不同价值观主体"共在"的价值规范基础，等等，他们都共同地表达出一个基本的诉求：只有在彼此"共在"和"相互承认"中，推动异质性的价值观之间的"团结"，其相处才能避免"非此即彼"的两极对立，才能在"各美其美"的同时，推动和实现"美美与共"。

最后，与上述两点相联系，直面现代社会异质性的价值观，避免其分裂和所产生的对现代社会生活的威胁，还需要确立一种"社会正义"的价值观。这意味着：协调异质性的价值观之间的关系，避免它们的相互分裂和对立以及由此所导致的社会生活的瓦解，我们需要在制度层面确立起"正义"的价值观。这种正义制度既可体现在一个国家和文化共同体内部，也可体现在不同国家和文化共同体之间，二者的旨趣是共同的，那就是通过正义的社会制度框架

---

① ［德］伽达默尔、［法］德里达等：《德法之争》，孙周兴编译，同济大学出版社 2004 年版，第 123 页。

的建构，使异质性的价值观既能保持其自由存在，同时又能在制度性的约束中，避免彼此之间陷入非理性的冲突并因此造成社会生活的瓦解，从而实现社会生活真正的长治久安与和谐稳定。

与前述"自由"和"共在"、"相互承认"等"关系性价值观"的侧重点有所不同，"社会正义"的价值观是对于社会制度和社会结构的价值诉求，它的基本信念是：异质性的价值观要实现和平共处和相互承认，需要社会生活形成一种最为基本的价值共识，但这种共识，不是某种"整全性"的价值观，而只能在各种价值观都必须遵循和服膺的社会制度和社会结构的正义原则。在哲学史上，康德较早地指出：社会制度和社会结构的正义问题所要回答的是异质性的个人如何共处的"权利的普遍原则"，这一原则即是："任何一个行为，如果它本身是正确的，或者它依据的准则是正确的，那么，这个行为根据一条普遍法则，能够在行为上和每一个人的意志自由同时并存"①，社会制度或社会结构即是要以法律的形式，体现这样的"普遍法则"，从而保证"每个人的自由意志"的"同时并存"。康德的这一思路，在当代政治哲学中得到了进一步的深化，罗尔斯即是其中最有代表性的思想家，他问道："当一个社会中自由而平等的公民因其诸种合乎理性的宗教学说、哲学学说和道德学说而形成深刻的分化时，一个正义而稳定的社会何以可能保持其长治久安？"② 他认为，要回应这一问题，关键在于确立正义的社会政治制度，这一社会制度和社会结构层面的正义原则既充分尊重现代社会价值观异质化这一"理性多元论"的事实，同时又成为社会生活的"重叠共识的核心"③，既使异质性价值观获得各自自由伸张的可能，同时又因为它们共同接受正义的制度框架的约束，保证了异质性价值观之间的共存和整个社会共同体的团结和稳定。

"社会正义"作为"关系性价值观"，是在社会制度和结构的层面上，协调异质性价值观关系的重要向度。在"积极"的意义上，它包容、理解和肯定价值观的异质性，并把这种异质性视为社会生活生机和活力的表征和体现，在"消极"的意义上，它又为价值观的异质性以及由此可能产生的冲突设置

---

① [德] 康德：《法的形而上学原理》，林荣远译，商务印书馆2009年版，第42—43页。
② [美] 罗尔斯：《政治自由主义》，万俊人译，译林出版社2000年版，第25页。
③ [美] 罗尔斯：《政治自由主义》，万俊人译，译林出版社2000年版，第149页。

了一个不能逾越的界限,那就是它们必须在作为全体社会生活成员"重叠共识"的正义的制度框架内彰显自身。在此意义上,可以说,"社会正义"的价值观及其在制度层面的落实,是异质性的价值观之间实现"各异其趣"而又"和而不同"、"各尽其性"而又"相互承认"的重要保障。

为了调节异质性价值观之间的关系,避免由于不同价值观的分裂和冲突及其对社会生活共同体的可能威胁,现代社会需要一种关于回应"价值间"问题的"关系性价值观"。以上我们从"尊重彼此自由"、"共在"与"相互承认"、"社会正义"等三个不同层面,对这种"关系性价值观"及其基本内涵和面向进行了探讨。这种探讨是非常初步的,但我们相信,它所提出的问题是重要的,希望以此探讨,推动这一问题的深入研究。

第七章　马克思哲学与当代中国哲学形态的探索

探索当代中国哲学形态，是形成中国马克思主义哲学话语体系、推动马克思哲学丰富和深化的重要任务和重大课题之一。对此国内学术界已有不少学者对此进行了多方面论述。在本章，我们试图通过对当代中国哲学形态建构的基本前提和当代中国哲学形态与中国现代性建构之间的关系这两个问题的探讨，以期推动对此问题的思考。

第一节　构建当代中国哲学形态的基本前提

一、营造符合哲学本性的学术生态：构建当代中国哲学形态的基本前提

加快构建中国特色的哲学学科体系、学术体系和话语体系，这是当代中国哲学所面临的重大任务，也是目前哲学界许多人都十分关注的重大课题。这一任务和课题的核心，就是要在当代世界哲学的背景下，生成和创造当代中国哲学形态。当代中国哲学形态的构建，需要一系列内在和外在的前提和条件作为支撑。

仔细考察人们对"当代中国哲学形态"这一概念的用法,可以发现,当人们使用这一概念时,实际上包含两个不同维度。一是"实然"维度,在此意义上,这一概念要回答的是:当代中国哲学的"实际"存在形态是什么?它所要求的是对中国当代哲学发展状况和格局进行概括和提炼,总结当代中国哲学的基本特征和总体动向,对此,哲学界学者均可根据自己的观察,从自己的视角出发,做出不同的分析和判断。二是"应然"维度,在此意义上,这一概念要回答的是:我们如何在新时代的理论与现实生活语境中,建构真正能表达时代精神的当代中国哲学话语、创造体现和引导人类文明发展趋向的当代中国哲学理念?

从这两个不同维度对当代中国哲学形态进行探讨均有其重要意义。事实上,二者在很大程度上是难以分离的。从"实然意义"上梳理、总结和反思当代中国哲学的重要成果,厘清和提炼其中正在孕育和生成的当代中国哲学形态,将为"应然"意义的当代哲学形态提供坚实的准备和基础,反之,从"应然"意义上深入思考和憧憬当代哲学形态的理论理想,将为反观现实的理论状态,为其未来发展提供不可缺少的思想参照和价值尺度。

这里的探讨,主要侧重于第二个层面。我们认为,"应然"层面的探讨具有特殊的意义。习近平总书记在哲学社会科学工作座谈会上的讲话曾指出:"我国是哲学社会科学大国,研究队伍、论文数量、政府投入等在世界上都是排在前面的,但目前在学术命题、学术思想、学术观点、学术话语上的能力和水平同我国综合国力和国际地位还不太相称。要按照立足中国、借鉴国外,挖掘历史、把握当代,关怀人类、面向未来的思路,着力构建中国特色社会科学。"① 这一论述指出了"实然"意义上的当代中国哲学社会科学所存在的缺陷和不足,并从"应然"的意义上提出了构建中国特色哲学社会科学的任务。它表明:包括哲学在内的哲学社会科学而言,都面临着一个面向未来建构其当代形态的重大课题。

从"应然层面"出发理解当代中国哲学形态的内涵,国内学者已经提出了多种主张。例如:有学者认为,要把中国特色社会主义理论和实践中所蕴含

---

① 习近平:《在哲学社会科学工作座谈会上的讲话》,人民出版社2016年版,第15页。

的立场、观点、方法和智慧，以哲学特有的思维方式和叙述方式加以提炼和升华，以"中国实践""中国道路""中国经验"为基础建构当代中国哲学新形态。有学者认为，"西方中心论"从思想方法上阻碍着当代中国哲学新形态的构建，必须超越"西方中心论"，通过中国哲学主体性和独立性的凸显建构当代中国哲学形态，这种主张最典型的表述是：当代中国哲学应该有自己的"独立宣言"。有的学者强调"对话"与"融通"，有学者强调"和谐"作为当代中国哲学形态的关键和核心范畴，等等。应承认，上述主张，均有其各自合理性，表达了学者们对于当代中国哲学形态构建的理解和期许。

在哲学史上，黑格尔在《精神现象学》中曾使用过"意识形式"这一概念，他把精神现象学称为"关于意识的经验的科学"，认为"精神现象学所描述的就是一般科学或知识的形成过程"，在此过程中，"意识在这种道路上的经过的它那一系列的形态，可以说是意识自身向科学发展的一篇详细的形成史"①，按贺麟先生的阐释，黑格尔所谓的"意识形态"包含思想体系、观念形态、精神现象等涵义，大致相当于我们今天所说的"哲学形态"。在黑格尔那里，"意识形式"或"哲学形态"意味着精神通向"真理"过程中的内在环节，代表着在某个阶段占据主导地位、代表精神运动的必然性的思想体系或话语系统。在黑格尔看来，这种哲学形态或意识形式是精神劳动的历史性产物，精神现象学只是对它们的"呈现"和"描述"，因此，一个时代创造出何种哲学形态，人们既无法按照某种既定原则进行预测和计划，更无法依靠外力强制交出答卷，而是精神经历严肃、痛苦、容忍和劳作的产物。

马克思在《〈黑格尔法哲学批判〉导言》中，通过对以黑格尔为代表的德国国家哲学和法哲学的批判性分析，对何谓"当代哲学形态"作过深入阐发。在马克思看来，德国的法哲学和国家哲学是以一种观念的形态所表达的德国的未来的历史，是德国历史在观念上的延续。因此，通过对德国国家哲学和法哲学的批判，就能"接触到当代所谓的问题之所在的那些问题的中心"②，只有在对时代的中心问题的自觉理解中，超越德国思辨的国家哲学和法哲学，才能建构起真正面向未来的"当代哲学形态"。

---

① [德] 黑格尔：《精神现象学》上卷，贺麟、王玖兴译，商务印书馆1979年版，第66页。
② 《马克思恩格斯文集》第1卷，人民出版社2009年版，第9页。

黑格尔关于"意识形式"的现象学观点和马克思对于"当代哲学形态"的深刻见解给我们以重要的启发。它启示我们：当代中国哲学形态的构建仍是行走在"路上"的"未完成时"，是一个仍在召唤人们"上路"，以创造性的工作去推进的未来的事业。或者说，它仍是一个"不在场"的存在。因此，今天我们讨论当代中国哲学形态的构建这一问题的时候，应该充分自觉到：在"当代中国形态的哲学"真正被创造出来并获得人们普遍认同之前，一切谈论都可能是"外在"和"主观"的，难以摆脱"外在反思"的窘境。

因此，在讨论这一问题时，也许可以转换问题的提法，以如下方式提问：当代中国哲学形态的构建如何可能？或者更具体地说：要生成真正代表时代文明水准的当代中国哲学形态，我们需要准备什么样的前提条件，当代中国哲学形态才能破茧而出？

我们认为，要回答这一问题，关键是尊重哲学的本性，努力营造符合哲学本性的哲学生态。"当代中国哲学的形态"的创生既不可能靠"计划"，也不能靠"进口"，而只能为其准备和创造良好的"生态环境"，以推动其自由孕育和生长。就像种子只在合乎其本性的条件下才能生根发芽一样，当代中国形态也只能在合乎哲学本性的生态中形成。这种"生态"包含的因素当然是十分丰富的，但如下三个方面具有至关重要的意义：第一，焕发哲学的批判意识，避免哲学的非批判的实证主义；第二，焕发哲学的论辩和说理意识，避免哲学的话语霸权，推进哲学共同体内部的沟通、交流和合作，建立良性的哲学创新机制；第三，进行充分的"学术积累"，以自觉的"现实感"为基础，批判性地吸取外来哲学学术和思想资源，为当代中国哲学形态的建构夯实真实的基础。

二、哲学的批判本性：当代中国哲学形态所需的重大理论品格

当代中国哲学形态的构建，需要焕发哲学的批判本性，并因此避免陷入哲学的"非批判的实证主义"倾向。

批判性构成了任何真正哲学的重要特质，是中国传统哲学、西方哲学和马克思主义哲学的共同思想品格。儒学以"仁爱"、"仁道"为本，对不合理的社会政治和社会风气、对教条化的正统观念的批判，既构成其重要的超越性的精神维度，也是其在历史长河中不断自我更新重生和创造性转换的重大推动力量。孔子对于周秦之变时的"礼崩乐坏"、"人心不古"充满批判精神，怀着"哲学其萎"、"吾道穷矣"的孤独和愤懑，惶惶如"丧家之犬"，可以说，对现存世界自觉而深刻的批判态度，是其精神世界中最富感召力的方面，遗憾的是恰恰这点被不少主张国学、尊崇孔子的人们所忽视和遗忘。西方哲学虽然流派众多、历史悠长，但苏格拉底所奠定的"雅典牛虻"的批判精神贯穿始终，正如伯林所概括的那样，西方哲学家们相信："如果不对假定的前提进行检验，将它们束之高阁，社会就会陷入僵化，想象就会变得呆滞，智慧就会陷入贫乏。"① 马克思哲学继承了以往哲学的批判传统，同时又克服了其不彻底性，并成为哲学批判精神最伟大的典范和代表。马克思肯定他的先驱黑格尔的辩证法"已经潜在地包含着一切批判的一切要素"，但认为这种批判精神最终落入"非批判的实证主义和同样非批判的唯心主义"②的结局，因此，马克思哲学革命的一个重要使命就是要克服这一缺陷，以彻底地落实和体现哲学的批判性品格，他要把"理论批判"与"实践批判"内在结合起来，"在批判旧世界中发现新世界"，正是在此意义上，他强调："辩证法不崇拜任何东西，按其本质来说，它是批判的和革命的。"③ 真正的马克思主义哲学必然具有自觉的批判本性。

可以说，中、西、马任何一种哲学形态的创立和发展，都是在各自的理论地平线上，对哲学批判精神的深刻焕发和彰显。在今天，我们要努力建构当代中国哲学形态，同样不能遗忘哲学的这一本质性的精神品格。

然而，反观现实的"哲学生态"，哲学上述的批判性品格却没有得到应有的彰显，哲学所应有的批判力量没有得到应有的体现，相反，马克思所指出的

---

① [英]布莱恩·麦基编：《思想家：与十五位杰出哲学家的对话》，周穗明、翁寒松译，生活·读书·新知三联书店2004年版，第3页。
② 《马克思恩格斯文集》第1卷，人民出版社2009年版，第204页。
③ 《马克思恩格斯文集》第5卷，人民出版社2009年版，第22页。

"非批判的实证主义"却成为许多人自觉不自觉的哲学意识。与20世纪80年代相比，虽然我们的哲学研究在专业化、精致化等方面取得了重要的进步，但与此同时，80年代围绕着哲学教科书体系改革、哲学观念变革、哲学思维方式的转换等进行的哲学反思批判工作，以及这些工作所表现的人们敏锐炽热的真诚朝气、对权威和教条的大胆质疑反思、希求发挥哲学特有的反思批判功能，推动思想解放和社会进步的执着和勇气却不断消退，甚至被当成嘲笑的对象弃于一旁。面对资本逻辑、技术逻辑和权力逻辑日益侵蚀我们的生活世界的趋势，我们急需哲学深入我们的社会历史现实，辩证地揭示它们的内在界限和矛盾，为推动社会的文明进步发挥哲学特有的作用；面对我们思想中存在束缚人与社会发展、制约思想解放的种种抽象观念和僵化教条，迫切召唤哲学发挥反思批判功能，推进哲学观念变革与思维方式的转换，但是，与这种急迫的需要相比，当代中国哲学的批判意识和批判能力却没有得到相应的体现。习近平总书记在哲学社会科学工作座谈会上的讲话中，特别提到了法国学者皮凯蒂的《21世纪资本论》，认为它对西方资本主义社会财富不平等现象进行了深入而翔实的批判和揭示，并指出其"使用的方法"和"所得出的结论"值得深思。我国有世界上数量最为庞大的马克思主义哲学研究者，迫切需要创造出像《21世纪资本论》那种充分发挥哲学批判精神的作品。

保持哲学的反思批判意识、升华哲学的反思批判能力，对于构建当代中国哲学形态的重要意义，首先在于它是任何真正的哲学的重要精神气质。"哲学的批判"不是流俗意义上的"否定"和"拒绝"，也非道德和政治上的"审判"，更不是真理在手、居高临下的"裁决"，而是一种"厘定界限"的哲学前提批判活动，通过"厘定界限"，揭示那些支配着人们思想、行动和生活的抽象观念和抽象力量的有限性，破除它们对人的思想和现实生活的遮蔽和扭曲，从而推动人的思想解放和人的解放[1]，这种批判活动构成了哲学的基本工作方式。失去了哲学的这一维度，也就失去了哲学之为哲学的理论品格，当代中国哲学形态也就无从谈起。

更进一步，只有发挥哲学的批判本性，当代中国哲学才能真正切中和深入

---

[1] 对于"哲学批判精神"的详细探讨，参见贺来：《何谓"哲学意义的批判"》，载《探索与争鸣》2016年第6期。

中国社会历史现实，并在此过程中获得真实的问题意识，确证当代中国哲学形态不可替代的思想力量。正如人们经常强调的那样，当代中国哲学形态的构建，必须自觉地关注中国社会历史现实，这无疑是极为重要的。但哲学对现实生活的关注，具有与其他学科和文化样式不同的特点、方式和目的，只有以一种哲学的方式关注中国社会历史现实，才能发挥其作为人类思想的特殊维度的特有功能。而所谓"哲学的方式"，一个极为重要的体现就是哲学的批判本性。四十多年前，在"实践是检验真理的唯一标准"的大讨论中，我们正是充分发挥了哲学的批判本性，才破解了"两个凡是"对人和社会发展所设定的抽象界限，有力地推动了中国社会的社会转型与改革开放，在当代中国哲学史乃至世界哲学发展史上，为以一种哲学的方式改变现实确立了典范。在今天不断深化改革的路途中，我们同样迫切需要发挥哲学的批判功能，突破阻碍人与社会发展的种种观念和体制机制的障碍，切实促进中国社会的全面发展和文明进展，突破种种把人工具化的陈旧思维方式和行为方式并确立把每一个人真正视为目的的观念，克服把抽象的共同体与个人对立起来的观念并确立独立人格和个人自由发展的观念，克服用"权力"侵害"权利"的观念并确立每一个人平等"权利"的观念，等等，所有这些重大的现实和理论课题，都为哲学发挥思想批判功能，从而以哲学的方式介入现实提供了广阔的思想空间。哲学通过对这些课题的批判性回应，将既克服对中国现实的仅"从**客体**的或者**直观**的形式去理解"的旧唯物主义的缺陷，也克服对中国现实的"抽象的能动的理解"的思辨唯心主义片面性，而真正贴近中国现实生活的本质，从而达到对它的实践性理解。① 只有这样，哲学才能获得对中国社会生活历史方位的深入判断和理解、捕捉到我们特有的思想主题，成为内在于中国人的现实生活同时又引导其向未来敞开的超越性思想维度。

更重要的是，只有保持哲学的批判立场，当代中国哲学才能以一种世界性的眼光和人类性的视角，真正切中我们时代的普遍性问题，并因此真正成为"时代精神的精华"和"文明的活的灵魂"，切实发挥当代中国哲学在人类社会文明进程中的特有作用。马克思曾这样评价德国古典哲学："德国的法哲学

---

① 《马克思恩格斯文集》第1卷，人民出版社2009年版，第503页。

和国家哲学是唯一与正式的当代现实保持在同等水平上的德国历史"①。对于德国古典哲学的肇始者康德，马克思则认为应公正地"把康德的哲学看成是法国革命的德国理论"②，而之所以如此，一个根本原因就在于德国古典哲学以巨大的理论勇气和思想穿透力，克服了德国狭隘的民族局限性，批判性地捕捉到了时代性的普遍问题。马克思对于德国古典哲学的评价仍能给予我们以深刻启迪：一种缺乏批判精神的哲学必然陷入对现实的肯定主义与非反思态度因而无法透过现象捕获当代生活的本质，只有禀赋批判精神的哲学才能成为"当代哲学的同路人"。对于我们所处的时代，人们或者用"后殖民时代"、"后冷战时代"、"后工业时代"来予以描述，或者用"政治多极化"、"社会信息化"、"经济全球化"、"文化多样化"来予以概括，不管如何描述和概括，它们都表达了当今时代人类社会生活的巨大而深刻的变化，对于这些变化，各门具体学科从其不同学科视角出发进行专门性的探讨和揭示，但只有哲学，才透过这些变化的表象，对它们进行前提性的批判反思：时代的变化意味着人与世界、人与人以及人与自身的关系等"人生在世"的根本性向度呈现出何种新的本质特征？当代人类社会生活中支配和控制着人的抽象力量呈现出何种新的特征、表现形式和趋向？如何才能克服这些对人的新的支配和控制形式并探求可能的人的解放前景？面对当代人类社会实践的新的特点和趋势，应改变哪些过时的、僵化的哲学观念和思维方式，确立何种哲学思维方式和价值观念去理解和回应当代社会所面临的重大风险和挑战？等等，只有通过对这些问题的批判性追问，当代中国哲学才有可能捕捉到我们时代的普遍性课题，并为当代世界哲学贡献我们特有的思想智慧。

从以上分析可以看出，失去了哲学的批判精神，也就失去了哲学作为人类思想和文化特有维度的存在合法性，失去了其切中当代中国和人类生活实践的特有思想穿透力。在此意义上，今天寻求当代中国哲学形态的建构、彰显哲学的批判品格，具有前提性的重大意义。

---

① 《马克思恩格斯文集》第1卷，人民出版社2009年版，第9页。
② 《马克思恩格斯全集》第1卷，人民出版社1995年版，第233页。

三、在"论证"、"讲理"和"合作"中生成良性的学术创新机制：构建当代中国哲学形态的重要条件

当代中国哲学形态的构建，还需要焕发哲学的"论证"和"讲理"这一重要的精神品格，避免和放弃对"话语霸权"的寻求，并在学术共同体内部的良性互动和合作中形成健康的学术创新机制，这是建构当代中国哲学形态不可缺少的重要条件。

考察哲学发展史，可以看到，一切重要的哲学创造都离不开健康的、充满活力的学术创新机制。这里所谓哲学学术的创新机制，不仅是指诸如学术评价、学术管理、成果发表出版、学术传播等外在的、形式性的机制，更主要的是指学术共同体内部良性的沟通、交流和合作机制。这种沟通、交流和合作机制既体现在哲学思想者和研究者们的思想立场和学术观点之间，也体现在哲学活动的各个领域和环节的关系之中。

哲学作为一种理论和学术活动，首先意味着它必须通过语言和概念表达思想，在哲学的话语中凝结着哲学对于世界的根本看法和理解，正是在这个意义上，哲学被称为"世界观"，哲学作为"世界观"，与具体科学不同，后者以具体事物及其规律为对象，考察贯穿于具体事物和对象之中的具体之理，而哲学的"道理"是反思性的，它与我们如何理解世界关联在一起，注重的是人怎么认识世界（这才有了哲学史上的"认识论转向"）、怎么言说世界（这才有了哲学史上的"语言学转向"），在此意义上，哲学作为世界观在本质上所体现的是人的观点和视角。

哲学所体现的是人的观点和视角，这一特性决定了任何一种哲学观点都不可能掌握所谓"绝对真理"。这是因为，任何人的观点和视角都不可避免地具有有限性和历史性，这是"人的观点"与"神的观点"之间的根本区别。马克思曾批评黑格尔哲学是"思辨化的神学"，认为"黑格尔陷入幻觉，把实在理解为自我综合、自我深化和自我运动的思维的结果，其实，从抽象上升到具

体的方法,只是思维用来掌握具体、把它当做一个精神上的具体再现出来的方式。但决不是具体本身的产生过程"①。在这里,马克思明确把用来掌握具体的"思维"与"具体本身的产生过程"即"存在"区别开来,认为黑格尔的"幻觉"就在于认为"实在"与"思维"遵循着"同样的规律"并因此具有同质性和统一性,这种幻觉必然把哲学视为"说完一切"的上帝的化身。这也正是黑格尔哲学被现当代哲学所诟病和批评的最根本原因之一。

由于哲学所体现的永远是人的有限的观点和视角,这决定了哲学永远处在公共的论辩和对话之中。通过与其他不同的哲学观念和理念的对话和论辩,不竭地行走在追求真理的过程中,这是哲学重要的精神品格。"无对话则无理性",哈贝马斯的这一名言可谓极为中肯地说明了哲学的这一精神品格。可以说,哲学在本性上就是拒斥话语霸权的,通过"讲理"、"对话"和"论证"来阐发和展开自己的理论探索,自觉拒斥话语霸权的诱惑,就如同伯林曾引用的熊彼特的名言所表达的那样:"认识到一个人的信念是相对有效性,却又能毫不妥协地坚持它们,正是文明人区别于野蛮人的地方"②,这应是真正的哲学思考和研究应有的理论自觉,当然也应是当代中国哲学形态不可缺失的精神维度。

同时,哲学作为理论和学术活动,又是一个由多个环节和维度所构成的活动体系。尤其近代以来,随着哲学成为现代学科建制中一个独立的学科,哲学活动所包含的学科分支、工作领域、研究方式等越来越多样化。这其中既有哲学思想家们以创造概念、形成观点为旨趣的个性化的理论探索与思想表达活动(我们可称之为"哲学创作"),也有围绕前人哲学思想和文献、哲学思想的演变和逻辑等进行专门探讨的"哲学研究"活动;既有侧重于纯粹哲学基础理论的探索,也有致力于现实问题的实践性研究;既有偏向于文本整理、考证和梳理的专门探究,也有注重于纯粹学理性阐释和反思的工作;既有对外国哲学、中国哲学、印度哲学等不同类型的哲学研究,也有伦理学、科技哲学、美学等专门领域的研究,等等。

上述不同环节和维度构成了完整的哲学活动不可缺少的组成部分,它们之

---

① 贺来:《何谓"哲学意义的批判"》,载《探索与争鸣》2016年第6期,第25页。
② [英]伯林:《自由论》,胡传胜译,上海译文出版社2003年版,第246页。

间是一种相互影响、相互支撑和相互促进的关系。如果用"生态链"来比喻哲学活动的展开过程，那么，这些不同环节和维度就是使这一"生态链"得以可能的有机构成部分。只有当它们处于良性的互动和彼此的合作关系之中，哲学活动的"生态系统"才能充满活力。我们可以以"哲学创作"和"哲学研究"这二者的关系为例说明这一点：在二者关系中，"哲学创作"是"哲学研究"的源头，正如文学研究必须以哲学家创作的作品为研究对象一样，如果没有哲学家的"哲学创作"，后人的"研究"将无从谈起；同时，"哲学创作"还构成了"哲学研究"的目的和归宿：人们通过哲学研究，厘清哲学的重大问题，反思哲学发展中的深层矛盾，分析"哲学创作"的经验教训，总结"哲学创作"的一般原则和规律，阐释"哲学创作"背后深层的动机和意义，等等，最终目的是为了催生出创造性的哲学作品。另一方面，"哲学研究"又是孕育"哲学创作"的准备和基础："哲学创作"并非空穴来风，总是依赖一定的思想学术资源，需要对前人成果有系统的了解，任何真正的"哲学创作"总是孕育和生成于深厚的哲学研究底蕴之中。"哲学创作"与"哲学研究"的这种关系贯穿在全部哲学发展史中①，二者保持良性的循环和互动，是哲学长远健康发展的重大前提。其他，诸如基础研究与现实研究、文本研究与阐释性研究、专门领域的研究与总体性的研究等之间的关系也无不如此。可以说，如果哲学活动的这些不同环节和维度能够彼此合作和相互尊重，那么，它们就将形成"合力"，并营造出一种有利于哲学发展的学术创新机制。

然而，反观我们的现实，哲学的"论证"和"说理"这一十分可贵的精神品格还没有得到应有的彰显，相反，从各自不同角度出发，寻求话语霸权、拒斥哲学的论辩和讲理，却成为现实中一个需要关注的重要现象。其中典型的表现，诸如基于学科中心的"话语霸权"欲望，中、西、马的一些学者从各自狭隘的学科视角出发，以自身学科为中心，试图占据话语权力，贬抑其他学科的存在价值，部分主张儒学的人持一种狭隘的文化民族主义立场，强调不仅要在思想上，而且还要在现实生活的各方面，确立儒家的社会和政治秩序，而在从事西方哲学和马克思主义哲学研究的一些学者那里也存在类似的现象。又

---

① 对此的详细探讨，参看贺来：《确立"哲学创作"与"哲学研究"的良性循环关系》，载《哲学动态》2006年第10期。

如，基于价值优越感的"话语霸权"欲望，自由主义与平等主义之间、民族主义和国家主义与世界主义之间、个人本位与共同本位之间等，每一方都以自身为中心，试图宣称另一方为"非法"，而不是对它们本来非常复杂的关系进行理性的分析和辩证。再如，基于个人和群体的学术利益的"话语霸权"欲望，这尤其表现为一些人在现有的学科评价体制之内，为了维护和提升话语影响力，把自己的研究对象、研究方式和所占有的文献等中心化，以谋取学术权力以及学术权力背后的利益，等等。

无论是基于学科中心的话语霸权，还是基于价值立场和学术利益的话语霸权，都是"不讲理"的、违背哲学论辩本性的典型表现，由此必然造成哲学健康生态和创新机制的损害。在此情形下，正常的学术积累和思想交流将让位于无意义的话语争夺，从而导致"不得分的游戏"的严重后果。很显然，在此"哲学生态"中，要构建当代中国哲学形态，必然面临巨大的困境。

同时，哲学活动所包含的各重要环节和维度之间形成良性的合作机制也仍是一个亟待实现的目标。从事"哲学研究"者忽略甚至嘲弄"哲学创作"的努力，有志于"哲学创作"者也存在轻视"哲学研究"的倾向，有人把这种状态概括为"经学"与"理学"、"为学"与"为道"、"思想"与"学术"的分裂；坚持"文本研究"者批评"理论创新"和"现实关注"的研究旨趣缺乏学术含量和层次，而后者则指责前者"寻章摘句"和"脱离现实"；重视文献、人物和流派研究者批评致力于"中西比较"和"综合创新"的学者"任意嫁接"和"武断任意"，后者则批评前者"视野狭隘"和"原创性欠缺"；至于中、西、马等哲学领域之间的互设樊篱、各自为政，更是久为学界所诟病。所有这些，都表明学术共同体内部对于哲学活动各环节和维度之间的分工协作关系还缺乏真正的自觉。

因此，避免唯我独尊的话语霸权的诱惑，自觉意识到哲学话语的边界和有限性，努力营造一种"万物并育而不相害，道并行而不相悖"的包容性的学术发展态势，放弃"话权霸权"，创造在思想论辩中展示自身解释力与说服力的学术氛围，就像习近平总书记在哲学社会科学工作座谈会上的讲话所言，鼓励开展充分说理的学术争鸣；同时，避免哲学活动中所包含的各重要环节和维度的相互漠视、脱节和对立，促进它们之间的良性互动，建立健康的学术创新机制，这是建构当代中国哲学形态的又一个十分重要的前提条件。

四、学术积累与现实感：构建当代中国哲学形态的重要基础

当代中国哲学形态的构建，不是无中生有，而必须"不忘本来"并"借鉴外来"。

"不忘本来"包含多方面的内容，而其中，长期的学术积累以及在学术积累中积淀为学术传统，并在此基础上进行学术创新，应该是其中非常重要的方面；"借鉴外来"意味着吸收包括西方哲学在内的外来哲学资源，而"借鉴外来"要成为推动当代中国哲学形态建构的内在推动力量，一个前提是要求学者们具有自觉的"现实感"。

这里的"学术积累"，不仅指学者个人的学术积累，更是指一个国家和民族的哲学学术思想资源的积累，学术积累的自觉，是对同代人和前人的哲学思考和研究成果进行系统的清理、总结、反思和吸取，并以此作为进一步哲学思考和研究的背景和视域，从中获得可进行深入对话的学术话题，汲取深入研究所需要的学术资源，生成需进一步推进和深化探索的学术方向。

哲学发展史充分证明，对学术积累的自觉，是哲学创造的重要源泉和动力。康德的"批判哲学"直接源于近代以来经验论和唯理论思想成果的积累以及康德对它们的"跨越性批判"；黑格尔哲学是整个德国古典哲学思想和学术积累合乎逻辑的产物；马克思的哲学创造直接建立在法国唯物主义和社会主义、德国古典哲学、英国古典政治经济学等学术和思想积累的基础上，等等。阅读西方重要哲学家的著作，经常可以看到，他们通常是通过对前人和同代人学术和思想成果的对话、反驳、辨析、反思并以此为基础提出问题、展开阐发、提出观点、进行论证，从而使哲学的学术和思想形成一个有着内在传承并在传承基础上进行创新的思想谱系；观察西方哲学当代的发展，可以发现，"书评"，即对同时代学者的成果进行严肃认真而深入的分析、讨论和批评，已为哲学活动中一个十分重要的环节和部分，等等。所有这些现象都不是偶然

的，它们都体现了学术积累对于哲学发展所具有的特殊意义。

"学术积累"对于哲学发展所具有的这种前提和基础性作用，根源于哲学的本性。哲学是历史性的思想，是"建立在思维的历史和成就"基础上的理论思维。哲学的历史性，根植于人的历史性。历史性是人区别于动物的根本之处，哲学的历史性是对人的历史性的理性映照和体现。对哲学的历史性的自觉和尊重，即是对人的历史性的自觉和尊重。冯友兰先生曾强调，哲学研究有"照着讲"和"接着讲"这两种基本方式，前者是哲学史家的工作，后者是在前人肩膀上，并对前辈工作的吸收、扬弃和超越，可见，无论是"接着讲"，还是"照着讲"，都离不开对学术积累的自觉。

然而，反思当代中国哲学的研究，可以发现，缺乏对学术积累的自觉已成为一个突出问题，例如，我们缺少对改革开放40年以来马克思主义哲学几代学者所做出的重要研究成果和学术思想的认真的清理、吸收和积累，我们在不断从国外引入"大师"和"概念"的同时，却对我们的前辈们在中国特有的语境中，面对中国改革开放的重大现实和理论问题所获得的艰难探索成果缺少应有的重视；缺少对同时代人学术成果的严肃认真的分析、反思、借鉴和研究，我们在强调"国际学术交流"的同时，却对同属一个学术共同体的当代中国哲学学者们的思想成果缺少应有的注目；缺少对我们自己的学术思想成果深层次的回应、对话、相互激发以及以此为基础的推进和深化，深入的学术批评十分罕见，本来应作为深入学术批判载体的书评，有很多却成为了表面、廉价的"应酬"和"吹捧"，即是这一现象最典型的表现之一；等等。所有这些，都表明我们对于自身学术积累的漠视，由于这种漠视，导致我们难以形成可以"照着讲"和"接着讲"的完整学术传统，一代代学人之间的工作尚没形成应有的传承、反哺和递进的传承逻辑和进化谱系，很显然，这种状态与构建当代中国哲学形态的要求是不相适应的。

同时，当代中国哲学形态的建构，还要求我们在借鉴外来哲学思想的时候，必须以自觉的"现实感"为根基。

毫无疑问，当代中国哲学形态的构建，必须借鉴包括西方哲学在内的外国哲学的思想资源。改革开放以来，对世界哲学学术思想的借鉴，对于改变我们的哲学观念、提升学术水准、开阔思想学术视野，发挥了巨大的作用。但是，如果着眼于构建当代中国哲学形态这一目标，那么，就需要从一个更高的标准深入思考：究竟如何借鉴外来？借鉴外来的立足点和根基是什么？

我们认为，对外来哲学思想的借鉴必须以健全的"现实感"为基础。"现实感"意味着，在进行哲学思考和借鉴外来哲学思想时，必须对其所处具体现实语境有着清醒的自觉，不能脱离具体历史条件和现实语境对之进行抽象的理解，更不能脱离我们的历史条件和现实语境进行哲学思想的简单移植。从某种预想的理论模式出发，企图用这种理论模式控制和制服不同条件下所形成的特殊的生活现实，忽视人类生活的生动性和具体性，从而导致现实的复杂内容的被忽视、扭曲和遮蔽，这种缺失"现实感"的"借鉴外来"的方式必然走向歧途。

对"现实感"的自觉之所以重要，根植于哲学的思想本性。哲学在根本上代表着对人的生存根据和生命意义的永不停歇的追问活动，而人的生命不是现实世界之外的幽灵，而总是存在于具体的情境和场域中。因此，哲学对于人的生存根据和意义的追问和反思活动，就不是脱离时空的抽象演绎和思辨，而是针对具体的、特殊的生存境遇和生命状态的"发乎时势"的追问和反思，这就意味着，西方哲学在很大程度上是对西方人生命存在经验和生存命运，其问题意识在很大程度上生成于其特殊的生命历程。事实上，如果深入追究，就可进一步发现，即使同属西方哲学，英国哲学、法国哲学、德国哲学、美国哲学等之间也呈现出不同的民族特色和个性，之所以如此，一个重要原因即在于它们各自所面临的生存发展挑战、历史文化传统和生命历程无法纳入一个同质性的理论模式。因此，把西方哲学某个阶段的反思主题和理论内容不加反思地平移到异质的语境中，就可能导致种种错位。构建当代中国哲学形态，无疑需要向境外哲学保持开放的态度和具备一种世界的眼光，这一点不容否定，但这需要以我们的生活世界为根基，立足于自己独特的生命经验，去反思和追问我们特殊的生存状态和生存命运，我们的苦难与希望、创伤与追求等都是其他哲学形态无法代替的。唯有通过这种追问，形成我们独特的问题意识和思想主题，并形成独创的思想成果，才有可能获得与西方哲学比肩和对话的话语权，在世界哲学图景中获得其不可取代的地位，也只有这样，我们对外来思想的借鉴也才能结出真正重要的果实。

然而，如果反思现状，我们不难发现，由于忽视具体的历史与现实语境以及不同的现实生活实践的特点和历史方位，我们经常无批判地把现当代西方哲学的问题平行位移到当代中国哲学语境中，结果造成问题意识的错位、价值坐标体系的误置、反思批判内容的扭曲。

例如，在我们的哲学界，存着着一种对理性主义的简单拒斥态度，如果说20世纪80年代，理性、启蒙等尚是得到弘扬的价值。但近年来，受现当代西方哲学激进的对理性主义批判和解构思潮的影响，理性主义、理性精神等在我们很多哲学工作者那里，似乎成为一个贬义词，意志、欲望、身体等概念变得时髦起来。无疑，抽象的理性主义由于其独断性与独白性，确实应该予以批判性的反思，但我们应该充分意识到，现当代西方哲学对理性主义的批判反思，是在西方文化中理性主义得到充分发展之后，理性成为绝对的主宰并因此走向反面的背景下展开的。与此不同的是，在中国既有的理论传统中，逻辑、理性，以及与之相关的科学精神等并未得到充分的发展，在现实生活中，种种反智主义的非理性现象仍然亟须理性力量的启蒙，在此情况下，我们是否应该具有更多的"现实感"，更多地借鉴西方古典哲学的理性精神，而对现当代西方哲学的非理性、反理性或超理性倾向保持应有的批判、反思和警惕？

再如，对近代以来的"主体性"观念及其所代表的思维方式和价值理念的拒斥，是现当代西方哲学的重大主题。受此影响，近年来在我国许多哲学工作者那里，"主体性"以及与此相关的人的价值、人的解放等都被视为宏大叙事、形而上学的话语而被冷落。无疑，抽象的"主体性"由于其实体性和绝对性，确实已暴露出其深层的理论和现实困境，对此确应进行深刻的反思。然而，正如黑格尔所说，主观性的自由，是现代社会的标志，在现代性的追求和建构仍然是中国社会最重大的现实主题的背景下，我们是否应该在反思和批判"主体性"观念的抽象性的同时，剥离并吸取其合理内核，并使之成为当代中国哲学的重要思想环节呢？我们是否应该形成这样的理论自觉：只有以充分吸收近代"主体性"思想的合理内核为基础，才能谈得上扬弃和超越"主体性"及其价值？

又如：近年来在我们的哲学界，对"资本逻辑"的批判成为最重大的主题。毫无疑问，在资本成为了一种占据统治地位的绝对逻辑，成为支配社会生活的唯一法则的情况下，对"资本逻辑"进行反思和批判的确应成为哲学的一个重大任务。就此而言，现当代西方哲学，尤其是巴迪欧、布朗肖、阿甘本，意大利的奈格里，斯洛文尼亚的齐泽克等激进左派思想家们对"资本逻辑"所做的深刻批判工作具有十分重要的启示意义。然而，我们却鲜有看到有人从中国历史和现实出发，对资本发展的辩证意义进行深入的辨析，尤其对于资本在促进生产力的发展、推动马克思曾阐发的个人独立性、培养社会契约精神和民主意识、推进人与人和国家民族之间的世界性的普遍交往等方面的重大意义等进行深入的阐发，而所有这些，是资本在历史上所扮演角色的重要维度，缺少后者，对"资本逻辑"的理解将是片面的和非历史的。

以上这些，实质上都是我们在哲学思考和研究中"借鉴外来"时"现实感"缺失的不同表现。克服这种倾向，以自觉的"现实感"为根基，我们对外来哲学思想的借鉴才能创造性地转化为建构当代中国哲学形态的内在的思想学术资源。

第二节 现代性的反省与新型现代性的建构：建构当代中国哲学形态的基本主题

我们常言，中国特色的马克思主义哲学，是马克思主义哲学与中国实际（中国人的生活实践）相结合的产物。那么，需要追问的是，这其中的内在的结合点或结合的纽带是什么？所谓内在的结合，是有机的结合，而非机械的结合，而有机的结合，意味着马克思主义哲学与中国实际这二者之间有着共同的视野、关怀和主题，如果没有共同的视野、关注和主题作为结合的纽带，这样的结合是外在而非内在的结合，而外在的结合，意味着这样形成的中国特色的马克思主义哲学，既失去马克思哲学特有的理论品格，也失去真实的中国特色。佛教的中国化是外来文化与中国固有文化结合的成功典范，之所以成功，原因也很多，过程十分复杂，但有学者指出，佛教和中国传统固有文化的许多范畴、命题和理论有相通之处，探讨了相同或相近的问题，做出了相同或相近的回答。这成为两种文化的结合点，成为融合、重构和从可能到现实转化的中介。由此两种文化的融合、重构才逐步展开。例如,佛教与中国传统文化都关注人的问题,都是一种观照人生的哲学,在许多具体问题上也有相通之处,例如佛性与人性(中国文化讲人区别于禽兽的人性,佛教讲人成佛的根据、众生皆有佛性),关于人的解脱(大乘佛教关于普度众生、救苦救难、诸恶莫行、诸善奉行等伦理道德观念与中国固有文化的相似,等等,这些为佛教的中国化奠定了坚实的基础。马克思主义哲学与中国人生活实践的内在结合,同样需要寻求和确立这样的结合点或结合纽带。

那么,这种结合点是什么呢?我认为,"现代性的反省与新型现代性的建构"可能是很重要的结合点。它既是马克思主义哲学的基本主题,也是近代以来中国社会发展最为重要的主题。以此为结合纽带,马克思主义哲学与中国实际真正彼此趋近,内在地有机地融合起来,中国化的马克思主义哲学的建构也将获得一个关键的切入点和突破口,将因此获得对于自身的理论性质、思维方式、价值理念等方面的自觉。

一、对现代性的反省与新型现代性的探索:马克思与当代世界的结合点

众所周知,"现代性"乃是我们这个时代占据霸权地位的意识形态和主导话语,是现代人生存命运和现代社会基本构架最为重大的塑造力量。这里所谓"现代性方案"是指西方现代性,它是随着欧洲中世纪以后"上帝的祛魅"及与此相伴的世俗化进程而确立的。在社会学意义上,西方现代性最核心的特点便是理性化,这一点韦伯作了最为深入的探讨:世界的祛魅与理性化进程。李奥塔认为,现代性就是对于历史发展的元叙事,是一种关于现代社会运动的人文解放的元叙事。现代性的哲学意义在于个人主体性的确立。在中世纪,人们从上帝那里获得生存的理由和意义,而"现代性方案"则意味着现代人要重新设定世界观和历史观,通过承诺一个目的论式的、总体性的宏大叙事来获得生活的意义和社会的目的,这种宏大叙事最重要的无疑就是"理性主义",它相信,社会组织的理性化和人的理性能力将克服宗教、愚昧、迷信等对人的压

抑，科学技术对自然的支配将把人们从匮乏、灾难中解放出来，使人获得终极的自由和幸福。在哲学上的表达，"主体性的自由"成为现代性的本质，主体代替上帝成为现代人的意义源泉与价值规范基础。

在几百年的历史进程中，这一"现代性方案"逐渐越过欧洲人的疆界，以巨大力量日益把整个世界都卷入其中，成为全球性的、统治我们时代的压倒一切的、最具霸权的意识形态，形塑了当代世界的基本面貌。现代性既给人类带来了巨大的进步，但与此同时，它所蕴含的种种中心主义的历史叙事，所隐藏的独断主义的权力话语，导致了诸多现代人生存的深层困境和危机。

马克思身逢现代性的兴盛时期，对现代性的理解、反省和批判构成了马克思毕生的理论主题。马克思在其著作中经常交替使用"现代资产阶级社会"、"资产阶级时代"、"资产阶级文明"、"现代文明"等来表述他要反省和批判的对象，当马克思使用这些概念的时候，他所意指的正是西方"现代性"社会。在他看来，现代社会及现代世界乃资产阶级按照其性格创造出来的，在"现代性的命运"与"资本的命运"二者之间，存在着一种不可分割的本质联系，因此，从"资本的角度"来透视"现代社会"，从"资本的命运"出发来探讨"现代性的命运"，被马克思自觉地确定为解剖现代世界最恰切、最有效的途径。马克思耗尽毕生心血，通过对"资本"的解剖，确立了关于"现代性"的"发生学"、"病理学"和"未来学"，从而完成了他对"现代性命运"的系统的、全方位的考察。在"现代性"的"发生学"方面，马克思通过对近代欧洲历史运动的细密分析，证明了"现代资产阶级本身是一个长期发展过程的产物，是生产方式和交换方式的一系列变革的产物"①。在现代性的"病理学"方面，马克思反思和诊断了现代性的内在矛盾和困境，透视繁荣辉煌的现代社会表象后面所蕴含的"另一面"，他关于资本的升值与人的贬值之间内在悖论的揭示，关于资本的命运与人的生存命运之间不可调和冲突的洞察，使他被公认为现代社会最杰出的"病理学家"之一；在现代性的"未来学"方面，马克思论证了处于资本全面宰制之中的现代性必然被一种更富人性的生活景象所代替，预言在一个全新的社会中，人的生命将从非人的资本力量的绝

---

① 《马克思恩格斯选集》第1卷，人民出版社2012年版，第402页。

对掌握之中解放出来，实现其总体性、整全性的生成，这即是马克思著名的关于"共产主义社会"的理论。

从"发生学"，再到"病理学"与"未来学"，马克思形成了它对现代性的辩证的、充满张力的基本立场，对此，可以用"反现代性的现代性"来予以概括。

所谓"反现代性"的，这意味着马克思对西方现代性采取的是一种反思性的批判态度，他在思想史上最早清醒地洞察到，西方现代性的宏大叙事并不像它所声称的那样具有"普遍性"，"理性王国"的价值理想承诺也不像它所宣称的那样纯净和透明，相反，工人阶级不公正的生存状态所表明的是整个社会的悖论和错乱，充分证明了现代性方案及其解放承诺的虚幻性，在现代性宏大叙事的普遍主义承诺背后，深深蕴含着一种特殊主义的、非理性的权力关系，它体现着的是特殊者的特殊利益，贯彻着的是特殊者的特殊意志，因此，西方现代性的宏大叙事在实质上是一种充满压制性、排他性和垄断性的专制话语，因此，西方现代性设计包含着一种扭曲性和欺骗性的**意识形态**。以之作为现代人的价值基础和价值尺度，等于树立了一个虚假的偶像，现代人自以为获得了绝对可靠的价值的阿基米德点时，实质上这一价值基点的底部已裂开了一个巨大的深渊，海德格尔曾指出，马克思"在基本而重要的意义上"，揭示了现代人"无家可归的命运"，在这一点上，"马克思在体会到异化的时候深入到历史的本质性的一度中去了，所以马克思主义关于历史的观点比其余的历史学优越"①，这是对马克思作为"反现代性"的思想家在思想史上所占有的重要地位的一个相当中肯的评价。

但另一方面，马克思又是"新型现代性"的探索者。马克思的反现代性并不意味着他彻底否弃现代性，或者宣告现代性的终结，而是要重建现代性。他依然坚持现代性关于人和社会的价值想想，认为"现代性的危机"并不意味着现代性所承诺的关于人和社会的价值理想已经失效，更不意味着现代性已全然失去进一步发展的潜力，而只是表明人们赖以实现这一价值理想的方式和途径出了问题，通过终结资产阶级所有制的霸权地位，摧毁资本主义的整体社

---

① 《海德格尔选集》上卷，孙周兴选编，上海三联书店1996年版，第383页。

会架构，推翻资产阶级的生产关系，现代性所蕴含的潜能将以一种在资产阶级社会体系所不可能提供的方式得以充分的发挥，现代性所承诺的关于人和社会的价值理想才能得以真正的实现。因此，马克思又是一位现代主义者（伯曼），或者说是一位新型现代性的探索者和建构者（克服个人与社会、特殊性与普遍性的矛盾和对立，重建真实的共同体。对黑格尔的超越）。

不难看出，这种"反现代性的现代性"的独特立场，表明了马克思既是现代性的继承者，又是现代性的叛逆者，还是现代性的重建者，这三者有机而内在地结合在一起，构成了马克思哲学的一个基本哲学视野。正是这一点，构成马克思与当代世界的重要结合点。第一，马克思对现代资本主义的批判，仍然是现代思想的重要灵感源泉。对现代性价值原则的批判性反思，揭示了价值虚无主义的根源。对资本主义时代资本与权力关系的揭示，仍是理解现代社会的重要思想资源。第二，对未来另一种可能性活动的追求，对新世界的价值原则的憧憬具有范导意义。

从此角度出发，马克思主义哲学与现代世界、与中国现实的结合就获得了一个最重要的切入点和突破口，也是马克思在今天理论学术和现实语境中最有魅力、最有价值的地方。

二、现代性的反省与新型现代性的建构是理解中国实际、中国生活实践的基本视野

对现代性的反省与中国新型现代性的建构，是自近代以来中国社会生活实践最为重大的主题。

中国近代历史的开端，正源自西方现代性的巨大挑战，李鸿章称之为三千年未有之大变局，如何在中国实现现代性的建构，成为中国社会生活实践所面临的最为重大的主题。围绕着这一主题，我们经历了一个多世纪的漫长探索。其间，经历了一个不断深入理解和接受西方现代性、反思现代性与探求新型现代性等几个基本阶段。

中国人对现代化的追求可以追溯到鸦片战争。当西方列强用坚船利炮叩开国门时，中国便遭遇到了西方现代性，并与中国的封建制度、文化传统形成了巨大的交锋。从传统社会向现代社会转型，成为近现代中国社会的主题。中国人希冀通过向西方学习，找到一条实现民族振兴之路，开始了漫长而曲折的探索过程。从以洋务运动为表现的器物层面的变革，到以戊戌变法和辛亥革命为表现的制度层面的变革，再到新文化运动和五四运动为表现的文化价值层面的变革，对西方文明经历了一场"由表及里"的学习过程，开始触摸到了西方社会的现代性，并不断深入理解西方现代性的过程。

但是，中国的现代性是后发现代性，是外生的现代性，是在西方现代性已经发展和建构几百年之后被动卷入的现代性，就像马克思评价19世纪的德国社会一样：它的现状是以"时代错乱"为基本特征的，它所面临的历史语境与西方现代性建构肇始和过程有着重大的不同，在这种情况下，我们不可能现成地按照西方现代性的模式来建构我们的现代性。西方现代性与中国社会历史文化之间不可避免地存在着深层的冲突和矛盾，加上20世纪所发生的一系列重大历史事件和中国社会历史演变中的一些特殊事件，对西方现代性的怀疑和拒斥，是中国现代化过程中始终相伴随的一种重要现象。在此背景下，我们曾经历对西方现代性的反思、怀疑、批判甚至全盘否定的阶段，西方现代性的很多成果，一度被我们当成资本主义的东西加以简单的拒绝，例如对于市场经济、个人的独立性、民主法制都采取一种简单的否定态度。

改革开放以来，我们走向一个对前两个阶段的"否定之否定"，既不是简单地接受西方现代性，也不是简单地否定现代性，而是提出了在中国具体的历史条件下，建构新型现代性的目标，这一点凝聚在"中国特色的社会主义"这一核心理念中。它提出了这样的任务：中国的现代性建构不是简单地复制西方的现代性，也不是简单拒斥现代性，而是要建构有特色的新型现代性，它要拓展现代性建构的空间和途径，要在当代世界背景下，在"多元现代性"中创造出属于我们自己的"一元"。这意味着两层基本内涵，第一，现代性的建构是中国社会的重大主题，自鸦片战争以来，中国人所面临的根本主题就是迅速地从封闭、消极与充满惰性的传统生存方式和生活世界中摆脱出来，确立起一种现代性、世界性的生存方式和生活世界。100多年过去了，虽然历经坎坷，但它始终是中国人尚未完成而不可回避的重要任务。我们的基本国情仍被定位于社会主义初级阶段，实际上已经表明了这一点。其二，中国建构的现代性是新型的现代性，这是由于中国实践的特殊性决定的，我们的现代性是"晚发""外生"的现代性，它既不允许我们自外于全球化的现代化潮流，又难以复制西方现代性的历程，而必须创造出新的现代性建构途径和模式。

可见，"现代性的反省"与新型现代性的探索与建构，既是马克思主义哲学的基本思想视野，也是中国实际的最为重大的历史境遇和主题。马克思所关注的问题和当代中国社会发展所关注的问题具有深刻的相关性。二者都集中关注现代性建构过程中出现的社会异化、断裂和失衡问题，并试图"利用和实现资本本身来消灭资本"，从而建构"新的现代性形式"，如何驯服资本的力量，在充分利用其成果的基础上又规避其对人的宰制。在这一点上，马克思主义哲学与中国现实的社会实践之间，表现出深层的一致性与亲和性。这种一致性和亲合性为马克思主义哲学与中国实际相结合，从而建构中国化马克思主义哲学理论体系确立了最为坚实的基础。在此语境中，一方面，马克思哲学将趋向中国社会现实，其特有理论内涵、理论视域将向我们打开，并在中国现实生活中确立真实的根基，另一方面，中国社会实际也趋向马克思主义哲学，马克思主义哲学成为内在于中国现实生活并推动和引导现实生活的思想力量。在此意义上，中国化的马克思主义哲学体系的建构过程与中国新型现代性的建构成为同一个过程，二者呈现出良性的互动关系。

如果我们回顾改革开放40年来的马克思哲学研究，可以发现，马克思哲学正是围绕现代性反思与新型现代性建构这一主题，推进着中国特色马克思主义哲学的建构。

三、改革开放以来新型现代性的探索与中国马克思主义哲学的探索

改革开放40年来，中国马克思主义哲学的进程，就是围绕着现代性的反

省与中国新型现代性的建构这一基本主题，不断深化的过程。正是在此过程中，中国特色社会主义共同理想日益获得人们的理论自觉。

40 年来马克思主义哲学探讨的领域、问题和路径十分丰富和多样。如何从深层把握其思想运动的轨变及其思想意义？我认为三个范畴，或者说三个关键词十分重要。即认识、价值和人的存在，以认识、价值和人的存在三个核心范畴所代表的哲学理念以及三者的相互作用和相互转换，构成了 40 年马克思主义哲学的一条深层思想脉络。

这里所谓"认识"：是指通过认识论反省，对人的认识的基础、来源、过程、机制、对真理的来源、性质和检验标准等进行的探讨。

众所周知，西方哲学从中世纪走向近代的标志就是笛卡尔肇始的"认识论转向"，一切神圣的权威和教条都被"我思"的怀疑所悬置，存在必须以"我思"为前提和根据获得自身的合法性，没有经过认识论反省的对超验实体和绝对真理的断言都被认定为无效。历史惊人的相似，中国新时代的哲学大幕，同样也是从认识论的反省或"认识论的转向"拉开的。1978 年 5 月 11 日，《光明日报》以本报特约评论员的名义发表了《实践是检验真理的唯一标准》一文，文章说道："一个理论，是不是真理，只能靠社会实践来检验。这是马克思主义认识论的一个基本原理"，"实践不仅是检验真理的标准，而且是唯一的标准。……正是实践，也只有实践，才能够完成检验真理的任务"。

沿着真理标准讨论这一认识论反省的主题，在 20 世纪 80 年代和 90 年代，认识论一度成为马克思主义哲学研究的热点。一大批资深的学者和中青年学者出版和发表了一大批认识论著作。近代西方认识论曾经探讨的重要主题，在这些马克思主义哲学的认识论著作中，以一种特殊的方式得到了重新的检视和探讨。从此出发，一些学者进一步提出了"哲学就是认识论"，"辩证法就是认识论"的观点，可以说，认识论反思是 40 年来马克思主义哲学发展历程中一个十分重要的篇章。

这里所谓"价值"，是指对人的主体性及其价值的研究和探讨。

对价值问题的哲学探索肇始于 20 世纪 80 年代初人道主义与异化问题的大讨论。"文革"结束后，70 年代末与 80 年代初，哲学界兴起了一场参与者甚多、影响深远的人道主义与异化问题大讨论，讨论的中心议题是马克思主义与人道主义的关系，异化观点与马克思主义哲学历史观之间的关系。而这两个议题最核心的思想，实质是如何理解人的价值在马克思主义哲学中的地位和作用。众所周知，这一讨论最后以胡乔木的《关于人道主义和异化问题》一文做出总结而告一段落，但其关注的问题意识和思想旨趣却通过价值论的探索这一特殊形式而得以延续和深化。近四十年来，价值论研究围绕着价值与真理的关系、价值的本质、价值评价（评价论）、价值观，包括价值虚无主义及其克服等一系列重大问题，历经不断深化的多个发展阶段，一大批不同年龄的马克思主义哲学学者踊跃参与其中，出版了上百部专门论著和译著，发表了几千篇学术论文，成立了专门的价值论学会，成立了"价值与文化"教育部重点研究基地。不仅如此，除了对价值问题为专门主题所做的研究之外，它还辐射和扩散到马克思主义哲学研究的其他领域，例如哲学观、辩证法、历史观等各个领域，推动这些领域的哲学观念发生了重大改变。

这里所谓"人的存在"不仅指"人学"的研究对象，而是指一个以"人的存在"为核心范畴的问题群，涉及十分丰富和广泛的思想理论维度。20世纪80年代以来关于哲学教科书体系的改革的探讨，对实践唯物主义的探讨，对人的主体性的研究，对市场经济哲学意义的研究，对马克思主义哲学的生存论理解，对马克思主义政治哲学、社会哲学、文化哲学、发展哲学的研究，对历史唯物主义的重新理解，对《资本论》的哲学探讨、对人类命运共同体的哲学探讨，等等，所有这些，虽然探讨的具体内容不尽相同，切入路径也充满异质性与差异性，但在深层都涌动着对人的存在的关切与思考。

以上，我们以认识、价值和人的存在为关键词对40年来马克思主义哲学的状态作了一个勾勒。需要说明的是，它没有涵盖马克思主义哲学的全面领域，同时以上三者也并非相互独立，而是往往相互转换、包含和推进的。

提炼出认识、价值和人的存在这三个核心范畴，是为了说明马克思主义哲学研究的思想意义。40年来，马克思主义哲学有着十分自觉和深刻的思想追求，并且这种思想追求始终与中国改革开放的实践进程密切联系在一起，一方面它以哲学的方式表达着改革开放实践的时代精神，同时它又以思想的方式趋向现实，成为了推动中国社会发展和文明进步的有机力量。其中，我认为如下几方面，尤其值得我们回顾和总结。

(1) 通过哲学思维方式的转换，消解与现实生活相敌对的抽象教条，为中国改革开放破除思想桎梏。

今天中国社会经济发展取得了巨大成就，这一切都来源于40年前所开启的改革开放的伟大转折。熟悉当代史的人都知道，这一伟大转折是极为艰难的。要实现这一转折，思维方式的转折具有前提性的、关键性的意义。

前述20世纪70年代末所开启的认识论反思，尤其是实践标准的大讨论，就彰显出了极其重大的思想意义，那就是它以实践观点破除、解构束缚着人们的先验主义和教条主义思维方式，从而解决我们所面对的最大难题，即抽象理论原则与现实生活实践的逻辑相悖离的矛盾。解决这一矛盾，我们才可能突破"两个凡是"，才有可能有"解放思想、实事求是"的思想路线，也才能走上改革开放的道路。

实践标准大讨论之后的哲学教科书体系改革、实践唯物主义研究是实践标准大讨论的延续和深化。它为中国突破计划经济体制的束缚，为社会主义市场经济开辟了思想的道路。新中国成立以来，我们完全照搬苏联，形成一套高度集权的计划经济体制。以斯大林的《联（共）布党史》四章二节为原型形成的哲学教科书正是与这一体制完全相适应的，它构成了前者深层的思想基础和理论根据。这种对待社会主义的抽象的先验主义和教条主义思维方式在哲学教科书中得到了集中表达，以"物质"为核心范畴，以"规律"为实质内容所构成的哲学体系。人们这样概括：世界是物质的，物质是运动的，运动是有规律的，规律是可以认识的，它与计划经济体系是完全匹配的。

在此意义上，改革传统哲学教科书体系，等于向无人质疑的、作为计划经济思想根基的思想方式、话语方式发起质疑和挑战，从而为现实中突破计划经济体制的束缚，建设中国特色社会主义市场经济奠定了思想前提。

对实践唯物主义和关于人的主体性问题的探讨则更深入、更自觉地提出和论证了改革开放所急需的人的积极性、主动性和创造性。

在此意义上，我们可以说，马克思主义哲学为中国社会发展发挥了思想启蒙的作用。如果说法国启蒙运动、苏格兰启蒙运动对现代西方的现代化发挥了思想启蒙的作用，那么，我们也可以说，马克思主义哲学的这些探索对于中国当代社会变革也起到了类似的作用。而且，这也是真正体现了马克思本质精神的工作。

(2) 为人的有尊严的幸福生活进行哲学论证。

为人的有尊严的幸福生活进行理论辩护并推进这一进程，是上述认识论反思、价值论探索、人的存在的哲学省思所蕴含的又一重要思想意义。在我们国家，"以人为本"、"有尊严的幸福生活"被写进了政府工作报告和国家文件。在此过程中，马克思主义哲学发挥了重要的思想功能。

人的有尊严的幸福生活要成为可能，首先一个基本前提是承认每个人都具有不可剥夺的内在价值，意味着要把人视为"内在的目的"，而不是把人视为达到某种"外在目标"的工具和手段，它既不是物的工具和手段，也不是抽象共同体的工具和手段，更不是历史的工具和手段。我认为，这正构成以价值为核心范畴的哲学探讨的深层动机。李德顺先生在他的价值论中的论述颇具代表性：价值问题在根本上就是人的主体性问题，高清海先生在《人与价值：论价值作为哲学概念的本质》一文中说道：价值在哪里，人就在哪里，所谓价值，就是对人的本质的追求，而人的本质就是成为人。

人的有尊严的幸福生活要成为可能，另一前提是对人的基本权利的尊重，而要保证人的基本权利，需要公正的社会制度结构提供保障。而这正构成了马克思主义政治哲学、社会哲学等探讨的深层动机。近年来，马克思主义政治哲学研究、与西方政治哲学的对话成为热点，政治哲学探讨的主题是制度和社会结构的正义，在诸多学术话语后面，我们可以看到其对人的有尊严幸福生活的关怀。

人的有尊严的幸福生活要成为可能，还需要对人生命存在的全面性和丰富性的尊重和自觉。在此方面，马克思主义哲学的生存论哲学、发展哲学、人学，当然也包括价值哲学、文化哲学等的探索，从各个维度揭示了人的生命存在不可还原和被抽象力量所遮蔽的丰富性和全面性。

所有这些，都是要求确立个人主体的"批判权力"，确证个人的"存在价值和权力"，确立人作为社会发展的价值主体的地位，一言以蔽之，要确立人的尊严和幸福。

(3) 对现代性背景下中国和人类生存矛盾和命运的哲学反省。

以认识、价值和人的存在为核心范畴，我们还可以看到另一重思想意义，那就是对现代性背景下中国人和人类生存矛盾和命运的哲学反省。随着中国现代化进程的不断深入，人与社会发展的状态和性质呈现出新的特点和越来越复杂的局面。中国日益融入世界，也带来了和卷入了现代性的带有普遍性的矛盾。马克思主义哲学对此有充分的自觉并展现出超越性的思考。这里只举两个例子。这表明，马克思主义哲学不仅有民族性的关怀，同时也体现出自觉的人类学视野。

一是对"个人主体性"的反省。20世纪80年代的主体性问题的探讨，"主体性"确立为马克思主义哲学重大的思想理念和理论原则，这在最深处所体现的是为中国现代性的建构奠定价值理想的意向和努力。但是，随着现代性进程的深化，人的"个体性"与"共在性"、"独立性"与"依赖性"、"自我"与"他人"等之间的矛盾显露出来，个人主体性的无根性、孤立性等局限性突出出来。在此背景下，一些学者通过对马克思主义哲学关于人发展三阶段学说的阐发，对其"自由个性"思想的研究，试图寻找个人主体与共同体之间和解的途径，还有一些学者对马克思社会关系思想的考察，并融合西方"主体间"性思想成果，寻求超越现代性矛盾的途径。很显然，马哲的这一思考与西方现代哲学表现了共同的趋向，是中国社会已经深层次地融入全球现代性进程的理论反映和表达。

二是对"资本逻辑"的反思与批判。对马克思政治经济学批判的思想进行深入研究，反思资本逻辑的限度，是马克思主义哲学研究非常集中的主题。资本逻辑是现代社会的现实逻辑，中国特色社会主义市场经济一方面需要发挥资本的力量，同时在现实发展中，资本力量对社会生活各方面的渗透，又使人们日益感受到人的生命存在和现实生活的抽象化的威胁。对资本逻辑限度的反省即是这种现代性生存状态和体验的理论表达。

这些表明马克思主义哲学研究者们对于中国和人类所面临的共同的现代性困境的人文关怀和自觉思考。从这一系列探讨中，人们的思路越来越深化地触及中国人与中国社会生存发展所需确立何种现代性理想这一重大主题。从认识论反省，到价值问题的探究，再到人的存在问题的理论关注与探索，思想的触角越来越集中于对当代人，尤其当代中国人所应追求的现代性形态及其根据的追问和探求。

索 引

外国人名

阿多诺 74，112
阿尔都塞 16
阿甘本 265
阿佩尔 95
埃利亚斯 229
爱尔维修 177
巴迪欧 265
巴利巴尔 114，115
柏拉图 9，17，87，88，92，121，133，143，238，239
鲍曼 220，221，222，224
贝克 221，225，232，245
贝克莱 182
毕尔格 73
边沁 177
伯恩斯坦 15，95
伯林 200，201，216，236，253，258
布伯 40
布兰顿 137

布朗肖 265
布洛赫 119
丹尼尔·贝尔 199
德勒兹 40
德里达 34，217，246
狄慈根 15
狄尔泰 13，56
迪蒙 229，230
笛卡尔 9，72，73，74，76，78，81，130，131，135，175，221，272
杜威 39，134，195
多迈尔 75，81
恩格斯 3，4，6，11，12，13，15，16，18，19，20，22，24，25，30，31，32，34，47，48，50，51，53，55，61，63，69，71，77，78，79，80，83，84，96，97，99，102，105，106，107，108，109，110，112，113，115，116，117，118，122，123，124，126，127，138，

139, 140, 141, 142, 145, 146, 147, 148, 151, 152, 153, 154, 155, 156, 157, 158, 160, 161, 162, 163, 164, 165, 166, 167, 170, 173, 177, 178, 179, 180, 183, 184, 185, 187, 188, 189, 191, 192, 193, 203, 204, 205, 209, 210, 211, 212, 213, 214, 215, 218, 224, 231, 232, 233, 245, 251, 253, 255, 256, 267

费希特 9, 75

福柯 23, 34, 44, 125, 126, 217

福山 216

伽达默尔 40, 41, 95, 103, 104, 105, 107, 193, 194, 242, 246

葛兰西 119

古尔德 210, 233

哈贝马斯 1, 9, 10, 17, 33, 40, 41, 95, 103, 181, 208, 209, 217, 232, 242, 243, 245, 246, 258

哈特费尔德 73

哈耶克 216

海德格尔 14, 16, 18, 24, 25, 35, 39, 41, 47, 54, 55, 57, 60, 66, 74, 76, 78, 82, 104, 105, 131, 137, 143, 148, 180, 181, 182, 183, 197, 217, 221, 239, 268

海因岑 204

豪克 37

黑格尔 6, 7, 8, 9, 10, 12, 15, 16, 17, 20, 23, 24, 34, 36, 37, 45, 46, 53, 54, 55, 56, 67, 69, 70, 71, 75, 76, 87, 88, 90, 92, 98, 99, 100,
101, 102, 103, 104, 105, 106, 107, 108, 109, 111, 112, 113, 114, 116, 117, 119, 122, 123, 143, 144, 145, 151, 169, 173, 181, 186, 189, 196, 204, 208, 220, 223, 224, 227, 228, 232, 236, 242, 245, 251, 252, 253, 257, 258, 261, 264, 269

亨廷顿 236

胡塞尔 16, 57, 76, 131, 132, 135

霍尔巴赫 177

霍尔姆斯 216, 226, 230

霍克海默 74

霍耐特 95, 217, 232, 245, 246

基尔凯郭尔 66

吉登斯 166, 221

加塔利 40

卡西尔 56

康德 2, 5, 6, 7, 8, 9, 10, 15, 16, 23, 24, 41, 68, 75, 76, 82, 87, 88, 89, 90, 100, 101, 120, 125, 126, 131, 135, 164, 173, 182, 195, 196, 247, 256, 261

考茨基 15

柯尔施 15, 118, 119

柯西克 119

克劳德 244

奎因 133

拉法格 15

赖欣巴哈 34

莱布尼茨 9, 76

列宁 13, 166, 186, 190

列维纳斯 232

卢卡奇 118，119

卢梭 205

罗蒂 29，39，40，42，92，93，95，133，217

罗尔斯 90，91，200，201，226，227，236，242，247

罗素 45，132，133

马尔库塞 69，70，119，120，121，122

马克斯·韦伯（韦伯） 12，200，201，223，236，266

麦金泰尔 223，226

麦克道威尔 137

梅林 14，169，170

奈格里 265

尼采 11，56，66，197

诺齐克 216

普列汉诺夫 169，170，175

普特南 27，132，133，137，138

萨特 119

舍勒 50，60

施蒂纳 140，144，145

叔本华 56，66

斯宾若莎 9

苏格拉底 120，242，253

滕尼斯 220，237

涂尔干 220，237

托克维尔 224

维特根斯坦 18，35，39，41，42，43

魏林曼 155

沃尔泽 200，205

谢林 8，9，75

雅斯贝尔斯 66

亚里斯多德 17

耶可比 8

中国人名

白刚 98

陈嘉映 47，54，55，74，137，148，182，183

陈亚军 138

邓晓芒 87，131，196

甘阳 56

高清海 79，80，174，175，176，275

贺来 78，88，89，178，254，258，259

贺麟 7，8，9，46，75，76，87，88，99，100，101，102，103，143，181，189，196，251

贺绍甲 35，39

洪汉鼎 107

蓝公武 125

李德顺 194，275

孙正聿 98

孙周兴 35，74，131，197，221，246，268

童世骏 27，132

万俊人 75，81，91，201，227，247

汪民安 16，44

王南湜 15，119

韦卓民 87,131,196

吴晓明 84,98

杨祖陶 46

应奇 244

俞吾金 68

张传开 98

赵汀阳 42,136

专业词语

世界

现实世界 1,21,24,30,31,32,51,87,101,106,108,109,110,111,112,113,120,122,123,124,125,135,140,187,188,197,236,239,263

生活世界 2,3,4,34,41,52,57,76,78,79,89,90,95,109,110,185,187,188,195,197,254,263,270,271

现象世界 33

本质世界 33,37

思想世界（观念世界） 6,24,111,140,188

科学世界 57

世界的存在方式 27,132

世界整体 6,21

解释世界 16,17,19,20,22,31,174,178

改造世界 17,31,122,171,179

存在

世界的存在方式 27,132

本源性的存在（"本源性"的生命存在） 2,3,4,89,181,183

上帝存在 2,7

个体的感性存在 153,158,215

类存在（类存在物） 见 类

现成存在者 5,57,60,62,64,65,66,67,70,71,103,148,159,185,187

人的存在 2,3,4,52,55,56,57,58,62,65,66,73,74,80,89,112,135,136,137,140,144,145,146,148,149,150,153,156,157,158,159,160,161,171,174,179,197,214,215,224,231,272,273,275,276

物的存在 见 物

物种存在方式 见 物

对象性的存在物 见 对象

社会存在物 97,184,212,230

实体

抽象实体 100,102,106,148,217,229,232

无限实体 10

无条件总体（无条件的总体,超感性实体） 2,7,10,13,100,195,196

实体本体论 33,100,103,106,107,

111，176

形而上学实体本体论　100，103，106，107，111

思维实体（思维主体）　见　主体

实体思维　见　思维

物种

物的存在　49，50，51，61，66，159，160，167

物化　50，60，63，66，160，180

物种存在方式　61

物种思维方式　60，61，62，66

物种界限　60，159

物种尺度　51，71

物种思维　60，61，62，66，159，160，161，162，167

类

类主体　72，77，78，79，80，81，82，83，84，85，167，199

类存在（类存在物）　47，69，77，79，83，109，153，155，156，157，158，215

类活动　26，29，30，39，77，79，80，83，96

类生活　4，48，63，83，141，157，230，256，263

类思维　159，161，162，167

类概念　39

类本质　80，83，84，144，154，155，156，157，158，161

类本性　64，79，149，155

类特性　4，63，67，155

类哲学　79，80

人类命运共同体　见　人

思维

思维方式　6，50，51，52，54，56，57，60，61，62，66，71，72，77，80，82，85，93，103，108，112，115，116，120，121，123，134，138，142，143，146，147，148，155，156，159，160，161，162，167，172，174，175，176，177，185，187，189，196，197，202，203，204，239，251，254，255，256，264，266，274

思维程序　46，47，62

思维逻辑　50，51，52，53，56，57，60，201

思维主体（思维实体）　见　主体

实体思维　147

关系思维　147

物种思维　见　物种

类思维　见　类

肯定性思维　112，188

知性思维（知性化思维，知性思想）　7，50，51，52，53，56，57，88，100，175，176，188

非历史性的思维　188

辩证思维　53，189

抽象思维　31

认识

认识论转向　28，130，131，133，134，135，140，257，272

认识主体　135，175，183，184，185

认识论反省（认识论的反省）　131，272，276

认识论反思　272，274，275

视角

个人主观性视角　90，91，92，93

他人的视角　95，97

神的视角　91，92

理论视角　10，14，99

对象

对象化　4，52，53，59，62，64，65，68，78，92，113，117，156，157，159，185，187，223

对象性的存在物　2，89

对象性的感性活动　2，89

抽象

抽象观念　25，39，192，193，254

抽象认知　2，89

抽象思维　见 思维

抽象力量　83，84，122，125，127，157，163，165，166，167，180，190，192，203，205，211，233，254，256，275

抽象世界　110

抽象形态　51，105，117

抽象概念　116，145

抽象物　55，139，142，149，150，168，169，170，171，172，173，174，175，176，177，178

抽象实体　见 实体

抽象个体　见 个体

抽象对立　7，48，58，142，212，229

抽象物质观　169，170，171，172，173，174，175，176，177

物质的抽象化　172

抽象化　13，25，56，57，63，74，77，79，80，82，83，84，135，144，145，147，148，149，150，155，160，161，168，172，189，276

抽象的同一性（抽象同一性）　7，8，49，50，57，58，65，88，102，103，107，111，241

抽象的普遍性（抽象的概念普遍性）　8，50，55，149，155，162

抽象的凝固性　112

逻辑

逻辑化的总体　6

逻辑在先　102，104

对象化逻辑　223

幻象的逻辑（幻象逻辑）　6，89

唯物主义的逻辑　186

知性逻辑　33，53，60，62，64，66，92，93，227

知识的逻辑　21

实践的逻辑　21，274

资本的逻辑（资本逻辑）　25，84，127，163，164，165，166，167，178，211，222，254，264，265，276

辩证

辩证本体论　98，103，104，105，106，107，108，109，110，111，114

辩证的方式　10

辩证的和解　9，89

辩证改造　102

辩证重构　102

辩证法　6，7，9，15，52，53，67，69，71，74，86，87，88，89，90，

93，94，95，96，98，99，100，101，
102，103，104，105，106，107，108，
109，111，112，113，114，115，116，
117，118，119，120，122，123，124，
125，126，127，128，169，170，173，
174，175，176，178，186，187，189，
190，193，242，253，272，273

辩证思维　见　思维

感性

感性的对象　55，117

感性的活动　55，109，184

感性对象性　109

感性实践活动　3，55，70，108，109，
110，111，112，219

理性

理性多元论　90，91，93，94，201，
228，247

理性能动性　109

理性同一性　95

交往理性　40，217，218，242

理论理性（思辨理性）　2，5，6，9，
22，68，86，87，88，89，90，93，
94，96，98，126，131，172，174，
176，177，195

理性批判　见　批判

人

人的"普遍本质"（人的普遍本质）
45，46，47，48，49，50，52，53，
54，55，56，57，58，59，144，145，
146，147，156

人的"普遍概念"　47，49，57

人的存在　2，3，4，52，55，56，57，
58，62，65，66，73，74，80，89，
112，135，136，137，140，144，145，
146，148，149，150，153，156，157，
158，159，160，161，171，174，179，
197，214，215，224，231，272，273，
275，276

（人的）生存本性　52，53，63，65，
67，69，70

人的社会生活　141，148，157，191

人的世界　3，57，120，180

人生在世　3，57，109，139，161，
195，222，230，256

人类化的社会（社会化的人类）　97，
157，178，180，214

人类命运共同体　154，156，158，159，
161，162，163，166，167，273

人文解放　21，43，81，85，176，190，
191，266

人与人相隔离　245

合乎人性的人　97

社会的人　见　社会

有尊严的幸福生活　275

社会

社会存在物　97，184，212，230

社会的人　3，97，139，179，212

社会共同体　195，214，216，220，
224，226，235，244，247

社会关系　49，52，55，77，80，84，
97，116，118，127，139，140，141，
142，145，146，147，148，149，150，
151，152，153，155，157，158，162，
165，171，179，180，188，191，192，

193，211，212，214，218，220，230，231，276

社会生活　27，36，41，43，44，86，90，91，92，93，94，95，96，97，98，124，138，139，140，141，148，150，151，157，164，165，191，192，199，208，209，211，212，217，218，219，224，230，232，235，237，239，240，242，244，246，247，248，255，256，269，276

社会团结　94，97，98，141，219，220，222，223，224，225，226，227，228，229，231，232，233

社会正义　227，246，247，248

全体的自由性　8，9，70，88，103

机械团结　220，237

互依性关系（"互依性"关系）　231，232，233，245

共在　3，73，75，77，79，80，132，140，147，157，179，180，230，231，232，240，246，247，248，276

相互承认　94，95，217，218，219，223，232，236，244，245，246，247，248

排他　167，211，236，268

同质的统一　49

异质的统一　49

生存

生存方式　2，4，25，36，47，52，53，89，108，110，111，112，147，148，156，187，199，202，203，212，222，270，271

本源性的生存方式　108，110，147，

148，187，202，203

生存活动（生存实践活动）　4，34，54，58，63，64，66，67，68，70，96，137，147，148，178，183，186

生存状态　21，23，24，25，36，38，150，263，268，276

（人的）生存本性　见 人

生存论本体论　3

生活实践（生存实践）　2，3，4，5，6，7，10，11，12，13，14，17，18，20，21，34，41，43，54，58，64，66，67，68，69，70，86，89，90，95，98，136，137，138，139，140，148，186，192，202，204，205，206，256，264，265，266，269，274

生活世界　2，3，4，34，41，52，57，76，78，79，89，90，95，109，110，185，187，188，195，197，254，263，270，271

个人（个体）

个人主体性　见 主体性

个人主观性视角　见 视角

个体化　145，217，219，220，221，222，223，224，225，226，227，228，229，232，245

个体性　82，83，84，221，224，225，228，276

个体主义意识形态　230，231，232

合作的个体主义（为他人的个体主义）　232

个体的感性存在　153，158，215

抽象个体　见 抽象

重建个体　232

自我

　　自我缠绕　5

　　自我创生（自我生成）　13，14，52，96，109

　　自我超越　6，9，10，14，36，52，65，90，111，112，137，187，189，206

　　自我规定　19，52

　　自我确认　68，69，208

　　自我循环　5，122

　　自我拯救　22

主体

　　个性化主体　83，84

　　我思主体　72，73，74，75，76，77，78，79，80，81，82，83，84，85，131，183，184，185

　　思维主体（思维实体）　75，81，182

　　绝对主体　9，76，83，103，149

　　先验主体　75，131

　　认识主体　135，175，183，184，185

　　实践主体　见 主体

　　价值主体　见 价值

　　主体性原则　72，85，209，223，242，243

　　反主体性　82

　　个人主体性　91，95，208，209，210，211，212，213，214，215，216，217，218，221，222，223，224，266，276

　　后主体性　82

　　主体性观念　72，76，81，82，83，84，85

　　主体性的自由　208，220，267

　　主体性终结　81

　　主体中心困境（主体自我中心困境）　73，76，77，78，80，81，181，182，183，185，186

实践

　　实践的逻辑　见 逻辑

　　知识化实践（知识化"实践"）　168，169，170，171，172，174，175，176，177

　　实践批判　见 批判

　　实践生活的"无限性"　7

　　实践哲学　2，3，5，6，7，10，14，32，70，89，119，203

　　实践之知　22，23

　　实践主体　55，78，171，179，183，184

　　道德实践　2，3，89

　　生活实践（生存实践）　见 生存

　　哲学实践（哲学的实践）　见 哲学

　　理论与实践关系的颠倒　1，2，14

价值

　　价值主体　81，82，198，234，235，238，244，246，275

　　价值观念　194，202，203，204，241，256

　　价值规范　150，153，195，196，198，199，200，207，208，209，210，211，212，214，215，216，217，218，219，221，223，246，267

　　价值体系　196，203，239

　　价值理想　153，204，205，206，219，233，268，269，276

　　价值理性　197，240

价值立场 115，197，200，240，241，260

价值目标 167，199，235

价值取向 12，57，97，198

价值尺度 153，194，200，211，239，250，268

价值分化 226，227

价值共识 222，223，226，228，247

价值哲学 194，207，275

价值追求 154，156，158，159，203，205，217

价值自觉 233，234，238

价值观的异质性（价值观的差异性） 235，240，243，244，247

价值观间 233，234，238，239，240，241，243，244，245

关系性价值观 233，234，238，240，241，242，243，244，247，248

价值绝对主义 193，198，199，201，202，203，204

价值虚无主义 81，82，83，196，197，269，273

价值独断主义 193，194，195，196，197，198，200

价值多元主义 244

哲学

哲学创作 258，259，260

哲学的方式 5，96，255，273

哲学的批判性 见 批判

哲学的实践（哲学实践） 16，20，21，23，24，26，168，174，180，186，193，194

哲学的终结（哲学终结） 20，23，25，34，35

哲学批判 2，20，104，120，121，122，123，124，125，126，127，128，251，253，254

哲学生态 252，253，260

哲学体系 12，21，24，25，75，271，274

哲学形态 1，23，25，27，28，72，249，250，251，252，253，254，255，256，257，258，260，261，262，263，265

反哲学（非哲学） 14，16，17，18，19，20，35，115，119

理论

理论理性（思辨理性） 见 理性

理论理性有限性 6

理论批判 见 批判

理论哲学 2，3，5，6，7，10，11，13，14，32，89，96，203

理论体系神圣化 5

理论与实践关系的颠倒 1，2，14

理论的"非历史性" 13

理论的"封闭性"与"完备性" 13

理论的"片面性" 10

批判

批判本性 2，120，252，253，254，255

哲学的批判性 36，120，121，123，251，253

理性批判 87，89，100，125，126，131，164，195，196

理论批判　193，253

实践批判　253

现代性

　　现代性的反省　207，232，245，265，266，269，271

　　现代性的命运（现代性命运）　267

　　现代性的危机　268

　　反现代性的现代性　268，269

　　新型现代性　265，266，268，269，270，271，272

（本索引词条系由杜永明、王冠三编制）